公路施工及后期养护研究

王明华 著

北京工业大学出版社

图书在版编目(CIP)数据

公路施工及后期养护研究 / 王明华著. — 北京：北京工业大学出版社，2019.6（2025.7重印）

ISBN 978-7-5639-6832-9

Ⅰ. ①公… Ⅱ. ①王… Ⅲ. ①道路施工－研究②公路养护－研究 Ⅳ. ①U415②U418

中国版本图书馆CIP数据核字（2019）第102355号

公路施工及后期养护研究

著　　者：	王明华
责任编辑：	张　娇
封面设计：	点墨轩阁
出版发行：	北京工业大学出版社
	（北京市朝阳区平乐园100号　邮编：100124）
	010-67391722（传真）　　bgdcbs@sina.com
经销单位：	全国各地新华书店
承印单位：	三河市元兴印务有限公司
开　　本：	710毫米×1000毫米　1/16
印　　张：	15.75
字　　数：	315千字
版　　次：	2021年10月第1版
印　　次：	2025年7月第3次印刷
标准书号：	ISBN 978-7-5639-6832-9
定　　价：	60.00元

版权所有　翻印必究

（如发现印装质量问题，请寄本社发行部调换 010-67391106）

前 言

随着我国公路建设的飞速发展，公路建设市场普遍实行了招投标制，公路施工企业改变了旧的经营管理体制，实行招标投标，进入市场竞争，自主经营、自负盈亏。在施工过程中施工企业所追求的三大目标是工程质量高、施工周期短、经济效益好。为此，施工企业必须认真做好施工前的一系列准备工作和施工中的技术管理工作，并要积极推广使用新技术、新工艺、新结构、新材料、新设备，以加速实现公路施工现代化。

目前，我国"重建轻养、忽视管理"的观念和做法已逐步得到改变。养护是保持路网完好并不断使其得到改善，延长其使用寿命，为经济建设提供良好服务的根本条件。如果缺养、失养，路网状况必然很快下降，通行就必然受阻，后果不堪设想，同时也就谈不上发展。管理是手段，通过科学管理，可以推动建设和养护顺利进行，发挥出公路设施服务功能。因此，建、养、管是一个有机的、不可分割的整体，缺一不可。公路工程要依靠科技进步，推动公路养护管理的现代化，这是促进建养并重、协调发展的主要措施。

由于作者水平有限，书中难免存在不足之处，希望广大读者批评指正。

目 录

第一章 总 论 ... 1
- 第一节 公路基本建设 ... 1
- 第二节 公路施工项目管理过程 ... 8
- 第三节 公路施工项目管理的方法与内容 ... 12
- 第四节 公路工程施工监理 ... 18
- 第五节 公路后期养护概述 ... 23

第二章 路 线 ... 27
- 第一节 平　面 ... 27
- 第二节 纵断面 ... 32
- 第三节 横断面 ... 36
- 第四节 平曲线加宽 ... 43
- 第五节 平曲线超高 ... 44
- 第六节 公路交叉 ... 45
- 第七节 高速公路 ... 51

第三章 路基施工 ... 61
- 第一节 路基工程总论 ... 61
- 第二节 填方路堤的施工 ... 71
- 第三节 挖方路堑施工 ... 88
- 第四节 路基排水、防护与加固 ... 99

第四章 路面基层施工 ... 111
- 第一节 半刚性基层材料 ... 111
- 第二节 半刚性基层施工 ... 116
- 第三节 粒料类基层施工 ... 120
- 第四节 基层施工质量控制与检查验收 ... 123

第五章 路面施工 ... 125
第一节 沥青路面施工 ... 125
第二节 水泥混凝土路面施工 ... 160

第六章 路面养护技术 ... 187
第一节 概述 ... 187
第二节 沥青类路面的养护与维修 ... 189
第三节 水泥混凝土路面的养护与维修 ... 219
第四节 粒料路面的养护与维修 ... 221
第五节 土路面的改善与养护 ... 225
第六节 路面基层的改善 ... 228

第七章 公路沿线设施及其维护 ... 231
第一节 交通标志 ... 231
第二节 交通标线 ... 235
第三节 其他交通安全设施及其维护 ... 236

参考文献 ... 241

第一章 总 论

第一节 公路基本建设

一、基本建设及其内容构成

基本建设是指国民经济中建造新的固定资产，从而扩大生产能力或工程效益的过程，在西方国家，其相当于国家"资本投资"。例如，为了增加社会生产能力，新建工厂、学校、公路、桥梁、码头、矿井、电站、水坝、铁路等；为了扩大生产和提高效益而扩建生产车间、提高路面等级、修建永久性桥梁；为了提高生产效率，改进产品质量，对原有设备及工艺进行整体性技术改造，原有公路全面改建等，都属于基本建设范畴。由此可见，凡是固定资产扩大再生产的新建、改建、扩建、恢复工程的建筑，添置，安装等活动及与之连带的工作均被称为基本建设。

在我国，基本建设是发展国民经济，增强综合国力，迅速实现社会主义现代化，提高人民物质文化生活水平和加强国防实力的重要手段。因此，党和国家历来都十分重视基本建设事业，并制定、颁布了一系列政策与法规。我国通过十个五年计划，全国范围的大规模基本建设，初步形成了比较完整的工业、交通运输体系和国民经济体系，使历史悠久的中华大地发生了天翻地覆的变化，为我国改革开放事业和构建社会主义的和谐社会提供了坚实的物质基础。

基本建设工作应包括以下内容。

1. 建筑工程

建筑工程指消耗建筑材料，使用工程机械，通过施工活动而建成的工程实体，如路基、路面、桥梁、隧道、厂房、水坝等构筑物。

2. 安装工程

安装工程指基本建设项目需用的各种机械和设备的安设、装配、调试等工作，如工业生产设备、公路及大型桥梁所需的各种机械，设备，仪器的安装及调试等。

3. 设备、工具及器具购置

设备、工具及器具购置指属于固定资产的机器、设备、工具等用品的购置，如机械厂的机床、发电站的电力设备、高速公路的监控设备、路面养护用的沥青混合料拌和设备和摊铺机械等。

4. 勘察、设计及相关工作

勘察、设计及相关工作指编制建筑工程施工依据的勘察设计文件所进行的工作，如公路工程的初步设计、施工图设计等，还有勘察、设计过程中必须进行的地质调查、钻探、材料试验和技术研究工作等。

5. 其他基本建设工作

其他基本建设工作指为确保基本建设工程的顺利实施和正常运行而进行的基础工作，如土地征用、拆迁安置、人员培训等。

二、基本建设项目划分

基本建设工程无论大小都有其自身的复杂性，要进行若干项技术的、经济的和物质形态的工作。为了加强对基本建设工作的管理，便于编制设计文件、概预算文件和施工组织设计文件，便于工程招投标工作和施工管理，必须对基本建设项目进行科学分解和合理划分。基本建设工程可以划分为建设项目、单项工程、单位工程、分部工程和分项工程。

1. 建设项目

建设项目也称基本建设项目是指经批准在一个设计任务书范围内按同一总体设计进行建设的全部工程。建设项目由一个或几个单项工程所组成，经济上实行统一核算，行政上实行统一管理，一般以一个企业（或联合企业）、事业单位或独立工程作为一个建设项目。公路工程是以单独设计的公路路线、独立桥梁作为基本建设项目。

2. 单项工程

单项工程也称工程项目是指建设项目中具有独立设计文件，建成后可独立发挥生产能力或使用效益的工程。例如工业建筑中的生产车间、办公楼、仓库；民用建筑中的教学楼、图书馆、实验室、住宅；公路工程中独立合同段的路线、大桥、隧道等均属于单项工程。

3. 单位工程

单位工程是单项工程的组成部分是指在单项工程中具有单独设计文件和

独立施工条件，而又单独作为一个施工对象的工程。例如生产车间的厂房修建、设备安装；公路工程中同一合同段内的路基、路面、桥梁、互通式立交、交通安全设施等属单位工程。由此可见，单位工程一般不能独立发挥生产能力和使用效益。

4. 分部工程

分部工程是按工程结构、构造或施工方法不同所作的分类，它是单位工程的组成部分。例如房屋的基础、地面、墙体、门窗；公路路基的土石方、排水、涵洞、大型挡土墙；桥梁的上、下部构造、引道等均属分部工程。

5. 分项工程

分项工程是指通过较为简单的施工过程就能生产出来，并且可以用适当计量单位计算的"假定"的建筑或安装产品，如 $10m^3$ 块石基础、$100m^2$ 水泥混凝土路面，一台某型号龙门吊的安装等。必须指出的是，分项工程只是建筑或安装工程的一种基本构成因素，是为了确定施工资源消耗和计算工程费用而划分的一种假定产品，以便作为分部工程的组成部分。因此，分项工程独立存在是没有意义的，它不像上述项目那样是完整的产品。

三、公路基本建设程序

公路基本建设程序是指基本建设全过程中各项工作必须遵循的先后顺序。这个顺序是由固定资产的建设过程，即基本建设发展进程的客观规律所决定的。科学的基本建设程序能正确处理基本建设工作中制定建设规划、确定建设项目、勘察设计、组织施工、竣工验收等各阶段与各环节之间的关系，指导基本建设工作有计划、按步骤地进行。

公路基本建设程序是指公路基本建设项目从规划立项到竣工验收的整个建设过程中各项工作的先后顺序。公路基本建设涉及面广，既受地质、气候、水文等自然条件制约，又受物资供应、技术水平等物质技术条件影响，同时还需要建设单位与设计、施工、监理、质量监督等单位和部门协作配合。因此，公路基本建设项目必须严格按照规定程序实施，依次进行各个方面工作才能达到预期效果，否则将可能给国家造成严重经济损失或给工程带来无法弥补的缺陷。

根据2006年交通部颁布的《公路建设监督管理办法》的规定，我国公路建设应当按照国家规定建设程序和有关规定执行。政府投资公路建设项目实行审批制，企业投资公路建设项目实行核准制。

政府投资公路建设项目的实施，按照下列程序进行。

①根据国民经济长远规划及公路路网建设规划进行预可行性研究,编制项目建议书;

②根据批准的项目建议书进行工程可行性研究,编制可行性研究报告;

③根据批准的可行性研究报告,编制初步设计文件;

④根据批准的初步设计文件,编制施工图设计文件;

⑤根据批准的施工图设计文件,编制项目招标文件;

⑥根据批准的项目招标文件、资格预审结果和公路建设计划,组织项目招标投标;

⑦根据国家有关规定,进行征地拆迁等施工前的准备工作,编制项目开工报告,并向交通主管部门申报施工许可;

⑧根据批准的项目开工报告,组织项目实施;

⑨项目完工后,编制竣工图表、工程决算和竣工财务决算,办理项目交工验收、竣工验收和财产移交手续;

⑩竣工验收合格后,组织项目后评价。

企业投资公路建设项目的实施程度,在编制施工图设计文件之前与政府投资公路建设项目的建设程序有如下不同。

①根据规划,编制工程可行性研究报告;

②组织投资人招标工作,依法确定投资人;

③投资人编制项目申请报告,按规定报项目审批部门核准;

④根据核准的项目申请报告,编制初步设计文件,其中涉及公共利益、公众安全、工程建设强制性标准的内容应当按项目隶属关系报交通主管部门审查;

⑤根据初步设计文件,编制施工图设计文件;

⑥根据批准的施工图设计文件,编制项目招标文件;

⑦根据批准的项目招标文件、资格预审结果和公路建设计划,组织项目招标投标;

⑧根据国家有关规定,进行征地拆迁等施工前准备工作,并向交通主管部门申报施工许可;

⑨根据批准的项目施工许可,组织项目实施;

⑩项目完工后,编制竣工图表、工程决算和竣工财务决算,办理项目交工验收和竣工验收;

⑪竣工验收合格后,组织项目后评价。

为加强公路基本建设项目管理,公路建设还应当按照国家和交通运输部的有关规定实行项目法人制度、招标投标制度、工程监理制度和合同管理制度（通常称为"四项制度"）。现将公路基本建设程序各阶段的主要内容分别叙述如下。

1. 项目建议书阶段

项目建议书是建设单位（业主）向国家提出的要求建设某一项目的建议文件，是对建设项目的轮廓构想，这种构想可来自国家、部门和地方的发展规划与计划安排，或来自市场调查研究，或来自某种资源发现。项目建议书应对拟建项目的社会需求进行分析研究，明确为满足此需求所要达到的建设目标，包括经济目标、社会目标和环境目标，并考虑可能因此而承担的风险。

2. 可行性研究阶段

项目建议书批准后，由政府交通主管部门组织项目可行性研究。可行性研究是对拟建项目在技术上和经济上是否可行进行科学分析与论证工作，为项目决策（即该项目是继续实施还是放弃）提供依据。可行性研究的主要任务是通过多方案比较，提出评价意见，推荐最佳方案。

按可行性研究的工作深度，其可划分为预可行性研究和工程可行性研究两个阶段。预可行性研究应重点阐明建设项目的必要性，通过踏勘和调查研究，提出建设项目的规模、技术标准，进行简要的经济效益分析。工程可行性研究应通过必要的测量（高速公路、一级公路必须做）、地质勘探（大桥、隧道及不良地质地段等），在认真调查研究、占有必要资料的基础上，对不同建设方案从技术上和经济上进行综合论证，提出推荐方案。可行性研究报告的文件应符合相关的规定。

可行性研究报告经审查批准后，项目才能正式立项。大中型项目和限额以上项目的可行性研究报告经批准后，可根据实际需要组成筹建机构，即组建项目法人。一般改建、扩建项目不单独设置机构，仍由原企业负责筹建。

3. 设计任务书阶段

设计任务书是项目确定建设方案的决策性文件，是编制设计文件的主要依据。设计任务书可由建设单位自行提出，也可由工程咨询公司代为拟定，或由建设单位与设计单位协商确定。

设计任务书的内容包括建设依据和建设规模；路线走向和主要控制点，独立大桥桥址和主要特点；地理位置、自然条件和社会经济现状；工程技术标准和主要技术指标；设计阶段及完成时间；环境保护、城市规划、抗震、防洪、防空、文物保护等要求和采取的措施方案；投资估算和资金筹措；经济效益和社会效益；建设期限和实施方案。

4. 勘察设计阶段

(1) 公路设计阶段划分

公路基本建设项目一般采用两阶段设计,即初步设计和施工图设计。对于技术简单、方案明确的小型建设项目,也可采用一阶段设计,即一阶段施工图设计。对于技术上复杂、基础资料缺乏和不足的建设项目,或建设项目中的特大桥、互通式立交枢纽、地质复杂的长大隧道、高速公路和一级公路的交通工程及沿线设施中的机电设备等,必要时采用三阶段设计,即初步设计、技术设计和施工图设计。

(2) 各阶段的设计依据

初步设计应根据批复的可行性研究报告、测设合同及勘测资料进行编制。一阶段施工图设计应根据批复的可行性研究报告、测设合同及定测、详勘资料进行编制。两阶段设计时,施工图设计应根据批复的初步设计、测设合同和定测、详勘资料(含补充资料)进行编制。三阶段设计时,技术设计应根据批复的初步设计、测设合同和定测、详勘资料进行编制;施工图设计应根据批复的技术设计、测设合同和补充定测、详勘资料进行编制。

(3) 施工图设计文件组成

不论按几个阶段设计,其中的施工图设计文件由以下十三篇及附件组成,它们分别是:总说明书;总体设计;路线;路基、路面及排水;桥梁、涵洞;隧道;路线交叉;交通工程及沿线设施;环境保护;渡口码头及其他工程;筑路材料;施工组织计划;施工图预算;附件。其中第二篇总体设计只用于高速公路和一级公路,附件内容为补充地质勘探、水文调查及计算等基础资料。

5. 建设准备阶段

项目在开工建设之前,要做好以下前期准备工作。

(1) 预备项目

初步设计已经批准的项目可列为预备项目。国家的预备项目计划是对列入部门、地方编报的年度建设预备项目计划中的大中型项目和限额以上项目,经过对建设总规模、生产力布局、资源优化配置及外部协作条件等方面进行综合平衡后安排和下达的。

(2) 建设准备的内容

建设准备的主要工作内容有征地、拆迁和安置;完成施工用水、电、路工程;设备、材料订货;准备施工图纸;监理、施工招标投标。

（3）申报项目施工许可

完成了规定的建设准备和具备了开工条件以后，应申报项目施工许可。年度大中型项目和限额以上项目须经国务院批准，国家发展改革委下达项目计划，其他项目可由部门和地方政府批准。

6. 建设施工阶段

建设项目开工报告一经批准，项目便进入了建设施工阶段。本阶段是项目决策实施、建成投入使用、发挥效益的关键，因此建设单位、施工企业、监理单位都应认真做好各自工作。

公路项目开工建设的时间以开始进行土石方施工的日期作为正式开工日期。分期建设的项目，分别按各期工程开工的日期计算。施工活动应严格按照设计要求、技术规程、合同条款、预算投资、施工程序和顺序、施工组织设计，在保证质量、工期、成本等计划目标的前提下进行，达到竣工标准要求，经验收后移交使用。

7. 竣（交）工验收交付使用阶段

竣（交）工验收是建设全过程的最后一道程序，是投资成果转入使用的标志，是建设单位、设计单位和施工单位向国家汇报建设项目的生产能力或效益、质量、造价等全面情况及交付新增固定资产的过程。验收工作在建设项目按施工合同文件的规定内容全部完成后进行。

公路项目验收分为单项工程交工验收和整体项目竣工验收两个阶段。竣工验收由建设主管部门主持，依据国家有关规定组成验收委员会，按照交通部《公路工程竣（交）工验收办法》（2004年3月31日交通部令第3号）的要求组织验收。在工程验收前，建设单位要做好以下准备工作：组织设计、施工等单位进行工程初验，并向主管部门提出验收报告；整理技术资料，包括各种文件；绘制竣工图，必须准确、完整、符合档案管理的要求；编制竣工决算。

验收合格的工程，应移交使用，并按有关规定办理交接手续。

8. 项目后评价阶段

公路建设项目正常运营一段时间后，再对项目的立项决策、设计施工、竣工验收、生产运营等全过程进行系统评价的技术经济活动被称为项目后评价，它是固定资产投资管理的最后一个环节。通过后评价可以肯定成绩、总结经验、探讨问题、吸取教训，并提出建议，作为今后改进投资规划、评估和管理工作的参考。

项目后评价应经过建设单位自评和投资方评价两个阶段，包括以下内容，评估项目的实际成效；确定项目是否达到了预期目标和设计要求；检查设计、施工各个环节的实际质量；重新计算实际财务效益和国民经济效益。

第二节　公路施工项目管理过程

施工企业通过投标承揽施工任务后，公路施工项目管理要依次经历施工准备阶段、施工阶段、竣（交）工验收阶段、用后服务阶段等，按工程施工承包合同的要求完成施工任务。对于不同规模、不同性质的具体工程项目，施工过程各阶段的具体工作内容不尽相同。

一、投标与签订合同阶段

在社会主义的市场经济条件下，施工企业要通过投标竞争，中标后与建设单位签订工程承包合同，承揽施工任务。在工程承包合同中，建设单位为发包人，称为业主；施工企业称为承包人。

建设单位的拟建工程项目具备了招标条件后，便发布招标广告（或邀请函），施工企业见到招标广告（或收到邀请函）后，从作出投标决策至中标签约的过程，实质上是在进行施工项目管理第一阶段的工作。

1. 投标决策

公路施工企业获得工程项目施工招标信息后，从本企业经营战略的高度并结合当前施工任务情况，由企业决策层决定是否投标争取承包该项目。

2. 收集信息

如果企业决定投标，就要力争中标。因此，公路施工企业应从当前工程市场形势、施工项目现场状况、竞争对手实力、招标单位情况，还有企业目前的自身力量等几个方面大量收集信息，为投标书编制提供可靠资料。

3. 编制投标书

参与投标的企业应按照招标文件规定和要求，充分发挥本企业自身优势，编制既能赢利，又有竞争力，并且有希望中标的投标书。

4. 签订工程施工承包合同

如果中标，中标企业则应在规定期限内与业主单位进行谈判，依法签订工程施工承包合同。

二、施工准备阶段

工程施工承包合同正式生效后，施工企业便应组建项目经理部，然后以项目经理部为主,与企业经营层和管理层配合,进行施工准备,使工程具备开工作业和连续施工的条件。

1. 成立项目经理部

施工企业应按照工程施工承包合同规定的基本条件确定施工项目经理,成立项目经理部,根据施工项目规模大小和施工管理工作的实际需要建立管理机构,配备管理人员。

2. 制订施工项目管理实施规划

施工项目管理实施规划由施工项目经理负责组织编制。施工项目管理实施规划是整个工程施工管理的执行计划,在施工项目中它还要进一步分解,由施工项目经理、经理部各部门、各工程小组、分包人等在项目施工的各个阶段中执行。

3. 进行施工现场准备

施工现场准备包括组织准备、技术准备、物资准备等项工作,其主要有熟悉和核对设计文件,补充调查资料,编制施工组织设计,建立临时生产与生活设施,施工测量、放样,劳务人员培训,材料试验、备料等。通过施工现场准备,使现场具备施工条件,有利于文明施工和场容管理。

4. 编写和提交开工报告

各项施工准备工作完成,并具备连续施工作业的条件后,施工企业要按照施工承包合同规定的期限向监理工程师提交工程开工报告。开工报告的主要内容应包括施工机构建立,质量检测体系,安全体系的建立,劳动力安排,材料、机械及检测仪器设备进场情况,水电供应,临时设施修建,施工方案和总体施工组织设计等。

监理工程师对开工报告进行审查后,将在投标书附录规定的期限内发布开工令。

三、施工阶段

施工阶段是一个从工程开工至竣(交)工验收的实施过程。在这一过程中,具体负责施工项目现场管理工作的项目经理部既是决策机构,又是责任机构。企业管理层、建设单位、监理单位在这一阶段中的作用是支持、服务、监督与协调。这一阶段的目标是完成工程施工承包合同规定的全部施工任务,达到竣(交)工验收要求。

1. 组织施工

收到监理工程师发布的工程开工令之后，施工单位应在投标书附录中规定的开工期内开工，根据工程设计图纸，按照施工项目管理实施规划安排，精心组织施工和管理，使整个施工活动连续、均衡、协调进行，直到施工项目竣工。

2. 对施工活动实施动态控制

实现施工项目的质量、进度、成本、安全等目标是施工项目管理的根本目的。在施工项目的目标控制过程中，经常会受到各种客观因素干扰，各种风险因素也可能随时发生，为确保按计划实现施工项目的阶段性目标和最终目标，相关单位对施工项目的各项目标都必须实施动态控制。

3. 管理好施工现场

良好的施工现场是实现施工项目的目标及安全生产和文明施工的保障条件之一。管理好施工现场就是使场容清新美观、材料放置有序、机械设备整洁、施工有条不紊，为施工项目提供一个能使相关各方都满意的作业环境。

4. 严格履行施工承包合同

开工后的整个施工过程中，项目经理部应严格履行施工承包合同，并认真做好工程分包、合同变更、费用索赔及工程延期等工作。为顺利履行合同，项目经理还应协调和处理好内部与外部的各种关系。

5. 做好施工记录

开工后要做好施工记录。施工记录包括施工原始记录、工序检查记录、隐蔽工程验收记录、材料试验与施工测量记录等。同时还应做好根据施工记录进行的协调、检查、整理、分析等工作，并按时编写和提交各项施工报告。

四、竣（交）工验收阶段

本阶段与建设项目的竣（交）工验收阶段协调、同步进行，目标是对施工项目的最终成果进行检查、总结、评价。公路工程验收分为交工验收和竣工验收两个阶段，小型工程或简易工程项目经主持竣工验收单位批准后可合并为一次竣工验收。

1. 工程收尾与自验

工程施工承包合同规定的施工任务基本完成后，施工项目应及时进行工程收尾，并准备好施工项目验收时应提交的资料，项目经理首先要安排好竣工自验工作。

竣工自验又叫初验，是在施工项目按照承包合同的要求建成后，由项目经理组织各有关施工人员，按照正式验收的标准和要求进行的内部检验。对检查出的缺陷或不符合要求的部分，有关工作人员必须采取措施，定期修竣。全部问题处理完毕之后，项目经理应提请上级主管部门（如公司）进行复验，彻底解决所有遗留问题，为交工验收做好准备。

2. 交工验收

交工验收由建设单位主持，主要是检查施工承包合同的执行情况和监理工作情况，提出工程质量等级建议。

承包人在全面完成所承包的工程并经监理工程师同意后，向建设单位提出交工验收申请。建设单位组织设计、监理、施工、质量监督、接管养护、造价管理等单位的代表组成交工验收组，对工程项目进行全面验收。交工验收时，施工单位要提交验收项目的竣工图表、施工资料、工程施工情况报告等文件供交工验收组审议。验收组将提出交工验收报告，由建设单位报上级交通主管部门核定。

交工验收不合格或有缺陷的工程及未完工程，由原承包人限期修复、补救、完成。交工验收合格的工程，监理工程师应及时向承包人签发交工证书，同时办理工程的移交管养工作。

3. 竣工验收

按照建设项目的大小，竣工验收由交通运输部或地方交通主管部门主持，主要是全面考核建设成果，总结经验，综合评价建设项目，确定工程质量等级。

经过交工验收各标段均达到合格以上的工程，由建设单位向竣工验收主持单位提出竣工验收申请。竣工验收委员会由验收主持单位、建设单位、交工验收组代表、质量监督、接管养护、造价管理、环境保护、有关银行等单位的代表组成。施工单位要向竣工验收委员会提交关于工程施工情况的报告。

验收委员会将对工程建设、设计、施工、监理等单位进行综合评分，并评定工程质量等级和建设项目等级。验收委员会对合格以上的建设项目签发《公路工程竣工验收鉴定书》，项目所在地的公路工程质量监督部门签发各标段的《工程质量鉴定书》。

4. 竣工结算与总结

工程经竣工验收合格后，业主与承包人之间根据监理工程师签发的"最终支付证书"办理竣工结算。

施工项目总结包括技术总结和经济总结两部分。技术总结的内容是施工中采用的新技术、新工艺和重大革新项目，还有在合同管理、施工组织、技术管理、工程质量、安全生产等方面采取的措施，取得的成绩和存在的问题。

经济总结主要是进行成本分析和经济核算，计算各种经济指标，通过与企业和同类施工项目的有关数据对比，总结经验教训，以进一步提高施工项目管理水平。

五、用后服务阶段

用后服务阶段是施工项目管理的最后一个阶段，主要包括施工项目在缺陷责任期和保修期的工作。其目的是保证使用单位正常使用，发挥效益。

交工验收合格的工程，在合同规定的期限内移交业主，施工项目即进入缺陷责任期。在缺陷责任期内，应尽快完成在交工证书中写明的未完成工作，对本工程存在的缺陷、病害或其他不合格之处按监理工程师的指令进行修补、重建及复建。

缺陷责任期终止后，施工项目即进入保修期。在保修期内承包人应对由于施工质量原因造成的损坏进行自费修复。还应进行工程回访，听取使用单位意见，观察项目使用情况，开展必要的技术咨询和服务活动。

第三节　公路施工项目管理的方法与内容

一、施工项目管理及其特点

施工项目是指由建筑企业从施工投标开始到工程保修期满为止的施工全过程中完成的项目。施工项目的任务范围由施工合同界定，可以是一个建设项目的施工活动，也可以是一个单项工程或单位工程的施工活动。

施工项目管理是建筑企业管理的组成部分，是建筑企业运用系统工程的概念、理论和方法对施工项目通过计划、组织、指挥、控制、监督、协调、核算、信息反馈等一系列活动进行的全过程全面管理。施工项目管理有以下特点。

1. 施工项目管理的主体是建筑企业

施工项目管理由建筑施工企业独立实施。建设单位和监理单位在工程施工阶段对施工项目进行的管理（如征地、进度和质量控制、验收等）属于建设项目管理范围，不能算作施工项目管理。设计单位不进行施工项目管理。

2. 施工项目管理的对象是施工项目

施工项目管理工作针对特定的施工项目开展，管理工作周期从工程投标开始到项目保修期结束时止。施工项目管理的特殊性主要表现为生产活动与市场交易活动同时进行；先有交易活动，后有产品（竣工项目）；交易双方都要进行生产管理，生产活动和交易活动很难分开。

3. 施工项目管理内容是按阶段变化的

从施工投标开始到工程保修期满为止的各个阶段，施工项目管理内容的差异很大，因此必须针对不同阶段的具体情况进行动态管理，优化组合施工资源，提高施工效率和效益。

4. 施工项目管理要求强化组织协调工作

公路施工项目是必须一次完成的单件性土木产出物，一旦发生工程质量不合格、影响环境或其他问题，则难以补救，将产生严重后果。另外，施工项目工期长、有大量的野外露天作业、施工人员流动性大、需要巨额资金和种类繁多的资源，加之施工活动还涉及复杂的经济、技术、法律、行政和人际等关系，因此施工项目管理中的组织协调工作就显得十分重要。

施工项目管理与建设项目管理是两个平等的工程项目管理分支。建设项目管理是站在投资主体（即建设单位）的立场对建设项目从可行性研究开始，经过勘察、设计、施工等阶段的全部建设过程进行的综合性管理；而施工项目管理是由建筑企业在项目施工阶段对项目施工活动进行的管理，两者之间各自独立而又密切联系。从工程项目的招标、投标至竣（交）工验收这一阶段（即建设项目的施工阶段），建设项目管理和施工项目管理同步平行进行，彼此交叉，相互依存和制约。

施工项目管理也不同于建筑企业管理。建筑企业管理的对象是整个企业，自然包括对施工项目的监督和指导；而施工项目管理以施工承包合同确定的内容为最终管理对象，由施工企业法定代表人授权的项目经理负责的项目经理部为管理主体，对施工项目实施管理。

二、施工项目管理的基本方法

施工项目管理的基本方法是目标管理法。目标管理法是现代科学管理方法之一，广泛应用于经济领域和管理领域。为了实现各项具体目标，还有其他适用的专业方法。例如在施工项目管理中，控制进度目标用网络计划方法；控制质量目标用全面质量管理方法；控制成本目标用可控责任成本方法；控制安全目标用安全责任制。

1. 目标管理法

目标管理以被管理活动的目标为中心，将经济活动和管理活动的任务转换成具体的目标，运用现代管理技术和行为科学，借助人们的事业心、能力、自信、自尊等实行自我控制，促成目标实现，从而完成经济活动任务。目标管理的全体成员要亲自参加工作目标的制定，并以目标指导行动，因此目标管理是面向未来的管理，是主动的、系统性的整体管理，是特别重视人的主观能动性、参与性和自主性的管理。

2. 网络计划方法

网络计划方法是控制施工项目进度最有效的方法，尤其对复杂的大型项目的进度控制，更显其不可替代的优越性。随着计算机在网络计划技术中的应用日益普及，网络计划方法将在项目管理的进度控制中发挥越来越大的作用。

应用网络计划方法应注意以下几点：认真执行网络计划的有关标准，使网络计划规范化、进度管理集约化；遵循网络计划应用的一般程序，即准备、绘制网络图、时间参数计算与确定关键线路、优化并正式编制网络计划、实施与调整网络计划、总结与分析；采用先进的网络计划应用软件，对施工项目进度进行快速、准确的有效控制；不断总结和积累应用网络计划的经验，提高进度控制水平；处理好网络计划技术与流水作业计划的关系，应根据项目的具体情况选用适合的进度控制方法。

3. 全面质量管理方法

全面质量管理方法自 20 世纪 60 年代诞生以来，对实现质量管理科学化和促进产品质量水平提高都发挥了重大作用，至今仍然是控制施工项目质量最有效的方法。简单来说，全面质量管理是全员参与施工项目全过程和全部要素的质量管理，通过各种层面的 PDCA（计划—执行—检查—处理）循环，在全员范围开展"QC 小组"活动，最终确保实现质量目标。

用全面质量管理方法控制施工项目质量应注意以下几点：全面质量管理是全企业的管理，企业和项目都应按照全面质量管理方法进行管理；数理统计方法是全面质量管理的工具，要充分利用这个工具为全面质量管理决策服务；处理好与 ISO9000—2000 族标准的关系，全面质量管理是方法，ISO9000 是标准，两者是统一的，不可相互替代；工序控制和质量检验是重点，是有效提高施工项目质量水平的关键。

4. 可控责任成本管理方法

成本是施工项目中各种消耗的综合价值体现，也是施工项目管理效果的重要指标，因此施工项目管理必须进行成本控制。可控责任成本方法是成本控制的主要方法。施工项目的操作者和管理者都有控制成本的责任，可控责任成本是指责任者可以控制住的那部分成本，可控责任成本方法是通过明确每个责任者的可控责任成本目标而达到对每个生产要素进行成本控制，最终实现有效控制施工项目总成本的方法。该方法的本质是成本控制责任制，也是目标管理法责任目标落实的方法。

可控责任成本方法的关键是责任制,因此要建立和落实每个责任者(操作者和管理者)、各部门和各层次的成本责任制,项目经理部全体成员都包括在其中。在实施过程中要加强各级各类成本核算,确保可控责任成本取得实效。

5. 安全责任制

安全责任制是通过制度规定每个施工项目管理成员的安全责任,是施工项目安全控制的主要方法。安全责任制是岗位责任制的组成内容,项目经理、管理部门的成员、作业人员都要承担相应岗位的安全责任。安全责任制中还包含承担安全责任的保证制度,即进行安全教育,加强安全监督、检查与考核等。

三、施工项目管理的主要内容

施工项目管理由以项目经理为首的项目经理部负责实施,管理的客体是具体工程项目的施工活动及其相关的生产要素。国家标准《建设工程项目管理规范》(GB/T50326—2017)规定了施工项目管理的基本内容。

1. 建立施工项目管理机构

(1)选聘称职的施工项目经理

施工项目经理是经承包人的法定代表人授权对工程项目施工过程全面负责的项目管理者,是承包人在施工项目上的委托代理人。施工项目经理由企业采用适当方式选聘或任命。

(2)建立施工项目经理部

施工企业根据施工项目管理的组织原则,结合工程规模和特点,选择合适的组织形式,建立施工项目经理部,并明确各部门、各岗位的责任、权限和利益。项目经理部是项目经理领导下的施工项目管理机构,负责对施工项目全过程的施工生产经营活动进行管理。

(3)制订管理制度

在符合企业规章制度的前提下,根据施工项目管理的需要,编制施工项目经理部管理制度。

2. 编制施工项目管理规划

(1)工程投标前编制施工项目管理规划大纲

在工程投标前,由企业管理层按招标文件要求编制施工项目管理规划大纲,对施工项目管理自投标到保修期满进行全面的纲领性规划。

(2) 工程开工前编制施工项目管理实施规划

在工程开工前，由项目经理负责组织编制施工项目管理实施规划，作为施工项目从开工到竣（交）工验收整个工程施工管理的执行计划。

3. 施工项目的目标控制

在施工项目管理的全过程中，必须对项目的质量、进度、成本和安全目标进行控制，确保实现整个施工项目的管理目标。控制的基本过程如下。

①确定各项目标的控制标准。

②在实施过程中，通过检查、对比，分析目标的完成情况。

③将分析结果与控制标准进行比较，若有偏差，找出原因，采取措施以保证目标实现。

4. 生产要素管理

施工项目生产要素管理是指对施工中使用的人工、材料、机械设备、技术和资金等施工资源进行的计划、供应、使用、检查和改进等管理过程，目的是降低消耗、减少支出、节约物化劳动和活劳动。

(1) 人力资源管理

人力资源不是简单的劳动力，而是指能够推动经济和社会发展的劳动者的能力，是关系到企业生存和发展的一种重要战略资源。作为施工项目的人力资源管理，其主要是指对体力劳动者进行的劳务管理。对脑力劳动者的管理也纳入项目经理部的管理范围。

人力资源管理是一个动态管理过程。项目经理部对施工现场的劳动力管理应做到按施工进展进行劳动力跟踪平衡，根据需要进行补充或减员，向企业劳动管理部门提出申请计划；实行有计划作业，向作业班组下达施工任务书，根据执行结果进行考核、支付费用和奖励；加强对劳务人员的教育、培训、思想管理工作，对作业效率和质量进行检查。

(2) 材料管理

材料管理对节约现场费用、降低工程成本具有重要意义。材料管理应满足以下要求：编制材料需用量计划；按计划供应材料；优选临时仓库地址；严把材料进场关，保证计量设备质量，材料的试验、检验必须符合质量要求；做好材料库存管理；建立限额领料制度和材料使用台账，实施材料使用监督制度、退料和回收制度。

(3) 机械设备管理

机械设备使用是管理工作的重点，而使用的关键是提高效率，要提高效率就必须提高机械设备的完好率和利用率。机械设备管理的职责是编制机械设备使用计划,并报企业管理层审批;对进场机械进行安装、调试、验收;做好机械设备维护和管理;采用技术、经济、组织、合同等手段保证机械设备合理使用。

(4) 技术管理

技术管理包括图纸审查与会审,工程变更商洽,编制施工方案,技术交底,对分包人的技术管理进行服务和监督,参加施工预验收、隐蔽工程验收、分部分项工程验收、结构验收、交工验收和竣工验收,实施技术措施计划,技术资料管理。

(5) 资金管理

项目经理部通过对资金使用管理,实现保证收入、减少支出、防范风险、提高经济效益的目的。资金管理工作有:编制资金收支计划,并上报审批;配合企业财务部门及时进行资金计划;控制资金使用;做好资金分析。

5. 合同管理

合同管理的内容包括与施工项目有关的施工合同、分包合同、买卖合同、租赁合同和借款合同等的订立、履行、变更、终止,还有解决合同争议。项目经理作为承包人在施工项目上的委托代理人,应按照施工合同认真完成所承接的施工任务,承担合同约定义务,并行使相应权利。

项目经理部合同管理的主要任务是实施和履行施工合同。项目经理部应向各职能部门的管理人员进行合同交底,落实合同目标,用合同指导工程施工和项目管理工作,按规定进行合同变更、索赔、转让和终止。

6. 信息管理

对工程施工中发生的信息进行收集、整理、分析、处理、储存、传递、应用的过程称为施工项目信息管理,其是现代项目管理的一大支柱。信息管理必须适应施工项目管理需要,建立信息管理系统,及时收集和准确、完整地传递信息,并配置信息管理人员。

施工项目应建立以项目经理为中心的信息管理系统。信息管理系统要满足项目经理部全部管理工作需要,应做到目录完整,层次清晰,结构严密,信息齐全,表格自动生成,方便输入、处理、修改、储存、发布,与建设各阶段和各有关专业有良好的接口,相关单位、部门和管理人员能信息共享。

7. 现场管理

施工项目的各项施工作业活动和相关管理工作是以施工现场为平台进行联系和实施的,因此施工现场管理不仅直接关系到施工作业任务完成情况,而且对文明施工、安全生产、环境保护等都具有极其重要的意义。施工现场管理的依据是国家颁布的有关法律、法规、规定和项目经理部编制的施工平面图。

施工现场管理的总体要求：文明施工、安全有序、整洁卫生、不扰民、不损害公众利益；现场入口处设立有关公示牌；项目经理部应经常巡视施工现场，发现问题及时整改；用施工平面图规范场容管理；按规定做好环境保护、防火保安、卫生防疫等工作；进行施工现场综合考评。

8.组织协调

施工项目的组织协调，就是按一定的组织形式、方法和手段，疏通项目管理中的各方关系，排除施工过程中产生的各种干扰的过程。组织协调的内容包括人际关系、组织机构之间的关系、供求关系和协作配合关系等。

施工中需要协调的关系有三种：企业内部关系，属于行政关系；近外层关系，是由合同确定的关系，如承包人与业主、监理单位之间的关系；远外层关系，是由法律和社会公德确立的关系，如企业与政府监督部门、地方行政管理部门等之间的关系。

第四节　公路工程施工监理

一、施工监理的作用

工程监理制度是交通运输部规定的公路建设管理四项制度之一，它是随着我国经济体制改革的深化和社会主义市场经济的形成，自20世纪80年代中期以来在工程建设中逐步实施的一种与国际接轨的工程建设管理的新体制和新模式。工程监理通过对工程建设参与者的行为进行监控、督导和评价，并采取相应管理措施，保证工程建设行为符合国家法律、法规和有关政策，制止建设行为的随意性和盲目性，促使工程建设费用、进度、质量按计划（合同）实现，确保工程建设行为的合法性、科学性、合理性和经济性。根据交通运输部的规定，公路工程的监理目前在公路施工阶段实施，因此也被称为施工监理。

公路工程施工监理制度是以国际通用FIDIC（国际咨询工程师联合会）土木工程施工合同条件为基础，形成建设单位、施工单位、监理单位三方相互制约，以监理单位为核心的管理模式。实行施工监理制度，使建设各方的权利、义务和责任更为合理与明确，有利于克服随意性，增强合同意识，提高管理水平；突破了建设单位事无巨细统揽一切的小生产管理方式的局限性，有利于积累经验，促进建设项目管理向专业化、社会化方式转变；突出了监理单位的管理作用，有利于预防和减少建设单位与施工单位双方发生纠纷，促使建设活动顺利进行。

由于公路工程与国民经济的发展和人民生活的关系十分密切，公路建设又受到各种条件的限制，施工难度是很大的。为了保证公路工程的质量，控制工期和工程费用，提高投资效益及工程管理水平，凡列入基本建设计划的公路工程项目，都应实行"政府监督、社会监理、企业自检"的质量保证体系。政府监督是指承包人（施工单位）和施工人员、监理单位及监理人员、业主（建设单位）的项目管理人员等均应接受政府交通主管部门和公路工程质量监督部门的管理和监督检查。社会监理是指建设单位委托监理单位对施工项目实施全面的监督管理，监理单位和监理人员应按照"严格监理、热情服务、秉公办事、一丝不苟"的原则认真做好监理工作。企业自检，即施工企业在公路施工过程中应加强管理，自行把好质量关。

二、监理工作的组织过程

1. 选择监理单位

监理单位是在工程施工招标之前由业主（建设单位）确定的。业主对监理单位的选择，可通过招标、聘请、委托等方式进行。

承担公路工程施工监理业务的单位，必须是经交通运输部审批，取得公路工程施工监理资格等级证书，具有法人资格的社会监理单位，并按批准的资格等级承担相应的施工监理业务。

2. 签订监理服务合同

监理单位确定之后，业主与监理单位双方必须签订监理服务合同，即用书面形式确定双方的责任和权利。监理服务合同是一个对业主和监理单位双方都具有法律约束力的文件。

监理合同文件由合同协议书、合同通用条件、合同专用条件和附件组成。其主要内容应包括委托监理工程的概况；监理服务的形式、范围与内容；监理单位的职责；建设单位的职责；监理服务的费用与支付办法；违约责任及赔偿等。

3. 组建监理机构

监理单位承接监理任务后，应考虑项目组成、工程规模、难易程度、合同工期、地理位置、现场条件等因素，根据不同情况设置现场监理机构，对公路工程施工的监理工作实行统一管理。

现场监理机构一般按工程施工招标合同段设置基层监理机构，可视工程的具体情况分别设置一级、二级或三级监理机构。一级监理机构设置总监理工程师办公室,适用于特大桥、隧道等集中工程项目或小型公路工程项目;二级监理机构设置总监理工程师办公室和高级驻地监理工程师办公室,适用于一般大中型公路工程项目;三级监理机构是当建设项目为两个以上独立工程项目或跨省、直辖市、自治区时,在上述两级监理机构中间再设置的项目监理部。

4. 确定监理人员

监理人员由以下三部分构成。

①监理工程师,包括总监理工程师、总监理工程师代表、高级驻地监理工程师、专业监理工程师;

②监理员,包括测量、试验人员和现场旁站人员;

③其他人员,包括文秘、翻译、行政、后勤人员。

各级监理机构中的人员构成及数量,根据被监理工程的类别、规模、技术复杂程度,以能够对工程实施有效监理为原则进行配备。

5. 实施工程监理

监理的主要依据有:国家有关公路工程建设的政策、法律和法规,政府批准的建设计划、规划、设计文件,还有公路工程的有关技术标准、规范、规程等;业主和承包人签订的施工合同文件,监理单位与业主签订的监理服务合同文件;公路施工过程中,监理工程师与承包人围绕工程实施的有关会议记录、纪要、函电和其他文字记载,还有经监理工程师批准的图纸、签发的指令等。

监理工作贯穿在公路工程施工的各个阶段,各监理阶段的划分及相应的监理任务如下。

(1)施工准备阶段的监理

监理合同签订后,即进入施工准备阶段监理。在这一阶段,监理工程师应熟悉合同文件;编制监理程序;了解现场用地占有权和使用权解决情况;核查设计图纸,复核定线数据;审查承包人的自检系统,还有工程总进度计划、现金流动估算、临时用地计划;准备第一次工地会议;发布工程开工令等。

(2)施工阶段的监理

工程开工后,监理工程师应集中力量,严格按照合同要求对工程施工的质量、进度和费用实施监理,做好合同管理和信息管理等工作。

(3)竣(交)工及缺陷责任期阶段监理

在工程竣(交)工或部分(单位工程、分部工程)交工后相关单位可签发交接证书，对未完成的工程进行监理和对工程缺陷的修补、修复及重建进行监理。本阶段应视同施工阶段监理，认真做好各项监理工作。

6. 提交监理报告

在工程施工期间工作人员要做好监理记录和工程监理月报。在工程结束后，监理工程师应提交监理工作报告，报送建设单位和上级主管部门。

工程监理报告的内容：工程概况；监理组织机构及工作起、止时间；关于工程质量、进度、费用的监理及合同管理的执行情况；分项、分部、单位工程质量评估；工程费用分析；对工程建设中存在问题的处理意见和建议；监理过程中的照片或录像等。

监理工程师与业主、承包人或指定分包人之间有关工程质量、进度和费用的一切往来函件和报表，还有监理工作的各种文件、记录、报告、图纸、资料等，都应分类整理、编号，建立档案，按规定保存。

三、施工监理的内容

公路工程施工监理的主要内容可分为工程质量监理、工程进度监理、工程费用监理、合同管理、信息管理、组织协调。其通常被称为"三监控、两管理、一协调"。

1. 工程质量监理

工程项目的质量控制分为业主的质量控制、承包人的质量控制和政府的质量控制。业主的质量控制是通过合同形式委托社会监理单位而实施的监理工程师质量目标管理，即工程质量监理。承包人的质量控制，靠承包人的质量自检体系来实现。政府的质量控制，通过行政主管部门及各级质量监督站来实现。因此，工程质量不是单一的技术管理，而是技术、经济与法律在公路工程质量上的统一体现。

质量监理的依据是合同条件、合同图纸、技术规范和质量标准。监理人员应对施工全过程进行检查、监督和管理，制止影响工程质量的各种不利因素，使承包人提交的工程项目符合合同图纸、技术规范、使用要求和验收标准。

监理工程师应建立完整的质量监理组织体系，以保证对所有施工环节进行有效控制。质量监理组织体系中应根据工程规模的大小和复杂程度，设置材料、试验、测量、计量及各工程项目的专业技术岗位，并明确其名称和职责。

从开工报告到工序质量检查，都要按规定程序进行控制。对现场质量的控制、质量缺陷与质量事故处理，都是质量监理的工作内容。

2. 工程进度监理

每个工程项目都会在合同文件中对工期都给出明确规定。承包人应根据合同规定的工期进行计划安排，制订出切实可行的工程施工进度计划。监理工程师的主要任务是审批承包人编制的施工进度计划，并对已批准的施工进度计划的执行情况进行监督，从全局出发，掌握影响施工进度计划所有条件的变化情况，对施工进度计划执行进行控制。当可能发生工期延误时，监理工程师应及时要求承包人采取加强施工计划管理和技术管理的措施，重新修订或调整施工进度计划，增加施工机械或人力，以确保在竣工期限内完成工程施工任务。

3. 工程费用监理

工程费用包括合同文件中工程量清单内所列及因施工单位索赔或建设单位未履行义务而涉及的一切费用。监理工程师应在质量符合标准、工期遵照合同要求的基础上对工程费用进行监理。

费用监理工作中应尽可能合理减少工程量清单中所列费用以外的附加支出，达到控制费用的最佳效果。为此，监理工程师必须熟悉技术规范、工程量清单及工程量清单说明的内容，掌握工程具体项目的工作范围和内容、计量方式和方法等。

4. 合同管理

公路工程施工涉及建设单位、设计单位、材料设备供应单位、施工单位、工程监理单位等。为使建设项目各有关单位之间建立起有机联系，相互协调、默契配合、共同实现工程项目的进度，质量，费用三大管理目标，一个重要的措施就是通过合同，利用经济与法律相结合的方法，将各单位在平等互利的原则上建立起密切的权利义务关系。

公路工程施工监理必须熟悉合同，掌握合同，利用合同对工程施工过程的进度、质量、费用实施有效管理。合同管理的主要内容包括工程分包、工程变更、工程延期、费用索赔、工程计量与支付、工程保险、业主违约、承包人违约等。理解和熟悉合同的主要内容，对监理工程师、建设单位代表和施工人员都是十分必要的。

5. 信息管理

公路工程监理的实施过程中，在工程费用控制、质量控制、进度控制、合同管理等方面，还有在试验、环境、监理工作有关各方之间都将产生大量的信息。信息管理包括信息收集、传递、处理、存储、发布等内容。

由于公路工程投资巨大、建设期长、质量要求高、涉及各种合同,同时使用的机械、设备多,材料消耗数量大,所以信息管理采取人工决策与计算机辅助管理相结合的手段,使工程监理达到高效、迅速、准确的目的。信息管理的基本方法是建立信息的编码系统,明确信息流程,编制信息采集制度,利用高效的信息处理手段分析和处理信息,从而科学地为监理工程师的决策提供准确可靠的依据。

6. 组织协调

监理处于建设单位和施工单位之间的第三方,又处于工程建设过程中实施监督和管理的核心地位,因而具有组织协调工程建设参与各方的能力,这也是公路工程施工监理的一项主要内容。

第五节 公路后期养护概述

公路是国家经济发展和现代化建设的重要基础设施,是为汽车运输服务的线形工程结构物。公路运输是整个交通运输系统中的一个重要组成部分。在国家的现代化建设中,公路是重要的基础设施之一,公路的技术状况直接关系到国民经济发展、国防建设与人民生活水准的提高,也是衡量国家经济、科学文化水平的一个重要标志。

一、行车和自然因素的作用对公路技术状况的影响

公路竣工并交付使用后,在反复的行车荷载作用和自然因素的影响下,特别是交通量和轴载的不断增加,使部分筑路材料的性质发生衰变,还有设计、施工中留下的某些缺陷,导致公路的使用功能逐渐下降。

(一)车辆荷载作用分析

1. 作用于公路上的主要车辆荷载

①通过车轮传递给路面的垂直压力,其大小主要取决于车辆的类型和轴载。

②由于车辆的起动、制动、变速、转向及克服各种行车阻力作用于路面的水平力。

③汽车自身的振动及因路面不平整引起车辆颠簸产生振动而对路面作用的动压力,其值主要与车速、路面的平整度和车辆的减振性能有关。

④在车轮后方与路面之间由于形成暂时的真空而对路面产生的真空吸力。

自然环境条件的影响主要表现在温度、湿度两方面。同时大气中的空气、阳光对沥青路面技术性质变化也有重要影响。

2. 车辆荷载作用分析

①在车轮垂直荷载作用下，路面将产生压缩和弯曲。柔性路面因其材料的黏弹性质不仅产生弹性变形，还将伴随加载时间产生滞后弹性变形和不可恢复的塑性变形。

车辆荷载作用使路面受弯压应力，导致路面变形，如弹性变形（可恢复的变形）和不可恢复的塑性变形，不可恢复的变形将导致路面损坏。

②在车轮垂直力与水平力的综合作用下，路面中将产生较大的剪应力。

③汽车产生冲击、振动的能量大部分消耗在轮胎和弹簧的变形上，部分作用于路面，使路面产生短周期的振动运动，并在路面中产生周期性的快速变向应力。

④路面的磨损除了受行车的作用外，大气因素诸如雨水冲刷和风蚀也是重要的因素，同时在很大程度上还与路面的类型及其材料的性质有关。

（二）自然因素影响分析

公路路基和路面的物理力学性质将随其水温状况而改变。其自然影响因素主要如下。

①水浸湿路基。

②冻胀翻浆。

③沥青路面在浸水情况下，可使其体积松胀，并削弱沥青与集料之间的黏附性，从而降低沥青混合料的物理力学性能。

④水泥混凝土路面的接缝渗入雨水后，使基础软化，在频繁的轮载作用下，路面出现错台或脱空、唧泥等现象，并导致板边产生横向裂缝。

⑤温度对沥青路面的影响。温度的变化同样会引起水泥混凝土路面板的胀缩变形。

阳光、温度、空气等大气因素可以引起沥青路面的老化，使沥青丧失黏塑性，路面变得脆硬、干涩、暗淡而无光泽，抗磨性能降低，在行车荷载作用下相继出现松散、裂缝乃至大片龟裂。

由上述可知，公路在使用过程中所受的行车和自然因素作用十分复杂，往往并非单一因素的作用，而是多种因素的综合作用。这些因素导致了公路各种病害和损坏现象的产生。因此，在进行公路养护维修时，首先应运用基本知识，分析损坏的原因，并区别其是属于功能性损坏还是结构性损坏，还有损坏是发展性的还是非发展性的，只有这样才能制定出有效可行的养护措施。

由此，要学好、做好公路养护工作，应掌握以下知识：①一定的公路工程技术；②具备一定的公路破损原因分析能力；③能根据实际确定修复破损的方法；④能总结出预防公路常见破损的方法和措施，为公路设计、施工提供依据。

二、公路养护主要内容与要求

（一）公路养护的基本任务

①贯彻"预防为主，防治结合"的方针，加强预防性养护，提高公路的抗灾害能力。

②加强公路及其沿线设施的基本技术状况调查，及时发现和消除隐患。

③保持公路及其沿线设施良好的技术状况，及时修复损坏部分，保障行车安全、畅通、舒适。

④吸收和采用新技术、新工艺、新材料、新设备，采取科学的技术措施，不断提高公路养护工程质量，有效延长公路使用寿命，降低路桥设施的全寿命周期成本，提高养护资金使用效益。

⑤加强公路技术改造，以适应公路交通事业不断发展。

（二）公路养护工程的分类

养护按其工程性质、技术复杂程度和规模大小，分为小修保养、中修工程、大修工程、改建工程等四类，以下是相关名词术语。

①小修保养：对公路及其沿线设施经常进行维护保养和修补其轻微损坏部分的作业。

②中修工程：对公路及其沿线设施的一般性损坏部分进行定期的修理加固，以恢复公路原有技术状况的工程。

③大修工程：对公路及其沿线设施的较大损坏进行周期性的综合修理，以全面恢复到原技术标准的工程。

④改建工程：对公路及其沿线设施因不适应现有交通量增长和荷载需要而进行全线或逐段提高技术等级指标，显著提高其通行能力的较大工程项目。

（三）公路养护工作应遵循的技术政策

①公路养护工作应切实贯彻"科技兴交，科学养路"的方针，大力推广和应用先进的养护技术、机械装备和科学管理方法。公路养护应积极运用路

面、桥梁、隧道等管理系统,建立数据库,这是科学发展进入信息时代的要求,是公路养护决策科学化的必要条件。

②公路养护工作应重视资源节约和环境保护。

③公路养护工作应注重养护生产作业安全及减少对通过车辆的影响。

随着我国公路建设发展,我国公路通车里程快速增长,为了保证公路运输的安全畅通,公路养护与管理就显得尤为重要。

第二章 路　线

第一节　平　面

公路是一种带状的三维空间体，它通过公路的平面设计、纵断面设计和横断面设计三个方面（即通常所称的平、纵、横设计）把设计成果反映出来。

公路的中心线是一条空间曲线，这条中心线在水平面上的投影简称为公路路线的平面；沿着中心线竖直剖切公路，再把这条竖直曲面展开成直面，即为公路路线的纵断面；中心线上任意一点处公路的法向剖面称为公路路线在该点处的横断面。

由于受各种人为因素和自然因素的影响，公路从起点至终点在平面上不可能是一条直线，而是由许多直线段和曲线段（包括圆曲线和缓和曲线）组合而成。

公路平面设计的主要内容包括以下几个方面。

①纸上和实地定线，即确定所设计路线的起、终点及中间控制点在地形图上和实地上的具体位置。

②平曲线半径的选定及曲线与直线的衔接，依情况设置超高、加宽和缓和曲线等。

③验算曲线内侧的安全行车视距及障碍物的清除范围。

④绘制公路平面设计图。

一、平面定线

公路平面定线是公路勘测设计中的关键，定线工作不可能一次成功，理想的路线往往需要通过几个方案比选后选择出一条最优的路线方案。公路定线有纸上定线、实地定线两种方法，一般情况下都是先进行纸上定线，然后进行实地定线。公路等级低和地形等条件简单的路线也可直接在现场实地定线。

1. 纸上定线

纸上定线是指在大比例尺（一般为1∶1 000和1∶2 000）地形图上，确定公路中线位置。进行纸上定线时，要求详细确定每一段路线的具体走向、转折地点、曲线半径、直线与曲线的衔接等。

一般来讲，定线时应注意节约用地、少占农田、正确选定控制点，遇到重要桥梁，尽量使公路中线与水流方向正交。布设路线要力求平顺，在必须插入曲线时应力求曲线半径大一些。

总之，纸上定线必须根据具体情况，不断修正，不断完善，最后确定出一条最为合理和经济的路线走向。

路线确定后，就可以从路线的起点开始，按每隔20m、50m或100m的距离，依路线前进方向顺序编列每桩的里程桩号。公路的起点、终点，人工构造物处和地形显著变化点等特征点应编入加桩。

2. 实地定线

实地定线一般是设计人员直接在现场进行。面对实际地形、地质及水文等具体条件，定线人员应不辞劳苦、不怕麻烦、多跑、多问、多比较，反复试定才能实地定好路线。实地定线时由于地形复杂，定线人员视野受到限制或可能产生错觉，因此一般情况下路线设计都是先进行纸上定线，然后再进行实地定线。

二、平曲线设计

在公路平面设计中，应在两直线段相交处用曲线将其平顺的连接起来，以利于汽车安全正常通过，这段曲线称为平曲线。平曲线一般采用圆曲线，为使行车更为平顺有利，在圆曲线与直线间，还经常插入缓和曲线。

1. 平曲线半径及其选用

汽车在弯道上行驶时，除重力外还受到离心力影响。离心力的大小与速度成正比，与半径成反比。由于离心力的产生，使汽车在平曲线上行驶时横向产生两种不稳定的危险：一是汽车向外滑移；二是向外倾覆。要使汽车在平曲线上安全行驶，平曲线半径就不能用的太小。相关标准中就规定了公路的圆曲线最小半径。

平曲线半径的选用原则如下。

①在路线设计中，如果条件允许应尽可能选用大于或等于不设超高的最小曲线半径，一般情况下应不小于一般最小半径，只有在特殊情况下才考虑采用极限最小半径。

②最大圆曲线半径不宜超过 10 000m。

2. 缓和曲线

为改善行车条件，在直线与圆曲线间插入的一条曲率半径由无穷大逐渐变到与圆曲线半径相同的曲线，称为缓和曲线。

（1）设置缓和曲线的目的

①有利于驾驶员操纵方向盘；

②消除离心力突变，满足乘客乘车的舒适与稳定；

③满足超高和加宽过渡，有利于平稳行车；

④与圆曲线配合得当，增加线形美观。

相关标准规定，除四级公路可不设缓和曲线外，其他各级公路，当平曲线半径小于不设超高的最小半径时，均应设置缓和曲线。

（2）缓和曲线的形式

汽车由直线驶入曲线的行车轨迹，近似符合回旋曲线的形式。因此，我国相关标准规定缓和曲线采用回旋线的形式，即曲率半径由无穷大逐渐变到与圆曲线半径相同的曲线。

（3）缓和曲线最小长度

缓和曲线的最小长度应能满足使汽车平顺地由直线段过渡到曲线段，并对离心力增长有一定的限制，还应满足驾驶员操纵方向盘所需的必要时间。因此，我国相关标准规定了公路缓和曲线的最小长度。

在选定缓和曲线（或缓和段）长度时，应根据超高缓和段、加宽缓和段及缓和曲线选定，从三者之中选用最长值作为缓和曲线或缓和段长度，并取 5m 的整数倍。

3. 平曲线最小长度

平曲线长度既包括圆曲线的长度，也包括缓和曲线的长度。当汽车在平曲线上行驶时，如果曲线太短，则司机操纵方向盘很困难，在高速驾驶的情况下相当危险，尤其是路线转角过小的时候，这种情况更为明显，因此在公路设计中应对平曲线的最小长度加以限制。

三、平曲线上视距的保证

汽车在公路上行驶时，必须使司机能看清楚前方一定距离范围内的公路路面上的各种事物，使其遇到意外情况可及时处理，如避让、减速或紧急停车等，从而避免事故的发生。这一确保汽车刹车时看得见、停得住的必要距离称为行车视距。在公路交叉口、曲线内侧及公路上坡的转坡点等处均应保证行车视距的最短距离。

行车视距可分为停车视距、会车视距、超车视距三种。

1. 停车视距

停车视距是指从驾驶员发现障碍物到立即采取制动措施，汽车沿着行驶路线到障碍物前能安全停车所需的最短距离。

2. 会车视距

当障碍物为对向来车时，就必须保证两倍的停车视距，即为会车视距。

由于高速公路和一级公路均采用中央分隔带分隔往返车辆，每一车道上只有同向行驶车辆而无对向行驶车辆，所以只需考虑停车视距。而二、三、四级公路一般不做分隔带，有对向行驶车辆，且这些对向行驶的车辆在一般情况下均愿在路面中间行驶，因此应考虑会车视距。

3. 超车视距

超车视距是指汽车超车后在与对向车辆相遇前驶回到原来车道所必需的最短距离。

二、三、四级公路除符合停车视距和会车视距的要求外，还应在适当间隔（宜在 3min 的行程）内提供一次满足超车视距要求的超车路段。

4. 视距的保证

汽车在直线上行驶时，一般停车视距和超车视距是很容易保证的。但当汽车在曲线上行驶时，其内侧行车视线可能被树木、建筑物、路堑边坡或其他障碍物所遮挡。因此，在设计时必须检查平曲线上的视距是否能满足要求，如不能满足，则必须清除视距范围内的障碍物，以保证汽车的行驶安全。

视距包络图的绘制方法如下。

①画出曲线平面图（包括路面边线、中线、行车轨迹线等）。

②在整个曲线范围内，沿内侧行车轨迹线，以设计视距 S 为长度，定出多组的始终点，然后连接对应的各始终点，即得到很多组交错的直线段，其视距包络线即为视距线。

③在图上量取几个断面处的横净距 Y，然后绘到相应的横断面图上，这样就可以在横断面上一目了然地看出清除范围。很显然，平曲线中点处的横净距为最大值，离中点越远则要求的横净距值越小。

总之，各级公路都应保证停车视距，无分隔带的双车道公路应保证两倍的停车视距（即会车视距），全路应有一定长度能保证超车视距的超车路段。

四、平面线形设计要点

1. 直线运用

直线是两点间距离最短的线形，因此一般来说采用直线线形的路线里程短，测设和施工简便，汽车运营费用低。汽车在直线上行驶比在曲线上要相对安全、快速、舒适，视距也容易保证，便于超车。因此，当路线不受地形、地物的限制时一般均应采用直线。

但是，直线线形的灵活性差，难以适应地形变化，不易与地形、地物等周围环境相协调。如果直线段长度太长，则容易造成驾驶员思想麻痹、感觉单调、精神疲倦、反应缓慢及盲目超速行驶，造成交通事故，因此直线段长度不宜太长。目前高速公路已趋向于少用甚至不用直线，而全部用大半径曲线代替。

2. 圆曲线运用

圆曲线和直线都是公路线形的基本形式，但圆曲线能较好适应地形的变化，适应范围较广且灵活。

选用圆曲线半径时应考虑如下几方面。

①一般情况下应选用较大的圆曲线半径（尽可能采用大于不设超高的最小曲线半径）。

②地形条件受限制时尽可能选用大于一般最小曲线半径的值。

③地形条件特别困难时才采用极限最小曲线半径。

3. 缓和曲线运用

缓和曲线在平面线形设计中也是一种主要线形，凡圆曲线半径小于不设超高的最小曲线半径时，都应在直线与圆曲线间插入缓和曲线。

当直线、圆曲线、缓和曲线相互组合时，可根据具体情况选用以下几种线形组合形式。

五、平面设计成果

完成路线平面设计以后设计人员应提供各种图纸和表格，以下仅介绍主要表格直线、曲线及转角一览表及路线平面设计图。

1. 直线、曲线及转角一览表

直线、曲线及转角一览表是平面设计的主要成果之一。它是通过测角、丈量中线和设置曲线后获得的结果，反映了设计者对平面线形的布设意图，是绘制路线平面图的依据,同时也为路线纵断面设计和横断面设计提供了设计依据。

2. 路线平面图

路线平面图也是平面设计的主要成果之一。通过路线平面图可以体现出路线平面的位置、走向和高程,还可反映沿线人工构造物和工程设施的布置及它们与地形、地物的关系。路线平面图是把直线、曲线及转角一览表更形象化和具体化。

路线平面图绘制步骤如下。

①选定比例尺(一般选用 1：2 000 或 1：5 000)。

②依据直线、曲线及转角一览表按比例绘出公路中线图。

③在公路中线图上标出起终点、里程桩、百米桩、曲线要素桩、桥涵桩及位置等。

④根据水平记录用铅笔注出各加桩处的高程。

⑤按比例实地勾绘中线左右各 100～200m 范围内的地形等高线,标注地物、地貌位置、建筑物名称和位置。

⑥整理等高线和地物、地貌、建筑物。

⑦列表列出本页图例、平曲线要素、编注页码和指北方向。

第二节　纵断面

一、概述

由于地形、地质、地物、水文等因素的影响,公路路线在平面上不可能从起点到终点是一条直线,在纵断面上也不可能从起点到终点是一条水平线,而是有起伏的空间线。纵断面设计就是根据汽车的动力性能、公路性质、等级和交通组成;当地气候、地形、地物、地质、水文、土质条件;排水要求;工程量等,来研究这条空间线形的纵坡(起伏)是如何布置的。

图 2-1 是公路路线的纵断面简图。在纵断面图上,有两条主要线条:一条是地面线,它是根据中线上各个桩点的高程而点绘出来的一条不规则折线,基本上反映了公路中线所经处地面高低变化的情况,各个桩点的高程称为地面高程;另一条是设计线,它是根据公路等级、地形条件等经过多方面比较后确定下来的,设计线由纵坡线和竖曲线组成,设计线上表示各个桩点处路肩边缘的高程(高速公路和一级公路指中央分隔带的外侧边缘高程),称为设计高程。同一桩号处的地面高程与设计高程之差称为施工高度,分为填方

高度和挖方高度。施工高度的大小直接反映了路堤的高度和路堑的深度。

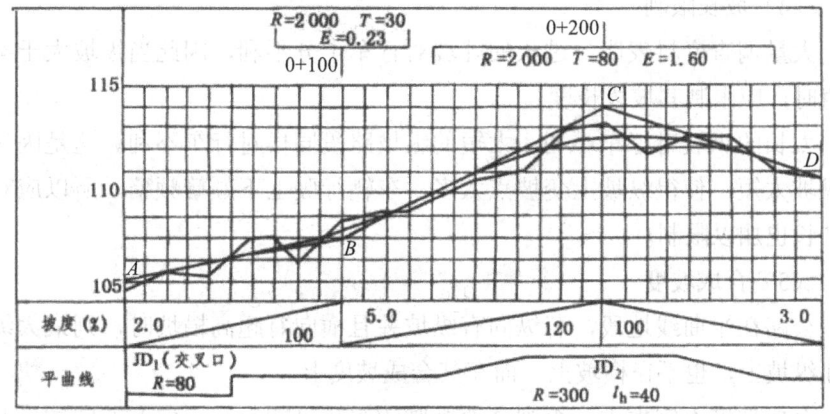

图 2-1 路线纵断面简图

纵断面设计所要解决的主要矛盾是既要使路线坡度均匀平缓，又要节约投资，还要考虑与周围景观的协调。

二、纵坡设计

1. 规定和要求

（1）纵坡坡度

纵断面设计线上每相邻两个变坡点之间连线的坡度称为纵坡坡度。

（2）最大纵坡

越岭公路常常采用较大的纵坡，这是因为纵坡越大，路程就越短，一般来说工程量也越省。但由于汽车牵引力有一定限度，故纵坡不能采用太大值，必须对最大纵坡加以限制。

最大纵坡是公路纵断面设计的重要控制指标，特别是在山岭地区，纵坡的大小直接影响到路线长短、使用质量和工程造价。

在一些特殊情况下应对纵坡加以折减。

①海拔 3 000m 以上的高原地区，均应进行折减，但最大纵坡折减后最小为 4%。

②桥涵处纵坡应按特殊规定办理。

③隧道内纵坡不宜大于 3%，并不应小于 0.3%。

最大纵坡只是在线形受地形限制严重的路段才准采用。在一般情况下应尽量采用较小的纵坡，以便改善行车条件及将来提高公路等级。

（3）最小纵坡

相关标准规定各级公路的长路堑地段及其他横向排水不畅的路段，均应采用不小于 0.3% 的纵坡，否则应对边沟做纵向排水设计。

（4）坡长限制

大量调查资料表明，过长的陡坡对行车十分不利，因此当纵坡大于某一数值时，应限制其坡段长度。

太长的纵坡对行车不利，太短的纵坡路段同样对行车不利。这是因为如果纵坡太短，使得纵坡上变坡点太多，车辆行驶上下颠簸频繁，所以应对最小坡长也加以限制。

（5）合成坡度

公路在平曲线地段，若纵向有纵坡并且横向有超高横坡时，则最大纵坡不在纵坡上，也不在横坡上，而在其合成坡度上。

合成坡度不宜太大，否则高速行驶的车辆可能沿合成坡度方向冲出弯道以外，慢速行驶或停车时车辆可能会沿合成坡度方向产生侧滑。考虑到排水要求，合成坡度也不宜小于 0.5%。

2. 纵断面设计的步骤和方法

纵坡设计俗称拉坡。纵坡设计一般按如下步骤和方法进行。

（1）绘出原地面线

设计前根据平面设计的结果及现场勘测资料，先在图纸上按一定比例绘出里程桩号、直线、平曲线、各里程桩的地面高程，然后将各地面高程连接成线即为地面线，并标出桥涵、地质、土质等有关资料。通常横坐标比例采用 1：2 000，纵坐标比例采用 1：200。

（2）标出沿线各控制点高程

控制点一般指公路起终点、垭口、桥涵、隧道、路线交叉点等。设计人员应在图上标出各控制点的高程，作为设计坡度的依据。

对山岭地区，还应考虑横断面上填挖基本平衡（一般以挖方略大于填方）的经济点，以求降低工程造价。

（3）拉坡设计

在标定全线各控制点的高程后，设计人员根据平面定线的意图，全面考虑地面线的情况以及控制点和经济点的要求，初步定出设计线各坡段的位置，俗称"拉坡"。

①试定。设计时应尽可能多的通过经济点，如与控制点有矛盾，应进一步研究能否有改动的余地，最后仍以控制点为依据。每定一转坡点，应综合考虑前后几个转坡点的情况。

②调整。试定出设计线后，应检查纵坡度、坡长和合成坡度等，如有不适，

应进行适当调整。调整纵坡的方法可以抬高或降低设计高程，延长或缩短坡长以及加大或减少纵坡度等。

③确定。试定的设计坡度经检查、调整、核对无误后，如果其被认为技术上、经济上较合理，即可作为纵断面设计线最后确定下来。

（4）选定竖曲线半径并计算其要素

设计线确定后，即可根据公路等级和纵坡转坡角的大小选定竖曲线半径，并进行各要素计算。

三、竖曲线设计

当纵断面上遇到变坡点时，汽车行驶是不顺适的，故在变坡点处必须用圆曲线或二次抛物线将相邻坡段顺适连接起来，以利于行车，这条曲线称为竖曲线。相关标准规定各级公路在纵坡变更处均应设置竖曲线。竖曲线可分为凸形竖曲线和凹形竖曲线两种形式。因此，纵断面设计线是由均坡段和竖曲线组成的。

四、纵断面设计成果

纵断面设计的最后成果，主要反映在路线纵断面图和路基设计表上。

1. 纵断面设计图

纵断面设计图是公路设计的主要文件之一，它反映了路线中心线所经地面的起伏情况与设计高程之间的关系。把它与平面线形结合起来，就能反映出公路中心线在空间的位置。

纵断面图采用直角坐标，以横坐标表示水平距离，纵坐标表示垂直高程。为了明显地表明地形起伏，通常将横坐标的比例尺采用 1：2 000，纵坐标采用 1：200。

纵断面图可以看成由上下两半部分组成，上半部分主要用来绘制地面线和设计线，下半部分主要用来填写有关数据。

绘制纵断面设计图的步骤如下。

①按一定比例绘出本图相应的横坐标和纵坐标。横坐标标出百米桩号，纵坐标标出整 2m 高程。

②按水准测量提供的各桩号地面高程与相应的桩号点绘在坐标图上，将各坐标点用直线依次连接后即成为纵断面图的地面线。

③在坐标图上绘出水准点位置、编号，并注明高程。

④在纵断面图的下半部分表内分别注明地质资料、绘出平面直线和平曲

线的位置，转向（平曲线以开口矩形表示，开口向上为左转，开口向下为右转），并注明平曲线有关资料。

⑤将桥涵、隧道等位置绘在坐标图上，并注明桩号、结构类型等有关资料。

⑥纵坡和竖曲线确定后，将设计线绘出，并注明纵坡度、坡长（以分式表示，分子为纵坡度，分母为坡长），在竖曲线范围内分别注明各竖曲线的基本要素。

⑦填写其他有关资料。绘制纵断面设计图，应按规定采用标准图纸和统一格式，以便装订成册。

2. 路基设计表

路基设计表是公路设计文件的组成内容之一，它是平、纵、横等主要测设资料的综合。表中填列整桩、加桩、填挖高度、路基宽度（包括加宽）、超高值等有关资料，为路基横断面设计提供了基本数据，也是施工的依据之一。

第三节 横断面

公路中线的法向剖面图称为公路横断面图，简称为横断面。公路横断面设计，即根据行车对该公路的要求，结合当地的地形、地质、气候、水文等自然因素，确定横断面的形式、各组成部分的位置和尺寸。设计的目的是保证公路具有足够的横断面尺寸、强度和稳定性，使之经济合理，同时为路基土石方工程数量计算、公路的施工和养护提供依据。横断面设计是路线设计的重要组成部分，通常横断面设计是在平面和纵断面设计完成之后进行的。

横断面一般包括行车道、路肩、边坡、截水沟、护坡道及专门设计的取土坑、弃土堆、环境保护等设施，高速公路还包括中间带、紧急停车带、变速车道等。

一、公路横断面的组成

1. 标准横断面

路基标准横断面是交通运输部根据设计交通量、交通组成、设计车速、通行能力和满足交通安全的要求，按公路等级、横断面的类型、路线所处地形规定的路基横断面各组成部分横向尺寸的行业标准。

公路路幅是指公路路肩两侧外边缘之间的部分，路幅宽度即指路肩两侧外边缘之间的水平距离，即路基宽度。

一般路幅布置包括行车道和路肩，除四级公路可设置为单车道外，公路按路幅布置形式主要分为单幅双车道和双幅多车道两种类型。我国公路中，二、三级和部分四级公路采用单幅双车道，这些公路类型在我国公路总里程中占比重最大。高速公路和一级公路为适应车辆速度快、交通量大的需要，设置中间带把对向行驶的车道分隔成两部分（即两幅），每幅包括两条或多条单向行车的车道。

对于工程特别艰巨，交通量又很小的山区公路或地方公路，可做成双向单车道的公路。但在沿线适当距离内及不能满足视距要求的路段，仍要做成一定宽度的双车道，称之为错车道，以避让对向开来的汽车。错车道应设在有利地点，并使驾驶员能看到相邻两错车道间行驶来的车辆。

高速公路和一级公路的路基横断面分为整体式和分离式两种。上下行的公路横断面由一个路基形成的称为整体式；由两个路基分别独立形成的称为分离式，整体式横断面上包括行车道、路肩、中间带、紧急停车带、爬坡车道、变速车道等；分离式的横断面上没有中间带，其他部分和整体式相同。

二、三、四级公路采用整体式横断面，不设中间带，它的组成部分包括行车道、路肩、错车道等。

一般情况下应取用一般值，有条件时还应适当增加硬路肩和路基宽度，以利将来拓宽行车道。只有在地形特别困难或其他特殊情况限制时，在局部路段才能使用变化值，变化值路段不宜过长。

（1）行车道宽度

行车道应根据车辆组成和交通量等因素来选定。我国相关标准中就规定了各级公路一条车道的宽度。

（2）路肩

路肩位于行车道外缘至路基边缘之间，其主要作用是保护行车道和临时停车。高速公路和一级公路的路肩包括硬路肩和土路肩两部分，二、三、四级公路的路肩一般只设土路肩。

高速公路和一级公路当采用分离式路基或中间带宽度大于 4.5m 时，在行车道左侧也应硬路肩，其作用在于使左侧路面与中间带连成整体，也可供紧急情况使用，且可起到安全带作用。

高速公路和一级公路为了行车安全，应在硬路肩宽度内设置路缘带，以利于诱导驾驶员视线，其宽度一般为 0.5m。

（3）中间带

中间带是用来分隔往返交通流的，以此可保证车速、减少事故、提高通行能力，也可作为设置路上设施和标志的场地。高速公路和一级公路应设置中间带。

中间带不一定等宽，也不一定等高，应与地形、景观相配合。中央分隔带不应从头到尾是封闭的，而应每隔 2km 设置一个开口，以便于车辆在必要时到反向车道行驶。中央分隔带的端部有弹头形和半圆形两种。

（4）变速车道

变速车道是指当车辆从快速车道进入慢速车道或从慢速车道进入快速车道时应设置的速度过渡段。高速公路和一级公路的互通式立体交叉、服务区、公共汽车停靠站等与主线连接处，均应设置变速车道，其宽度一般为 3.5m。

（5）紧急停车带

高速公路和一级公路，当右侧路肩宽度小于 2.5m 时，应设置紧急停车带。其设置间距不宜大于 2km，宽度一般为 5.00m，有效长度一般为 50m，并设置 100m 和 150m 左右的过渡段。

紧急停车带原则上在往返方向的右侧对称设置。

（6）错车道

四级公路路基采用 4.5m 时，路面只能做成单车道，为解决双向行车的错车问题，应在每隔不足 300m 的距离内选择有利地点设置错车道。错车道处的路基宽度应大于 6.5m，有效长度大于 20m。

2. 典型横断面

经常采用的横断面称为典型横断面。为设计计算简便，通常用左右侧路肩边缘的连线来代替路面和路拱。这样，在一般情况下，路基顶面为一水平线；有超高时，顶面则为超高横坡的坡线；加宽时则按规定予以加宽。

路基高度是指路基设计高程和地面高程之差。由于原地面沿横断面方向往往是倾斜的，在路基宽度范围内两侧的高差常有差别。因此，路基高度是指路基中心线处设计高程与原地面高程之差。而路基两侧边坡的高度是指填方坡脚或挖方坡顶与路基边缘的相对高差。因此，路基高度有中心高度与边坡高度之分。

新建公路的路基设计高程：高速公路和一级公路采用中央分隔带的外侧边缘高程；二、三、四级公路采用路基边缘高程，在设计超高、加宽地段为设超高、加宽前路基边缘高程。改建公路的路基设计高程：一般按新建公路的规定办理，也可视具体情况而采用中央分隔带中线或行车道中线高程。

由于地形情况的不同，会形成下列不同的典型横断面形式。

（1）一般路堤

一般路堤为路堤填土高度小于 20m 的路堤常用形式。路堤高度小于 0.5m

的矮路堤，为满足最小填土高度和排除路基及公路附近地面水的需要，应在边坡坡脚处设置边沟。当路堤高度大于2m时，可将边沟断面扩大成取土坑，以满足填土需要，但此时为保证路边坡的稳定，应在坡脚与取土坑间设不小于1m宽的护坡道。当路堤边坡高度大于20m时，应另行设计。

（2）一般路堑

一般路堑为路基挖方深度小于20m、一般地质条件下的路堑形式。

路堑路段均应设置边沟。为拦截上侧地面径流以保证边坡稳定，应在坡顶外至少5m处设置截水沟。路堑路段所废弃的土石方，应做成规则形状的弃土堆，一般置于下侧坡顶外至少3m处。当路堑边坡高度大于6m或土质变化处，边坡应随之做成折线形。路堑边坡高度大于20m为深路堑，应另行设计。

（3）半填半挖路基

半填半挖路基为一般山坡路段的路基常用形式，是路堤和路堑的综合形式。

当地面横坡大于1∶5时（包括一般路堤在内），为保证填土稳定，应将基底（原地面）挖成台阶。台阶的宽度应不小于1m，台阶的底面应有2%～4%的向内斜坡，台阶的高度，填土时视分层填筑的高度而定，一般每层不大于0.5m，填石时视石料的大小而定。其余可按路堤或路堑而采用与之相应的形式。

（4）陡坡路基

陡坡路基为山区陡坡路段的路基常用形式。对应不同情况，可采用护肩路基、挡土墙路基、护脚路基、矮墙路基等形式。

（5）沿河路堤

沿河路基为桥头引道、河滩路堤的常用形式。路堤浸水部分的边坡坡度，可采用较缓的坡度，并视水流情况采用相应的加固防护措施，如植草、铺草皮、干砌或浆砌片石等。

（6）利用挖渠土填筑路基

利用挖渠土填筑的路堤是施工过程中与当地农田水利建设相结合的一种常用形式。对此需综合考虑、慎重对待，尤其是渠道的设计流量、流速、水位、纵坡等是否危及公路的正常使用，路堤的高度和加固防护措施是否满足路基强度和稳定性要求等。

3. 路基的附属设施

为了保证路基稳定和行车安全，设计时应根据实际需要设置取土坑、弃土堆、护坡道、碎落台、堆料坪等路基附属设施，这些都是路基主体工程不可缺少的部分。

(1) 取土坑和弃土堆

公路土石方数量在调配过程中或公路养护中，不可避免地会在公路沿线附近借土或弃土。借土后留下的整齐土坑被称为取土坑。将开挖路基所废弃的土按一定的规则形状堆放于公路沿线一定距离内形成的土堆称为弃土堆。

(2) 护坡道

当路堤较高时，为保证边坡稳定，在取土坑与坡脚之间或边坡坡面上，沿纵向保留或筑成有一定宽度的平台称为护坡道。

(3) 碎落台

设在路堑边坡坡脚与边沟外侧边缘之间（有时也设在边坡中部）的平台，称为碎落台。其作用是防止土石碎落物落入边沟。

4. 公路建筑限界与公路用地

(1) 公路建筑限界

为保证车辆和行人通行的安全，公路在一定宽度和高度范围内不允许有任何障碍物侵入的空间范围称为建筑限界。不同等级的公路其建筑限界的大小也不同。

(2) 公路用地

公路用地是为修建、养护公路及其沿线设施，依照国家规定所征用的地幅。

①公路直接用地。公路直接用地的范围一般为路堤排水沟外边缘或路堑坡顶截水沟外边缘以外 1m 范围，有条件时，高速公路和一级公路采用 3m，二级公路采用 2m。特殊条件下，应按实际情况确定用地界。

②公路辅助用地。为了公路安全、养护、管理等需要的用地范围，应在节约用地的原则上，根据实际需要确定。

二、路基边坡

路基边坡即路肩的外边缘与坡脚（路堑则为边沟外侧沟底与坡顶）所构成的坡面，是支撑路基主体的重要组成部分。路基边坡的坡度习惯上用边坡的高度与宽度的比值来表示。

路基边坡坡度的大小直接影响到路基的稳定性和工程数量。因此，正确合理确定路基的边坡坡度，是公路横断面设计的主要内容之一。

路堤边坡形式和坡率应根据填料的物理力学性质、边坡高度和工程地质条件确定。当地质条件良好，边坡高度不大于20m时，浸水路堤在设计水位以下的边坡坡率不宜陡于1：1.75。

填石路堤的边坡坡率应根据填石料种类、边坡高度和基底的地质条件确定。易风化岩石与软质岩石用作填料时，应按土质路堤边坡设计。

对边坡高度超过20m的路堤，边坡形式宜采用阶梯形，边坡坡率应通过稳定性分析计算确定，并应进行个别设计。

土质路堑边坡形式及坡率应根据工程地质及水文地质条件、边坡高度、排水措施、施工方法，并结合自然稳定山坡和人工边坡的调查及力学分析综合确定。

岩质路堑边坡形式及坡率应根据工程地质与水文地质条件、边坡高度、施工方法，结合自然稳定边坡和人工边坡的调查综合确定，必要时可采用稳定性分析方法予以检算。

对于土质挖方边坡高度超过20m、岩石挖方边坡高度超过30m和不良地质地段路堑边坡，应按有关规定进行路基高边坡个别处理设计。

三、横断面设计方法

横断面设计俗称"戴帽子"或"戴帽"，即在横断面测量所得的各桩号的横断面图上按纵断面设计所确定的填挖高度和平面设计所确定的路基宽度、超高、加宽值，结合当地的地形、地质等自然条件，参照典型路基横断面图式，逐桩号绘出路基横断面图。

横断面图的比例尺，通常采用1：200，当有特殊情况时可采用1：100。

一般横断面图的绘制步骤如下。

第一，根据横断面地面线测量资料记录表，绘制地面横断面图。

记录一般自中桩分别向左右两侧由近及远逐点按分数形式记录，其中分子表示相邻点间高差，"+"为升高"-"为降低，分母表示相邻点间的水平距离。

第二，根据纵断面设计、平面设计或路基设计表的成果，在地面横断面图上，逐桩号标注填（T）挖（W）高度、路基宽度、超高的数值。

第三，按上述资料逐桩号绘出横断面。

①直线段。

路堤：在中桩点上按填土高度作水平线，在其上截取路基宽度得到左右两侧路基的边缘点，再按边坡坡度绘出边坡线与地面线相交得到坡脚点。

路堑：按挖方高度及路基宽度得到路基边缘点后，在路基边缘点外绘出边沟断面，在边沟沟底的外侧边缘点作边坡线，与地面线相交得到坡顶点。

半填半挖：分别按路堤和路堑的方法得填挖部分的坡脚点或坡顶点。

②圆曲线段。

无起高、加宽时：与直线段相同。

无超高，有加宽时：在加宽一侧按所需加宽值求得该侧路基边缘点，其他与直线段相同。

有超高、无加宽时：以超高前路基顶面水平线为准，按路基内、中、外的超高值绘得路基顶面横坡线及两侧路基边缘点，再绘出路基坡脚点。

有超高、有加宽时：按所需超高、加宽值，采用与上相同方法绘得。

③缓和曲线段。

按各桩号断面所需的超高和加宽值，采用上述圆曲线段设计方法绘得。其他如护坡道、边沟、截水沟、挡土墙等路基组成部分按尺寸分别绘出。

第四，分别计算各桩号断面的填方面积和挖方面积并标注于图上。

在以上横断面设计时，尽管在横断面图上按比例绘出了边沟、截水沟、挡土墙等设施，但一般不标注详细尺寸，仅注明其起讫桩号，其设计的详细尺寸，可参考该设计路段的标准横断面图。

对于特殊路基还应单独设计，绘制特殊路基设计图。

四、土石方计算与调配

路基土石方工程是修筑公路的主要工程项目之一，其工程量在整个工程项目中所占比例较大。土石方的数量及其调配关系着取土和弃土的地点和公路用地范围，同时还影响修建公路的工程造价、所需劳动力、机具设备和施工期限等。

土石方计算和调配的主要任务如下。

①计算每公里路段的土石方数量，确定全路总土石方工程数量。

②提出挖方的利用和填方的来源及运距。

以此为编制工程预（概）算、确定合理的施工方法及计量支付提供依据。

土石方计算的工作量大，计算方法应力求简单，一般都按近似方法进行计算。计算精度按工程要求而定，一般情况下横断面面积以平方米为单位，取小数点后一位，土石方体积以立方米为单位，取至整数。

五、横断面设计成果

横断面设计成果主要有横断面设计图、路基土石方数量计算与调配表。

1. 横断面设计图

横断面设计图的比例通常采用 1∶200。在图纸上绘制横断面设计图时，必须从图纸的左下方开始，按顺序逐个桩号向图纸上方排列，换列时仍然由下向上排列，直至图纸的右上方为本页的最后一个桩号的横断面设计图。每页图纸的右上角应规范地标有横断面图纸的总页数和本页图纸的编码数。

2. 路基土石方数量计算与调配表

路基土石方数量计算和土石方调配直接影响到工程投资，因此必须正确计算和周密调配。

第四节　平曲线加宽

一、加宽的原因

汽车在曲线上行驶时，前轮可以自由转动一定角度，而后轮只能直行，不能随便转动，因此汽车在曲线上行驶时前后轮迹不会重叠，如果半径较小，汽车的前轮轮迹在路面上，而后轮轮迹就有可能落在侧石线上。另外，汽车在曲线上行驶会有较大的摆动和偏移。

二、加宽缓和段

一般平曲线的圆曲线部分是全加宽段，而直线段的加宽值为零，因此在直线和圆曲线间应插入一段缓和段用于加宽的过渡，称为加宽缓和段。

加宽缓和段的长度一般小于超高缓和段长度，因此当曲线设置缓和曲线同时既有超高又有加宽时，缓和段长度以缓和曲线为准，当曲线不设置缓和曲线时以超高缓和段为准；当曲线上没有超高只有加宽时，一般用不小于10m 的过渡长度即可，全加宽值大，则缓和段长度可略长些，并取 5m 的整数倍，且应考虑其渐变率为 1∶15。

在加宽缓和段内，加宽是逐渐变化的，其过渡方式主要是按直线比例逐渐加宽的形式。

该加宽方式适用于二、三、四级公路，有外接法和内切法两种。

外接法加宽是将加宽（超高）缓和段的终点与圆曲线的起（终）点直接相连的。

这种加宽方式很简单，但在缓和段与圆曲线相接处会产生明显突变，小半径曲线尤为显著，使路容不美观，施工也不方便，因此一般仅适用于低等级公路。为了消除这种现象，可以采用内切法加宽方式。

内切法加宽是将加宽（超高）缓和段的内侧边线向圆曲线全加宽内侧圆弧作切线，使其与圆曲线的全加宽内侧边缘线相切，从而消除突出的转折。

第五节　平曲线超高

一、超高的概念

在曲线上行驶的汽车，由于受到离心力的作用，会影响行车横向稳定，为了使汽车能够在曲线上不减速，获得一个向着平曲线内侧的自重分力以抵消一部分离心力的作用，也为了使乘客在曲线上没有不舒适的感觉，就需要把该部分的路面作成向曲线内侧倾斜的单向坡面，这就是平曲线的超高。

超高的位置应设置在全部圆曲线范围内（也称之为全超高）。从直线上的双向路拱横坡过渡到圆曲线上具有超高横坡度的单向横坡断面，需有一个渐变的过渡段。

二、超高缓和段

1. 超高缓和段的形式

超高缓和段上超高的过程其实就是公路路面随前进方向在逐渐旋转的过程。按其超高旋转轴在公路横断面上的位置可分为两种情况（无中央分隔带和有中央分隔带）共六种形式。

（1）无中央分隔带公路的超高方式

①绕路面未加宽前的内侧边缘旋转，简称内边轴旋转。一般新建公路多采用此方式。

②绕路面中心线旋转，简称中轴旋转。一般改建公路多采用此方式。

③绕路面外侧边缘旋转，简称外边轴旋转。此种方式仅在高路堤或特殊设计中采用，以节省工程量。

（2）有中央分隔带公路的超高方式

①绕分隔带两侧边缘旋转，一般采用较多。

②绕分隔带的中心线旋转，一般采用较少，只有行车道窄时才采用。

③绕分隔带两侧路面中心旋转，一般多用于单方向大于4车道的公路。

2. 超高缓和段的构成

在超高缓和段中，由双向坡逐渐向超高横坡过渡时，按有无中央分隔带及旋转基线的不同，超高缓和段的构成也不同。

（1）无中央分隔带的公路

①绕内边轴旋转。绕内边轴旋转是将路面未加宽时的内侧边缘线保留在原来位置不动。

②绕中轴旋转。绕中轴旋转是将路面的中心线保留在原来位置不动。

③绕外边轴旋转。绕外边轴旋转是将路面的外侧边缘线保留在原来位置不动。

（2）有中央分隔带公路的超高方式

①绕中央分隔带的中心线旋转。绕中央分隔带的中心旋转是将超高前的中央分隔带中心线保留在原来位置不动。

②绕中央分隔带两侧边缘旋转。绕中央分隔带的两侧边缘旋转是将超高前的中央分隔带两侧边缘保留在原来位置不动。

③绕中央分隔带两侧路面中心旋转。绕中央分隔带两侧路面的中心旋转是将超高前的中央分隔带两侧路面的中心线保留在原来位置不动。

有中央分隔带的公路，除上述介绍的超高缓和段形式外，也可以将它作为两条独立的公路分别处理，这样就和无中央分隔带的公路一样了。因此，本书只介绍无中央分隔带的公路超高缓和段计算，并只介绍常用的绕内边轴旋转和绕中轴旋转。

3. 圆曲线上的全超高值

为便于公路施工放样，设计中一般要计算出路基的内、中、外的实际高程与设计高程的差值，这一差值即为超高值，在全超高断面上为全超高值。

第六节　公路交叉

公路与公路、公路与铁路及公路与其他道路或管线相交的形式称为交叉，相交的地方称为交叉口。相交公路在同一平面上的交叉称为平面交叉；相交公路分别在不同平面上的交叉称为立体交叉。

一、公路与公路平面交叉

在平面交叉口，不同方向的车流和行人互相影响与干扰，不但会降低车速、阻滞交通、降低通过能力，而且容易发生交通事故。因此，公路交叉口是公路的重要组成部分，是公路交通的咽喉部位，设计人员必须予以足够的重视，进行合理设计。平面交叉口设计的基本要求：一是保证车辆和行人在交叉口能以最短的时间安全通过，使交叉口的通行能力能适应各条公路的行车要求；二是正确设计交叉口的立面，保证交叉口范围内的地面水迅速排除。

1. 平面交叉口的交通分析

各个方向的车流驶入交叉口后，以直行、右转弯和左转弯的方式驶离交叉口。这样，由于交叉口车辆行驶方向不同，车辆间的交错也有所不同，从而产生各种危险点（包括冲突点、合流点及分流点）。

冲突点：当来自不同行驶方向的车辆以较大的角度相互交叉的地点，称为冲突点，亦称交叉点。

合流点：当来自不同行驶方向的车辆以较小的角度向同一方向汇合的地点，称为合流点，亦称汇合点。

分叉点：当同一行驶方向的车辆向不同方向分开的地点，称为分叉点，亦称分流点。

上述不同类型的交错点，都存在着碰撞危险，但其中以左转与直行车辆和直行与直行车辆所产生的冲突点对交通影响最大，其次是汇合点，再其次是分叉点。因此，在交叉设计中应尽量减少和消除冲突点，其次是汇合点和分叉点。

在交叉口处，如果机动车和非机动车同时通过，则产生的冲突点更多。

通过分析我们可得出下列结论。

①交叉口危险点的多少，随交叉口相交路线数量的增加而显著增加。因此，除特殊情况外，应力求减少交叉公路的条数，尽量避免5条及以上的公路相交。

②产生冲突点最多的是左转弯车辆，若无左转弯车辆，则冲突点的个数会明显减少。因此，在交叉口设计中如何正确处理和组织左转弯车辆，是保证交叉口交通通畅和行车安全的关键。

为了减少和消除交叉口上的冲突点，保证交叉口交通安全，可以采取一些措施。通常，消除或减少冲突点的方法如下。

①进行交通管制。进行交通管制就是在交叉口处设置交通信号灯或由交警指挥，使直行车和左转弯车在通行时间上错开。

②采用渠化交通。采用渠化交通就是合理布置交通岛、交通标志、标线，或增设行车道等（如采用环形交叉，俗称转盘），引导各方向车流沿一定方向行进，减少车辆之间的相互干扰，使车流像水流一样被渠化。

③采用立体交叉。采用立体交叉就是将相互冲突的车流从空间上分开，使其互不干扰。这是彻底解决交叉口交通问题的最有效的方法。但立体交叉造价高，有的立体交叉仍有平面交叉问题，因此不能随意采用立体交叉。

为了交通安全，应在交叉口设置标志牌，使驾驶员有精神准备。同时，交叉口应具有足够视距，使驾驶员能看到各方向来车情况，以便及时采取措施。

2. 平面交叉口设计的主要内容

平面交叉口设计的主要内容如下。

①正确选择交叉口形式,确定各组成部分的几何尺寸。
②进行合理的交通组织,合理布置各种交通设施。
③验算交叉口的行车视距,保证安全通行条件。
④合理进行交叉口的立面设计,布置各种排水设施。

3. 平面交叉口的基本类型和特点

平面交叉的类型按几何形状可分为十字形、T字形及其演变而来的X形、Y形、错位、多路交叉等。

①十字形交叉。相交公路夹角为90°±15°范围内的四路交叉。

②X形交叉。相交公路交角小于75°或大于105°的四路交叉。

③T形交叉。相交公路交角为90°或在90°±15°范围的三路交叉。

④Y形交叉。夹角小于75°或大于105°的三路交叉。

⑤错位交叉。由两个方向相反距离相近的T形交叉所组成的交叉口如图;若由两个Y形交叉所组成的则为斜交错位交叉。

⑥环形交叉。在交叉口中央设置较大的圆形或其他形状的中央岛,所有车辆绕岛作逆时针行驶直至离岛驶去。

⑦复合交叉。五条及以上公路交汇的地方,交叉口中心较突出,但交通组织不便,且占地较大,必须慎重全面考虑。

按布置形式一般其可分为加铺转角式、分道转弯式、加宽路口式和环形交叉四类。

①加铺转角式。在平面交叉转弯处,用适当半径的圆曲线平顺连接相交公路的路基和路面的形式称为加铺转角式。此类交叉形式简单,占地少,造价低,设计方便,但行车速度低,通行能力小,一般适用于交通量不大,车速不高,转弯车辆少的三、四级公路或地方公路。其设计时主要解决合适的转角曲线半径和足够的视距问题。

②分道转弯式。通过在路面上设置导流岛、分隔器、分隔带、交通岛或划分车道等限制行车路线,使不同车型、车速和行驶方向的车辆,沿着指定方向通过交叉口的形式,称为分道转弯式。分道转弯式适用于交通量不大、车速较高、转弯车辆较多的三、四级公路。该形式设计时主要解决分道转弯半径,保证足够的视距和满足导流岛端部半径的要求。分道转弯式交叉也能起到渠化交通的作用。

③加宽路口式。为避免转弯车辆阻塞直行车和其他交叉公路的车辆,可以采用加宽路口增设转弯车道或变速车道或附加车道的平面交叉,称为加宽路口式。这种交叉可以单增右转或左转车道,也可同时增设左、右转车道。

此类交叉可以减少转弯车辆对直行车辆的干扰，车速较高，事故率低，通行能力较大，但占地多，投资大，适用于交通量较大、转弯车辆较多的二级公路。它设计时主要解决扩宽的车道数，同时也要满足视距和转弯半径要求。

④环形交叉。在交叉口中央设置中心岛，用环道组织渠化交通，使所有车辆进入环道后均按逆时针方向绕岛单向行驶，直至所要去的路口，离岛驶出的平面交叉，称为环形交叉。环形交叉的优点是各种车辆可以连续不断单向行驶，没有停滞，减少了车辆在交叉口延误时间，环道上的行车只有交织的分流，消除了冲突点，提高了行车安全性，交通组合简便，不需信号管制，但占地较多，造价较高，直行车和左转弯车绕行的距离较长。适用于多路交叉和畸形交叉。

4. 平面交叉口视距保证

为了保证交叉口的行车安全，司机在进入交叉口前的一段距离内，必须能看清楚相交公路上车辆的行驶情况，以便能顺利驶过交叉口或及时采取相应措施，避免相撞。因此，平面交叉必须保证视距。

5. 交叉口立面（竖向）设计

交叉口立面设计的目的是通过调整交叉口范围的行车道、人行道及附近地面等有关各点的设计高程，合理确定各相交公路之间及交叉口和周围建筑物之间共同面的形状，以符合行车舒适、排水迅速和建筑艺术三方面的要求。通常，竖向设计图中用等高线来表示交叉口各部位的设计高程和排水方向。

6. 平面交叉设计成果

①平面交叉口平面布置图。该图比例尺用1∶500～1∶1 000，图中标出路中心线和路面边缘线，注明交叉点，各岔道其终点、加桩、控制断面的位置和桩号，并列出平曲线要素表。图中还应标出各控制断面的宽度、横坡度和两侧路面边缘设计高程，并注明交叉口处各坡段的纵坡等。

②纵横断面图。除横断面图可用1∶100～1∶200比例尺外，其余要求与一般路线设计的相同。

③交叉口地形图和竖向设计图以及交叉口的工程数量等资料。

二、公路与公路立体交叉

1. 立体交叉的基本组成

立体交叉通常由跨线构造物、主线、匝道、出入口、变速车道（加速、减速车道）等部分组成。

①跨线构造物。它是立体交叉实现车流空间分离的主体构造物，包括设于地面以上的跨线桥（上跨式）及设于地面以下的地道（下穿式）。

②主线。它是组成立体交叉的主体，指两条相交公路的直行车道，主要包括连接跨线构造物两端到地坪高程的引道和交叉范围内引道以外的直行路段。

③匝道。它是立体交叉的重要组成部分，是指供上、下相交公路转弯车辆行驶的连接道，有时包括匝道与主线及匝道与匝道之间的跨线桥（或地道）。其依作用有右转匝道和左转匝道之分。右转匝道即从公路右侧驶出后直接右转约 90°，至相交公路右侧进入，一般不需跨线构造物，其特点是形式简单，车辆行驶方便，行车安全。左转匝道即车辆约需转 90°～270° 越过对向车道，至少要设置一座跨线构造物。

④出入口。由主线驶出进入匝道的路口为出口，由匝道驶入主线的路口为入口。

⑤变速车道。由于匝道采用比主线低的车速，因此进出主线都要改变车速。为车辆进出变速而设的附加车道，称为变速车道，入口处为加速车道，出口处为减速车道。

⑥斜带及三角形地带。变速车道与主线衔接的三角形渐变段称为斜带。匝道与主线间、或匝道与匝道间所围成的地区统称为三角形地带。三角形地带是交叉口绿化、美化环境、照明等的用地。

2. 立体交叉的类型

（1）按结构物形式分类

立体交叉按相交公路结构物形式划分为上跨式和下穿式两类。

①上跨式是指用跨线桥从相交公路上方跨过的交叉形式。这种立体交叉施工方便，造价较低，排水易处理，但占地大，引道较长，高架桥影响视线和市容，宜用于市区以外或周围有高大建筑物处。

②下穿式是指用地道（或隧道）从相交公路下方穿过的交叉形式。这种立体交叉占地较少，立面易处理，对视线和市容影响小，但施工期较长，造价较高，排水困难，多用于市区。

（2）按交通功能分类

立体交叉按交通功能可划分为分离式立体交叉和互通式立体交叉两类。

①分离式立体交叉。分离式立体交叉是指采用上跨或下穿方式相交的立体交叉。车辆只能直行通过交叉口，不能互相转道。这种立体交叉不多占地，构造简单，设计的重点考虑路线的上下位置。

②互通式立体交叉。互通式立体交叉不仅设跨线构造物使相交公路空间分离，而且上下公路之间有匝道连接，是供转弯车辆行驶的交叉形式。这种立体交叉构造较复杂，占地亦多，但车辆可安全转道、连续行驶。互通式立体交叉适用于高速公路与其他各类公路，大中城市出入口公路及重要港口、机场或游览胜地的公路相交处。

互通式立体交叉根据交叉处车流轨迹线的交错方式和几何形状的不同，又可分为部分互通式、完全互通式和环形立体交叉三种类型。

a. 部分互通式立体交叉：部分互通式立体交叉是相交公路的车流轨迹线之间至少有一个平面冲突点的交叉。这是一种低级的互通式立体交叉，代表形式有菱形立体交叉和部分苜蓿叶式立体交叉。其特点是形式简单，仅需一座跨线的构造物，用地和工程费用小，但次线与匝道连接处为平面交叉，影响了通行能力和行车安全。

b. 完全互通式立体交叉：完全互通式立体交叉是相交公路的车流轨迹线全部在空间分离的交叉。它是一种比较完善的高级形式立体交叉，代表形式有喇叭形立体交叉、苜蓿叶形立体交叉、Y形立体交叉、X形立体交叉等。其特点是匝道数与转弯方向数相等，各转向都有专用匝道，无冲突点，行车安全，通行能力大，但立体交叉占地面积大、造价高。完全互通式立体交叉适用于高速公路之间及高等级公路与其他较高等级公路相交。

c. 环形立体交叉：环形立体交叉是相交公路的车流轨迹线因匝道数不足而共同使用，且有交织路段的交叉。其特点是保证主要公路直通，交通组织方便，占地少且无冲突点，但通行能力受到环道交织能力限制，车速也受到环岛半径的限制，绕行距离长，构造物多，适用于较高等级公路与次高等级公路之间的交叉，以用于5条以上公路相交为宜。

3. 一般要求

当高等级公路相交或交通量过大而平面交叉无法适应时，或是行车速度高、地形条件许可的情况下，经过技术和经济综合评定，可采用立体交叉。

在设置立体交叉时，应遵循相关标准和《公路路线设计规范》（JTG D20—2007）的规定。

①高速公路与其他各级公路交叉时，必须采用立体交叉。交叉形式除在控制出入的地方设互通式立体交叉外，均采用分离式立体交叉。互通式立体交叉的形式、设置的间距及加（减）速车道、匝道的设计，应根据有关规定及具体情况确定。

②一级公路与其他公路交叉时，应尽量采用立体交叉。交叉形式可根据

具体情况采用互通式或分离式立体交叉。

③其他各级公路的交叉,当交通条件需要或有条件的地点,也可采用立体交叉。

④立体交叉的建筑限界应满足要求。

4. 公路与公路立体交叉设计成果

①布置图。比例尺一般用 1：500～1：1 000,其内容包括地形、地物、路线(包括匝道)、跨线桥及其他构造物等。

②纵、横断面图。比例尺和要求与平面交叉相同。

③跨线桥设计图。其要求与一般桥梁设计相同。

④如有挡土墙、窨井、排水管、排水泵站等其他构造物,均需附设计图。

⑤有比较方案时,应绘制布置图并提供有关资料。

⑥交叉口的工程数量等资料。

三、公路与其他路线交叉

1. 公路与铁路相交叉

高速公路、一级公路与铁路交叉时必须采用立体交叉,其他各级公路与铁路交叉时应尽可能采用立体交叉。公路与铁路立体交叉时,桥下净空应满足有关要求;公路与铁路平面交叉时交叉角宜为正交,必须斜交时交叉角应大于 45°。

2. 公路与乡村道路相交叉

高速公路、一级公路与乡村道路交叉时必须采用立体交叉,其他各级公路与乡村道路交叉时可采用平面交叉。公路与乡村道路立体交叉时,桥下净空应满足有关要求。

3. 公路与管线等相交叉

各种管线和管道均不得侵入公路建筑限界。架空管线和管道与公路交叉时宜为正交,其距离路面的最小垂直距离应满足有关规定;埋入地下的管线和管道其埋置深度应满足有关规定。

第七节 高速公路

高速公路是专供汽车分向、分车道行驶并全部控制出入且通行能力特大的公路。早在 1919 年,德国就修建了世界上最早设有上、下行车道,中间设分隔带的公路,其是高速公路的雏形。意大利也是较早修建高速公路的国家,美国、日本、荷兰等国家其高速公路的发展速度也非常迅猛。我国的高速公路出现比较晚，1988 年建成的沪嘉高速公路是我国最早修建的高速公路，全长 18.5km。

一、高速公路的特点

1. 行车速度高

高速公路是按汽车高速行驶的要求设计的。对于慢速机动车、非机动车、行人、牲畜一律禁止通行。国外绝大部分国家设计行车速度在平原地区采用 120km/h（个别国家采用 140km/h），在山区一般采用 100km/h。高速公路上会形成连续车流，在车道上的行车速度不得低于 60km/h 或 80km/h。我国目前采用的设计速度：平原微丘区 120km/h；重丘区 100km/h；山岭区 80km/h。特殊路段经过论证可采用 60km/h，但长度不宜大于 15km。

2. 通过能力大

高速公路上车辆分道行驶，互不干扰，通过能力大，从根本上解决了交通拥塞。

3. 设有中央分隔带

为了有效地分隔两个方向的车辆交通，保证车辆高速安全行驶，在上、下两行车道之间必须设置中央分隔带。

4. 立体交叉

高速公路与任何铁路、公路相交时，均应设置立体交叉。立体交叉既起到了消除侧向车辆干扰的作用，又控制了车辆的出入或流向。

5. 控制出入

为了保证汽车在公路上达到高速、安全、通过能力大的要求，高速公路沿线除通过互通式立体交叉处可以进出外，沿线是封闭的，车辆必须经过专设的入口和出口进出高速公路。

6. 交通设施完备

高速公路沿线设有各种完善、形状和颜色显著易辨的标志和号志，夜间能反光或发光。在入口稠密的市区、交通要道和交叉口处，设置有照明设备。并在公路沿线设有必要的护栏、防护网、防眩设备、隔音墙、可变式道路情报板、紧急电话等安全和防护工程设施。

7. 服务设施齐全

高速公路沿线设有停车场、加油站、汽车修理站、小卖部、饭店、旅馆、公用电话等服务设施。

8. 投资大、造价高

由于高速公路的标准高,通常要修建许多桥梁、隧道和高架桥等构造物,致使高速公路投资大、造价高。

9. 用地面积大

一条最简单的四车道高速公路用地宽度至少是30～35m,加之预留空地,占地将更大。特别是完全互通式立体交叉每座用地可达4×10^4～$1\times10^5 m^2$。较高的用地使工程造价增加,征地费用有时甚至达到修路费用的1/3。

10. 其他特点

无法照顾短程运输,必须有相应的辅道配合等。

总之,高速公路除了采用高标准的几何设计外,还必须具有上述特点,才能充分发挥高速公路快速、安全、舒适的作用。

二、高速公路的线形设计

高速公路的线形设计标准比一般公路要高,主要体现在公路的通行能力大和行车速度高两个方面。因此,快速、安全、舒适是高速公路线形设计的基本要求。影响高速公路线形标准的因素主要有公路的重要程度、设计速度、涉及车辆、交通量及所在地区的地形等。其中,设计速度、涉及车辆和交通量是最基本的因素。下面简单介绍高速公路的平、纵、横设计要点。

1. 平面设计

高速公路的平面设计中已经较少采用直线,而是使用大半径曲线代替。因为直线不易与地形协调,其不仅单调,而且连续感也差。

平面线形设计还应遵循相关标准和《公路路线设计规范》(JTG D20—2007)规定的其他要求。

2. 纵断面设计

高速公路的纵断面应尽量采用平缓纵坡,但纵坡不得小于0.3%,以保证排水畅通,并且还要尽量采用大半径竖曲线。

纵断面线形设计还应遵循相关标准和《公路路线设计规范》(JTG D20—2007)规定的其他要求。

3. 横断面设计

高速公路的横断面必须采用中央分隔带或往返分离式路基。路面边缘必须有硬路肩相连,并保证排水畅通,保证边坡和路基稳定。弯道上的横断面不得有任何妨碍视线的障碍物,并且不得在弯道内侧上种植树木,以保证视距。

横断面设计还应遵循相关标准和《公路路线设计规范》(JTG D20—2007)规定的其他要求。

三、高速公路的沿线设施

高速公路有非常完善的沿线设施,包括交通安全设施、服务设施和管理设施等。这些设施是公路不可缺少的组成部分。

1. 交通安全设施

为了保证行车安全和充分发挥高速公路的作用,高速公路的沿线应按规定设置必要的交通安全设施。常见的交通安全设施有护栏、防护网、防眩设施、交通标志和照明等。

①护栏。护栏设于中央分隔带和路基两侧。其主要作用是防止高速行驶的车辆在失去控制的情况下越出路外或冲向对面方向车道,使车辆恢复到正常行驶方向。同时护栏还起到诱导司机视线的作用。

一般护栏在中央分隔带上应全面连续设置,在路基两侧可根据需要部分设置,通常当路基高度达到 3m 以上时都应设置。

护栏按刚度不同划分为柔性护栏、半刚性护栏和刚性护栏;按位置不同划分为路侧护栏、中央分隔带护栏、路桥过渡段护栏和活动护栏。

②防护网。设置防护网是为了防止牲畜、行人、非机动车等闯入或横穿高速公路,而在公路用地外缘设置的一种禁入栅栏。其一般设置在靠近高速公路设有其他道路的地段,或互通式立体交叉、服务区等设施的地段,或有居民区,人、家畜有可能进入的周围地段。

防护网一般采用铁棘栏禁入栅栏或金属网型禁入栅栏,其高度一般为 $1.0 \sim 1.5m$。

③防眩设施。设置防眩设施的目的是为了使夜间行驶中的车辆不受对面方向行驶车辆的影响。如果采用宽中央分隔带可不设置。

防眩设施一般分为百叶板式和金属网式两种,其高度一般为 $1.4 \sim 1.7m$。

④交通标志与标线。交通标志是用图形、符号和文字传递特定信息,对公路上行驶的司机给予指路、指示、警告、禁令等,用以管理交通的安全设施,包括警告标志、禁令标志、指路标志等。

交通标线是由各种标线、箭头、文字、立面标记等构成的交通安全设施,其作用是管理和引导交通,包括行车道中心线、车道分界线、停止线等。

⑤照明设施。为使夜间交通顺畅和保证行车安全,在运输特别繁忙和重要的路段内,应尽可能按一定的间距配置路灯,使整个路段得以照明。

2. 服务设施

高速公路是全部控制出入的公路,汽车在行驶途中不能随意出入和停车。为了方便司乘人员临时休息、汽车加油和排除临时故障,沿线必须设置必要的服务设施。服务设施根据服务内容和设备规模一般分为服务区和停车场两大类。

服务区规模较大,设备齐全。其设置有停车坪、加油站、汽车修理部、饭店、商店、旅馆、公用电话等。为了能给司乘人员提供良好的休息环境,服务区一般选择在风景优美的地方。

停车场的服务内容和规模比服务区小得多,一般仅包括停车坪和厕所。停车场和服务区最主要的区别在于没有加油站和修车设施。

服务区和停车场的形式一般可分为两侧分离式、单侧集中式和中央集中式三种类型。服务区的间距一般情况下不超过50km,大型服务区不超过100km。停车场的间距一般为15～25km。

3. 管理设施

管理设施主要包括监控、收费、通信、配电和管理养护等设施,其用来实时收集交通流信息并及时发布,在发生意外时可迅速采取相应对策,疏导交通、保障行车安全。管理设施的建设规模应根据预测交通量进行总体设计,并据此实施基础工程、地下管线及预留预埋工程等。

4. 环境保护设施

高速公路设计应重视环境保护,注意由于公路修建和使用对环境所产生的影响。这些问题主要有噪音、污水及汽车废气等造成的大气污染。

(1) 防噪声设施

交通噪声是公路运输的公害之一。噪声会损害听觉,危及人体健康,影响人们正常的工作和生活,并对建筑物和仪器也会产生损害。为此,不少国家都制定有噪声的限度标准,一般规定路上噪声不超过60dB,并限制住宅区噪声白天不超过45dB,晚上不超过35dB。

为了防止噪音干扰,首先在高速公路选线时就应注意使路线尽量离开住宅区及居民点,不得已时,要尽量缩短通过长度并采取相应措施。目前,高速公路上常用的防噪声措施有以下三类。

①隔音墙。通常墙高3～5m,多用隔音水泥板制成,适用于路侧有建筑物的隔音。

②隔音堤。在高速公路的路基两侧设置顶宽 2～3m，边坡 1∶2，高度以能挡住受音点为宜的土堤，并在堤上绿化进行隔音。隔音堤一般适用于路侧有建筑物且用地较宽的情况。

③隔音林带。植树林带宽度一般为 10～20m，隔音效果好，但占地较多，适用于路侧有建筑物且用地较宽的情况。

（2）污水处理

对带有污染的路面排水、服务区和停车场产生的污水，要以不影响水源、农田为原则，设置必要的排水设施或沉淀池进行处理。

（3）公路绿化

公路绿化具有减轻污染、净化空气、美化环境、诱导司机视线等作用，并且可以使人心情舒畅，增加行车的舒适感和安全感。因此，在高速公路的用地范围内，应大力进行绿化，尽量通过绿化减轻施工和运营对周围环境的影响。

四、高速公路的交通控制与管理

1. 交通控制与管理的概念

高速公路的交通控制与管理是保证车辆安全运行的必要条件之一。管理的措施和水平，对运输效果影响很大，若管理跟不上，即使按高速公路的标准进行设计，也达不到预期的设计效果，甚至会导致频繁的交通事故。

高速公路的交通控制与管理是通过监控系统和管理系统来实现的。实践证明，在高速公路上行驶的车流应该有一个最佳的密度和速度，低于此车速则由于密度增加容易形成不稳定的车流，造成延误运行时间，并可能导致事故。通过交通控制和管理，可使高速公路上的车流保持车速、密度、间距的最佳组合，以达到高速安全运行的目的。

目前，交通控制与管理的方法，主要是预先在高速公路的主线上、出入口及互通式立体交叉等处设置车辆检测器和电视摄像等监控系统，将监视路段内的交通运行情况，传送到交通控制管理中心，由计算机处理后对整个监视路段发出交通信号，指示车辆按规定的方向运行。交通控制管理中心是进行交通控制与管理系统的核心，一般配备有电子计算机、操作台、沿线地图模拟监测板、交通数据监测板、监测电视及图像显示设备等。目前，美国、日本等国家一般都采用这种交通控制与管理系统。

2. 交通控制的类型与选择

高速公路交通控制的类型，根据国情、公路所在的路段及重要程度等，其主要有主线控制、区域性控制和出入口控制等几种。一般情况下，主线控制与区域性控制适用于城市及城郊高速公路，出入口控制是目前高速公路普遍采用的交通控制方法。

①主线控制是对行驶在高速公路上的车辆实行分流或限制。其目的主要是在保持行驶车流的最佳密度和车速，有效提高公路的通行能力。

主线控制的方法除利用沿途可变式道路情报板指导汽车行驶外，主要是在收费处、隧道口等处设置限制信号机，通过关闭一条或几条车道，或将这些关闭的车道变为反向行驶车道，以提高因通行能力降低时的安全性和使用效率，如澳大利亚悉尼大桥在交通高峰期间，当出现双向车流的某一侧交通量特别大时，通过车道限制信号机进行分流，就是属于主线控制的一种形式。

②出入口控制是高速公路控制出入的主要形式。入口控制是将可能引起主线阻塞的车流封闭在入口以前，出口控制是利用出口迅速疏导已经发生的阻塞。显然，入口控制要优于出口控制，故一般都采用入口控制的方法。

控制入口的措施主要有完全封闭入口、周期性入口控制和感应式入口控制等，它们是利用在入口处设置信号色灯或自动路障来实现的，如感应式入口控制，平时为绿色通行信号，当主线上车流速度和密度达到最低警戒线时，交通控制与管理中心的沿线地图监测板上就会显示红色路阻信号，并据此发出控制入口的指令。该控制系统能缩短车辆的停车时间，有效调节车流的均匀性。

③区域性控制，即把协调原则推广应用到相应规模地区的交通信号上。其主要特点是区域控制范围内的主线及其他道路的各个交叉口的交通管理均自动控制，当发现运行不畅或交通事故时，通过指令对相关区域范围各交叉口色灯或车道进行调整来达到重新组织交通确保最大通行能力的目的。

3. 系统

监控系统由交通信息收集系统和中央控制交通信息处理系统组成。各种交通信息、道路信息、气象信息等是进行交通控制与管理的根据和基础。信息的内容和数量反映了高速公路的控制与管理水平。这些信息是通过交通信息收集系统提供给交通管理中心的。

交通信息收集系统除由沿途设置的紧急电话、交通巡逻车、气象观测站提供有关信息外，交通量、车流速度及密度等交通数据，主要是通过设置在高速公路上的车辆检测器和电视摄像机获得的。车辆检测器设在高速公路的出入口及主线上，并与中央控制室的交通数据板相连通。摄像机由中央控制室操作，可以旋转、俯仰、变焦，并将交通情况在电视屏幕上显示出来，中央控制室管理人员通过操纵监控电视与交通数据板,即可获得交通实况和数据板显示的各处交通量、速度、密度及拥挤情况。这些交通信息经信息处理系统处理后,由管理系统发出工作指令,对路上交通实施控制与管理。

4. 管理系统

管理系统由交通信息提供系统和中央交通信息控制系统组成。管理的措施主要是通过发布交通信息和指令,告知驾驶员有关信息,促使其选择合理的行车方式和路线,使路上交通量均匀分布,提高公路通行能力,达到高速安全行驶的目的。

高速公路的交通信息提供系统除由交通管理人员在现场管理外,主要是通过可变式道路情报板和控制出入口进行管理。

(1) 可变式道路情报板

这种装置是高速公路上专供交通管理中心提供随时变化的情报用的。交通管理中心将收集到的各种数据和信息经计算机处理后,通过管理人员发出指令,在情报板上显示出文字或图形,向司机提供有关交通事故、交通阻塞、道路维修施工及气象情况等各种随机信息,并及时发出行车指示。

可变式道路情报板操作简单、内容可随时变化,可以远距离操纵,一次可以给多块情报板同时下指令。其位置一般设置在互通式立体交叉的出入口、收费站、隧道口及必要的主线上。

(2) 主线控制

交通管理中心的管理人员,利用设置在收费处、隧道口等处的车道限制信号机,根据情况进行车道调整等措施,指示汽车疏散线路的控制为主线控制。例如,美国采用的主线控制装置,平时为绿色,车道关闭时变成红色"X"符号。

(3) 出入口控制

交通管理中心的管理人员在向可变式道路情报板发出指令的同时,可据情况通过操作键盘,对整个监控系统的出入口发出色灯信号,指示车辆按规定方向运行。

五、高速公路展望

1. 高速公路国际化

随着各国的政治、经济、科技、文化、军事的交流与合作,高速公路向国际化发展将是大势所趋,为了更好发挥公路效益,加强国际运输联系,一些发达国家正把主要高速公路连接起来,构成国际高速公路网。

2. 重视交通安全

虽然高速公路的事故率较一般公路低，但是对于越来越多的车祸，有关部门要提起足够重视。高速公路上的车流由于密度大、车速快，一旦出现了交通事故往往影响极大，碰撞车祸死伤人员极多。因此，有人认为，高速公路是"没有硝烟的战场"。各国均积极采取各种措施，从法规及技术方面来改善高速公路交通安全状况。

3. 向智能公路发展

国外由于汽车工业发达，各类车辆在逐年增加，而公路建设已渐趋缓慢，有的公路规模和速度滞后，因此经常出现车辆拥挤，交通阻塞，造成经济上、时间上的巨大损失。

智能公路体系的主体是信息设备，就是在高速公路上设置监测器和信息发射装置，通过中心控制室将监测器收集的信息处理后来指示高速公路路口的信号装置以控制车流量，同时通过电子显示牌直接向驾驶员显示或通过信号发射装置向汽车内的接收装置发送声音、文字或图形等形式的交通信息，还可利用卫星监视系统进行交通监控，通过卫星转发交通信息，通过以上或其他先进的方式向驾驶员提供最优行驶路线，行车速度、交通情况、本车车位等信息，控制高速公路保持最佳的通行能力。

4. 道路多功能利用

从高速公路的发展来看，建设初期人们只着眼于道路线形设计、结构设计等道路本身的建造技术，此后随着社会进步和科学发展，道路以外的附属设施，如安全设施、信息设施、管理设施等逐步引起了人们的关注。未来的高速公路将着眼于多功能的利用，不仅利用路面，还将利用空间，充分发挥道路功能使之成为多功能高速公路。

多功能高速公路运输设想：沿高速公路设置公用电缆沟、铺设光缆、电力线及其他管道与线路，不仅为交通控制与管理服务，随着公路网的形成，还将成为一个国家或地区通信网的主干线。这样，高速公路将不仅输送人员、物资等物流，还将输送电力等能源和各种信息流，使高速公路成为多功能的道路。

5. 开拓发展高速公路的新途径

目前，国外高速公路仍在以不同速度和规模发展，以适应交通量增大和经济发展的需要。例如德国今后高速公路发展的重点是加强技术改造，将四车道改为六车道，以进一步提高高速公路的通行能力，同时将建设重点移向东部地区；泰国曼谷市地面上已无空余之地供修建公路，于是将重点移向地上空间，计划采用高架高速公路、空中铁路等措施，增加路线数量；日本在扩大高速公路方面，除了增加数量和拓宽、改建原有工程外，还采用增加或改善互通式立体交叉、扩建休息设施、局部地段增加新公路线的方法。

第三章 路基施工

路基是公路的主体和路面的基础,它应为路面提供一个平整层,并在承受路面传递下来的荷载和水、气温等自然因素的反复作用下,具有足够的强度和整体稳定性,满足设计与使用要求。为此,对路基设计和施工应予以足够重视,以确保路基工程具有良好的使用品质。

第一节 路基工程总论

一、路基的变形、破坏及防治

(一)路基的基本要求

在公路建设中,路基工程的主要特点是工艺较简单,工程数量大,耗费劳力多,涉及面较广,耗资亦较多。根据资料分析表明,一般公路的路基修建投资要占公路总投资的25%～45%,个别山区公路可达65%。路基施工改变了沿线原有的自然状态,挖填及借弃土石方涉及当地生态平衡、水土保持和农田水利。路基稳定与否,对路面工程质量影响甚大,关系到公路的正常投入使用。实践证明,没有坚固稳定的路基,就没有稳固的路面。因此,做好路基工程设计、施工与养护,不容忽视。路基应满足下列基本要求。

1. 具有足够的整体稳定性

路基是直接在地面上填筑或挖去一部分地面建成的。路基建成后,改变了原地面的天然平衡状态。在工程地质不良的地区,修建路基可能加剧原地面的不平衡状态,从而导致路基发生各种破坏现象。因此,为防止路基结构在行车荷载和自然因素作用下,不致发生不允许的变形或破坏,必须因地制宜地采取一定措施来保证路基结构的整体稳定性。

2. 具有足够的强度

路基的强度是指在行车荷载和自然因素的作用下,路基抵抗变形和破坏的能力。因为行车荷载及路基路面的自重使路基下层和地基产生一定的压力，这些压力可使路基产生一定变形，会直接影响路面的使用品质。为保证路基在外力作用下，不致产生超过允许范围的变形，路基应具有足够的强度。

3. 具有足够的水温稳定性

路基的水温稳定性是指路基在水和温度的作用下保持其强度的能力。路基在地面水和地下水的作用下其强度将会显著降低，特别是季节性冰冻地区，由于水温状况的变化，路基将发生周期性冻融作用，形成冻胀和翻浆，使路基强度急剧降低，这就要求路基应具有一定的水温稳定性。

（二）影响路基稳定性的因素

影响公路路基稳定性的因素分为自然因素和人为因素两大类。

路基长期处在大自然环境中，其稳定性在很大程度上是由当地自然条件所决定的。因此，在进行路基设计、施工、养护时，应深入调查公路沿线的自然条件，从总体到局部，从大区域到具体路段去分析研究，掌握各有关自然因素的变化规律及水温情况、人为因素对路基稳定性的影响，因地制宜采取有效工程措施，确保路基工程质量。

1. 影响路基稳定性的自然因素

（1）地形条件

平原、丘陵、山岭各区地势不同，路基的水温状况也不同。平原区地势平坦，排水困难，地表易积水，地下水位相应较高，因而路基需要保持一定的最小填土高度；丘陵区和山岭区，地势起伏较大，排水设计至关重要，否则会导致路基稳定性下降，出现破坏现象，影响路基的稳定性。

（2）地质条件

沿线的地质条件，如岩石的种类、成因、节理、风化程度和裂隙情况，岩石走向、倾向、倾角、层理和岩层厚度，有无夹层或遇水软化的夹层，有无断层或其他不良地质现象（岩溶、冰川、泥石流、地震等）都对路基的稳定性有一定影响。

（3）气候条件

气温、降水、湿度、冰冻深度、日照、蒸发量、风向、风力等气候条件都会影响公路沿线地面水和地下水的状况，并且影响路基的水温状况。

在一年之中，气候有季节性的变化，因此路基的水温状况也随之变化。气候还受地形的影响，例如山顶与山脚，山南坡与山北坡这些地方气候就有很大差别，这些因素都会严重影响路基稳定性。

（4）水文和水文地质条件

水文条件如公路沿线地表水的排泄，河流洪水位、常水位，有无地表积水和积水时期的长短、河岸的淤积情况等；水文地质条件如地下水位，地下水移动的规律，有无层间水、裂隙水、泉水等。所有这些地面水及地下水都会影响路基稳定性，如果处理不当，往往会导致路基产生各种病害。

2. 影响路基稳定性的人为因素

①荷载作用。汽车荷载及其大小和重复作用次数等。

②路基结构。路基形式、路基填土或填石的类别与性质、排水结构物与支挡结构物的设置等。

③施工方法。填筑方法（是否分层填筑）、压实方法（是否分层压实）、压实度是否适当及是否采用大爆破等。

④养护措施。一般养护措施及在设计、施工中未及时采用而在养护中加以补充的改善措施。

此外，还有沿线附近的人工设施如水库、排灌渠道、农田以及其他人为活动等。

（三）路基的主要病害

路基裸露在大气中，经受着土体自重、行车荷载和各种自然因素的作用，路基的各个部位将产生变形。路基的变形分为可恢复的变形和不可恢复的变形两种情况。路基的不可恢复变形将引起路基高程和边坡坡度、形状的改变，严重时会造成土体位移，危及路基的整体性和稳定性，甚至导致路基各种破坏。

路基变形、破坏的形式主要有下列几种。

1. 路基沉陷

路基沉陷是指路基表面在垂直方向产生较大的沉落，一般为不均匀沉陷。路基沉陷有以下两种情况。

①路基本身的沉陷。其一般主要是由于填料选择不当，填筑方法不合理，压实度不足，在荷载和水温综合作用下引起的。

②由于路基下部天然地面承载力不足，在路基自重作用下，地基下沉或向两侧挤出则引起路基下陷。

2. 边坡滑塌

路基边坡滑塌是最常见的路基病害，根据边坡土质类别，破坏原因和规模的不同，其可分为溜方和滑坡两种情况。

①溜方。其通常指的是边坡上表面薄层土体沿土质边坡向下移动所形成的滑塌。它主要是由于流动水冲刷边坡或施工不当而引起的。

②滑坡。其是指一部分土体在重力作用下沿某一滑动面滑动的滑塌。它主要是由于土体的稳定性不足所引起的。

路堤边坡坡度过陡，或边坡坡脚被水冲刷淘空，或填土层次安排不当是路堤边坡发生滑坡的主要原因。

路堑边坡滑坡的主要原因是边坡高度和坡度与天然岩土层次的性质不相适应。黏性土层和蓄水的砂石层交替分层蕴藏，特别是有倾向于路堑方向的斜坡层理存在时，就更容易造成滑动。

3. 剥落、碎落和崩塌

剥落是指路堑边坡风化层表面在大气温度与湿度的交替作用以及雨水冲刷和动力作用下，表层岩石成片状或带状从坡面上脱落下来，向下滚落，而且老的脱落后，新的又不断产生。碎落是坡面岩石成碎块的一种剥落现象，其规模与危害程度比剥落严重。大块岩石脱离坡面沿边坡滚落的现象称为崩塌。

4. 路基沿山坡滑动

在较陡的山坡上填筑路基，如果原有地面较光滑，但又未进行必要的处理，如凿毛，人工挖台阶，坡脚设置必要的支撑等，特别是在受到水的浸润后，填方路基与原地面之间摩擦阻力减小，在路基自重和行车荷载作用下，整个路基就会沿倾斜的原地面向下滑动从而使路基整体失去稳定。

5. 不良地质和水文条件造成的路基破坏

公路通过不良地质条件（如软土、溶洞等）或遭受较大的自然灾害（如地震、泥石流及特大暴雨等）作用，均可能导致路基大规模破坏。

（四）路基病害防治

为保证路基的强度与稳定性，防止各种病害的产生，路基病害防治措施很多，可因地制宜选用不同方式，但其方法归纳起来不外乎有以下几个方面，且常相互配合综合采用。

①正确设计路基横断面。

②认真处理好基底，特别是软弱不良地基和陡坡地段。

③优选工程性质良好的土填筑路基。

④采用正确的施工方法，分层填筑，充分压实。

⑤做好排水设计（包括地面排水、地下排水、路面结构排水及地基的特

殊排水），保持路基经常处于干燥、稳定状态。

⑥必要时，设置垫层用以改善土基湿度和温度状况，即起隔水（地下水、毛细水）、排水（其上面层次下渗的水分）、隔温（防冻胀、翻浆）、隔土（防路基土挤入碎石基层）及传递荷载和扩散荷载。

⑦采取边坡加固与防护措施，并且修筑挡土结构物等。

二、路基土的分类及工程性质

（一）路基土的分类

世界各国公路用土的分类方法虽然不尽相同，但是分类的依据则大致相近，一般都根据土颗粒的粒径组成，土颗粒的矿物成分或其余物质的含量，土的塑性指标对其进行区划。我国公路用土是依据土的颗粒组成特征、土的塑性指标和土中有机质存在情况进行分类。首先，按有机质含量多少，划分成有机土和无机土两大类；其次，将无机土按粒组含量由粗到细划分为巨粒土、粗粒土和细粒土三类。

（二）路基土石工程分级

对路基设计与施工和确定工程概、预算定额来说，最有实用意义的是将土石按其开挖的难易程度分级。我国公路、铁路工程的土石分级将土分为松土、普通土和硬土三级；将岩石分为软石、次坚石和坚石三级。我国水利、电力部门采用土石十六级分级，即将土分为 I 至 IV 四级，将岩石分为 V 到 XVI 十二级。

关于石方的鉴别，有些工程也有以指定功率的推土机、松土器是否勾动石方为分类法，这要视具体工程标书中的规定而言。

交通运输部编制的《公路工程预算定额》（JTG/T 3832—2018）给出了各类土石方的预算定额。依据施工路段的土石方等级，承包单位可以据其选择施工方案，计算主要材料需用量和土石方开挖机械设备的型号、数量，编制出完整的施工组织设计。

（三）各类土的工程性质

各类公路用土具有不同的工程性质，施工单位在选择路基填筑材料，还有修筑稳定土路面结构层时，应根据不同的土类分别采取不同的工程技术措施。

1. 巨粒土

巨粒土有很高的强度和稳定性是填筑路基很好的材料，用以填筑路堤时，应正确选用边坡值，以保证路基稳定。

2. 粗粒土

粗粒土是级配良好的砾石混合料，由于粒径较大，内摩擦系数亦大；密实程度好，强度和稳定性均能满足要求；级配不良的砾砂混合料，填筑时应保证密实程度，防止由于空隙大而造成路基渗水、不均匀沉陷或表面松散等病害。

其中，砂类土分为砂、含细粒土砂和细粒土质砂三种。砂和含细粒土砂无塑性，透水性强，毛细水上升高度很小，具有较大的内摩擦系数，采用其修筑路基，强度和水稳定性均较好。但由于其黏性小，易于松散，压实困难，需用振动法才能压实，经充分压实后的路基压缩变形小。在有条件时，可掺加一些粉质土，以提高其稳定性，改善路基的使用品质。细粒土质砂既含有一定数量的粗颗粒，使路基获得足够的内摩擦力，又含有一定数量的细颗粒，使其具有一定的黏聚力，不致过分松散，其颗粒组成接近最佳级配，渗水性好，不膨胀，湿时不黏着，雨天不泥泞，晴天不扬尘，在行车作用下，易被压实成平整坚实的路基。因此，细粒土质砂是修筑路基的良好材料。

3. 细粒土

细粒土包括粉质土、黏质土和有机质土。

粉质土含有较多的粉土颗粒，干时虽稍有黏性，但分散后易扬尘，浸水时很快被湿透，易形成流体状态（稀泥）。粉质土的毛细水上升高度大（可达 1.5m）。在季节性冰冻区，水分积聚现象严重，会引起路基结冰期冻胀、春融期翻浆，故它又被称为翻浆土。因此，粉质土是最差的筑路材料。如果必须用粉质土填筑路基，宜掺配其他材料，改善其性质，并加强排水及采取设置隔离层等措施。

黏质土中细颗粒含量多，内摩擦角小，黏聚力大，透水性小，吸水能力强，具有较大的可塑性、黏结性和膨胀性，毛细水上升现象显著。黏质土干燥时较坚硬，不易破碎，亦不易被水浸湿，但浸水后，能比较长时间保持水分，因而承载力很小。在季节性冰冻地区或不良水温状况下，黏质土路基也容易产生冻胀和翻浆。黏质土如能在适当含水量时充分压实和采取良好的排水与隔水措施，修筑的路基也能保持稳定。

有机质土（如泥炭、腐殖土等）不宜用作路基填料，如施工中遇到有机质土应在设计和施工上采取一定的措施。

4. 特殊土

特殊土包括黄土、膨胀土、红黏土和盐渍土。

黄土属大孔和多孔结构，具有湿陷性；膨胀土受水浸湿发生膨胀，失水则收缩；红黏土失水后体积收缩量较大；盐渍土潮湿时承载力很低。因此，特殊土也不宜用作路基填料。

综上所述，填方路基宜选用级配较好的粗粒土作为填料。细粒土质砂是修筑路基的最好材料，黏质土次之，粉质土是不良材料，最易引起路基路面病害，高液限黏土，特别是蒙脱土，也是不良的路基土。此外，对于特殊性质的土类，如泥炭、淤泥、冻土、强膨胀土及易溶盐超过允许限量的土，均不得直接用于填筑路基。

（四）土质调查

公路路基是一种线形结构物，具有距离长、与大自然接触面广的特点，其稳定性在很大程度上由当地自然条件决定。因此，公路设计过程中设计人员需深入调查公路沿线的自然条件，从整体（地区）和局部（具体路段）去分析研究，掌握各有关自然因素的变化规律、水温情况及人为因素对路基稳定性的影响，从而因地制宜地采取有效工程技术措施，以达到正确进行路基设计、施工和养护的目的。

因为土方工程设计需要，必须进行土质调查分析。在路堑段确定钻孔深度时，要考虑到公路纵断面设计方案可能的变动，留有足够余地。在路基填方段，要确定填方时下面的地基土是否会发生什么问题。在所有结构部位的下部都应布置有钻孔，以便能够确定地基允许承载力和基础形式。此外，路面结构层厚度的确定同样也要依赖于土质调查结果。

为了确定土的质量和性能，必须从钻孔中搜集土样进行试验分析。我国交通部门为了测定土的基本工程性质，统一试验方法，并为公路工程设计和施工提供可靠的计算指标和参数，专门制定了《公路土工试验规程》（JTG E40—2007）。该规程的制定可使公路系统的试验室在进行土工试验时有一个统一的试验准则，使所有的试验及试验结果具有一致性和可行性。

三、路基施工方法及施工准备

（一）路基施工方法

路基一般为土石方工程。其施工方法有人工施工、简易机械施工、机械化施工及爆破施工等。施工时施工单位应根据工程性质、岩石类别、工程量、施工期限、施工条件等选择一种或几种。

人工施工是传统的施工方法，施工时主要是工人用简单工具进行作业。这种方法劳动强度大、工效低、进度慢，且工程质量难以得到保证，已不适应现代公路工程施工的要求，只能作为其他施工方法的辅助和补充。

简易机械施工是在人工施工基础上，对施工过程中劳动强度大和技术要求相对较高的工序用机具或简易机械完成，以加快工程进度、提高施工效率和工程质量。但这种施工方法工效有限，只能用于工程量较小、工期要求不严的路基或构造物施工，不适宜高速公路和一级公路路基的大规模施工。

机械化施工是通过合理选用施工机械，将各种机械科学组织成有机整体，优质、高效进行路基施工的方法。若选用专业机械按路基施工要求对施工的各工序进行既分工又联合的作业，则为综合机械化施工。实现机械化施工是我国路基施工的发展方向，特别是对于工程量大、技术要求高、工期紧的高速公路和一级公路路基工程，必须采用机械化施工。组织机械化施工时，应使机械合理配套、科学组织，最大限度发挥各种机械效能。

爆破法施工是利用炸药爆炸的巨大能量炸松土石或将其移到预定位置。这种施工方法主要用于石质路堑的开挖，特殊情况下也用于土质路堑开挖或清除淤泥。在施工时若采用机械钻孔、机械清运，也属于机械化施工之列。

（二）施工前的准备工作

路基施工的主要内容大致可归纳为施工前的准备工作和基本工作两大部分。虽然路基施工基本工作主要是开挖、运输、填筑、压实等比较简单的工序，还有与路基直接有关的各项附属工程，但其工程量大，施工期长，且所需人力、物力资源较大，因而必须集中精力，认真对待。但要保证正常施工，施工前的准备工作极为重要，它是组织施工的第一步，无准备的施工或准备不充分的施工，均会使路基施工的基本工作难以顺利进行。

路基施工前的准备工作，可大致归纳为组织准备、物资准备和技术准备三个方面。

1. 组织准备

开工前的组织准备工作主要是建立和健全工程管理机构和施工队伍，明确各自施工任务，制定施工过程中必要的规章制度，确定工程应达到的目标等。组织准备亦是一切准备工作的前提。

2. 物资准备

路基施工要消耗大量的人工、材料和机具，因此开工前应进行所需材料的购进、采集、加工、调运和储备，同时要检修或购置施工机械，做好施工人员的生活、后勤保障准备。为使供应工作能适应基本工作需要，物资准备工作必须制订具体计划，其中有的计划内容，如劳动力调配、机具配置及主要材料供应计划，必须服从于保证施工组织计划顺利实施，而且其常被列为施工组织计划的重要组成部分。

3. 技术准备

技术准备主要包括熟悉设计意图，查对图纸文件资料、现场踏勘与调查、制订施工组织计划、施工测量、施工前的复查与试验及清理施工现场等工作。对于高速公路和一级公路及在特殊地区或采用新技术、新工艺、新材料进行路基施工时，除做好上述准备工作外，还应在大规模施工前铺筑试验路段，为正式施工提供技术指导。

（1）熟悉设计意图，查对图纸文件资料

施工单位施工前应组织施工人员对设计文件、图纸、资料认真进行熟悉，查对是否齐全、有无遗漏、差错或相互之间有无矛盾。在研究设计图纸、资料过程中，需与现场实际情况核对，并于必要时进行补充调查，若发现差错应向设计单位提出，并要求补齐或更正，并做出记录。

（2）现场踏勘与调查

现场踏勘与调查的主要内容如下。

①对施工有影响，需拆迁的各种建筑物、构筑物、公用事业杆线、管道和附属设施，还有树木、农作物、坟墓等。

②因施工影响沿线建筑物、构筑物、公用事业杆线、管道安全，需加固保护的结构、数量和确切位置。

③沿线需重点保护的历史文物、古迹及军事设施等。

④了解沿线填缺、挖余的地段和数量及可供借土或弃土的地点。

⑤摸清沿线可利用的排水沟浜、下水道及以往暴雨后的积水情况，以便考虑施工期间的排水措施。

⑥了解现场附近供水、供电、通信设施、运输路线、场地及其他设施的情况。

⑦对外露的检查井、消防栓、人防通气孔等应在图上标明，以备核对，避免埋没或堵塞。

⑧了解沿线各单位因施工受到的影响情况，包括车辆交通影响，以便提出安排方案。

（3）编制施工组织计划

编制路基施工的实施性施工组织计划是路基施工前非常重要的技术准备工作。施工单位应根据设计文件，工程实际条件，工程量，施工难易程度及设备、人员、材料供应情况和工期要求等认真编制。编制的施工组织计划应针对工程实际，科学合理，易于操作实施，有利于保证工程质量和工程进度，做到运筹帷幄，使路基施工能连续、均衡地进行。在编制过程中，施工单位应对设计文件和设计交底全面熟悉、认真研究，组织有关人员进行现场核对和施工调查；若有必要，应按有关程序提出修改意见并报请变更设计。

（4）施工测量

路基开工前应做好施工测量工作，其内容主要包括导线、中线、水准点复测，横断面检查与补测，增设水准点等。施工测量的精度应符合《公路勘测规范》（JTG C10—2007）的要求。

开工前应全面复测路线的交点、转点、曲线主点等主要控制点，恢复路线中线桩并设置护桩。高速公路和一级公路应采用坐标法恢复主要控制桩。若设计文件中公路路线主要由导线控制，施工测量时则必须根据设计单位提供的导线点及其坐标做好导线复测工作以准确控制路线的平面位置。当原有导线点不能满足施工要求时，应进行加密。若发现路线中线与相邻施工段的中线或结构物中轴线不闭合，应及时查明原因并上报有关部门。若原设计路线长度丈量有错误或局部改线时，应进行断链处理并相应调整纵坡。

路基施工时，若使用设计单位设置的水准点，应进行校核并与国家水准点闭合；产生的闭合差应按有关规定处理，闭合差超出允许误差应查明原因并报告有关部门。为方便施工可增设临时水准点。临时水准点必须可靠固定，符合精度要求，并与相邻路段水准点闭合。

施工前应对路基纵横断面进行检查和核对，并适当补测。根据恢复的路线中桩，按设计文件、施工规定和技术要求等定出路基用地界桩、路堤坡脚、路堑堑顶、边沟、取土坑、护坡道、弃土堆等的具体位置。为方便施工，还应在距路线中线一定安全距离处设置控制桩，其间距不宜大于50m。桩上标明桩号及路线中心填挖高度，用（+）表示填方，用（-）表示挖方。

在路基施工过程中应采取有效措施保护所有测量标志，以免增加测量工作量，减少出现错误的可能。

（5）施工前的复查与试验

路基施工前，施工技术人员应对路基施工范围内的地质、地形、水文情况进行详细调查。根据设计文件提供的资料，对取自挖方、借土场、料场的路堤填料进行复查和取样试验。用作填料的土应按土工试验规程测定其物理、力学等性质，以试验结果作为判定可否应用的依据。若使用新材料（如工业废渣等）填筑路堤，除对相应指标进行试验外，还应进行环境保护分析并提出报告，经批准后方可使用。

（6）清理施工现场

路基施工前应先办好有关土地的征用、占用手续，依法使用土地。路基范围内的既有建筑物、道路、沟渠、通讯及电力设施等，施工单位应协同有关部门事先拆除或迁建。对路基附近的危险建筑物应进行适当加固，对文物古迹应妥善保护。

（7）铺筑试验路

高速公路和一级公路及在特殊地区或采用新技术、新工艺、新材料的路基，在正式施工前，应采用不同的施工方案和施工方法，铺筑试验路并进行相关试验分析，然后从中选出最佳施工方案和施工方法以指导大面积路基施工。铺筑的试验路应具有代表性，施工机械和工艺过程要与以后全面施工时相同。通过试验路铺筑可确定不同压实机械压实各种填料的最佳含水量、适宜的松铺厚度、相应的碾压遍数、最佳机械配置和施工组织方法等。

第二节 填方路堤的施工

填方路堤施工是公路工程施工中一个非常重要的环节，需要精心组织，精心施工，确保工程质量。同时，由于高速公路特殊的交通功能，对路基施工质量有着更高的要求。因此，路堤施工必须从基底处理、填料选择、压实、排水、防护等各方面加以重视，依靠科技进步，采用新技术、新材料、新的检测手段，保证路基具有足够的水温稳定性及耐久性。

按照系统分析的原理，整个路堤填筑过程可划分为三阶段、四区域、八流程，即准备阶段—施工阶段—竣工阶段；填筑区域—平整区域—碾压区域—检测区域；施工准备—基底处理—分层填筑—摊铺整平—洒水或晾晒—机械碾压—密度检测—检验签发。

一、填方路堤的填筑施工

（一）填方路堤施工特点

①由于路堤存在沉降和稳定问题，特别是高路堤可能发生的稳定性问题，要求其施工质量高，因此无论对基底处理、填料选择、排水措施、压实标准控制等方面都要求比较高，以保证路基的稳定性与耐久性。

②高速公路路堤一般都比较高，所需土方量很大，因此施工必须采用机械化作业，从基础处理，填料开挖、运送、摊铺、压实均采用一系列的机械进行施工。

③高速公路采用封闭形式，桥涵、通道较多，结构增多势必带来结构物

两端路堤的填筑与压实困难问题，因此必须采用各种技术措施保证结构物两端路堤的填筑压实质量，减少桥头跳车。

④为尽量减少路堤沉降，提高路堤稳定性，必须广泛采用新材料、新施工设备和新检测手段，如采用粉煤灰材料填筑路堤，采用重型压实标准等。

⑤公路施工中必须做好环境保护和绿化工作，而这一点在路堤施工中是相当重要的，施工中存在的水土、植被、地貌都不应由于施工而遭到破坏，填料不能含有害物质，防止环境受污染。

（二）路堤基底处理

路堤基底是指土石填料与原地面的接触部分。为使路基的强度和整体稳定性得到保证，施工单位应对基底的土质、水文、坡度和植被情况及路基高度等进行适当的处理。

①做好原地面临时排水工作。临时排水设施要与永久排水设施相结合，排走的雨水不得流入农田、耕地，也不得引起水沟淤积和冲刷路基；原地面易积水的坑、洞、墓穴等应用原地土或砂性土回填，并按规定进行压实。

②路基用地范围内的树木、灌木丛等均应在施工前砍伐或移植清理，砍伐的树木应移植于路基用地之外，进行妥善处理。高速公路、一级公路和填方高度小于1m的其他公路应将路基范围内的树根全部挖除并将坑穴填平夯实；填方高度大于1m的其他公路允许保留树根但根部露出地面不得超过20cm。取土坑范围内的树根也应全部挖除。

③路堤基底为耕地或松土时，应先清除有机土、种植土，平整后按规定要求压实。在深耕地段，必要时应将松土翻挖，土块打碎，然后回填、整平、压实。

④路堤基底原状土的强度不符合要求时，应进行换填处理（或采取其他地基加固方法），换填深度应不小于30cm，并分层找平压实。

⑤山坡路堤，地面横坡不陡于1∶5，而基底土质密实稳定时，可将路堤直接修筑在天然地面上；当地面横坡陡于1∶5时，应将原地面挖成台阶并夯实，台阶宽度不小于1m。对于原地面横坡较陡的高速公路和一级公路半填半挖路堤，必须在山坡上从填方坡脚向上挖成向内倾斜的台阶，台阶宽度不小于1m，台阶高度不小于0.5m，台阶顶面做成2%～4%的内倾斜坡，并用小型机具夯实，再填筑路堤。

⑥当路堤稳定受到地下水位影响时，应在路堤底部填以水稳性优良、不易风化的砂、沙砾、碎石等材料或采用无机结合料（生石灰粉、水泥等固化材料）进行加固处理，使基底形成水稳性好、厚约30cm的稳定层。

（三）填料选择

一般的土和石都可以作为路堤的填料。用卵石、碎石、砾石、粗砂等透水性良好的填料，只要分层填筑分层压实，可不控制含水量；用黏性土等透水性不良的填料，应在接近最佳含水量情况下分层填筑与压实。

《公路路基施工技术规范》（JTG F10—2006）及《公路软土地基路堤设计与施工技术细则》（JTG/T D31-02—2013）中对路基用土有如下规定。

①路堤填料不得使用淤泥、沼泽土、冻土、有机土、含草皮土、生活垃圾、树根和含有腐朽物质的土。采用盐渍土、黄土、膨胀土填筑路堤时，应遵照有关规定执行。

②液限大于50%、塑性指数大于26的土，还有含水量超过规定的土，不得直接作为路堤填料。需要应用时，必须采取满足设计要求的技术措施，经检查合格后方可使用。

③钢渣、粉煤灰等材料，可作为路堤填料，其他工业废渣在使用前应进行有害物质的含量试验，避免有害物质超标，污染环境。

④捣碎后的种植土，可用于路堤边坡表层。

应当指出，有多种料源可供选择时，应优先选用那些挖取方便、压实容易、强度高、水稳性好的土料。路堤受水浸淹部分，应尽量选用水稳性好的填料。

（四）填方路堤的填筑施工

填方路堤的填筑方式因填料类型不同而不同。

1. 土方路堤填筑

土方路堤常根据路段地形情况的不同分别采用水平分层填筑法、纵向分层填筑法、横向填筑法和混合填筑法四种形式。

（1）水平分层填筑法

水平分层填筑法，即按照路基设计横断面全宽分成水平层次逐层向上填筑，如原地面不平，应由最低处分层填筑，每填一层，需经压实符合规定后，再填上一层。路堤填土宽度每侧应宽于填层设计宽度，压实宽度不得小于设计宽度，逐层填、压密实，最后整修削坡。路堤两侧超填宽度一般应控制在0.3~0.5m。水平分层填筑法是填筑路堤的基本方法，它最能保证填土质量，一般均应优先采用。

用透水性不良的土填筑路堤时，应控制其含水量在最佳压实含水量±2%之内。采用机械压实时，分层的最大松铺厚度，高速公路和一级公路不应超过30cm；其他公路，按土质类别、压实机具功能、碾压遍数等，经过试验确定,但最大松铺厚度,不宜超过50cm。填筑至路床顶面最后一层的最小压实厚度,不应小于8cm。

若填方分几个作业段施工,两段衔接处必须采取分层相互搭接、相互覆盖的做法,以利路基整体稳定。若两个地段不在同一时间填筑,则先填地段,应按1∶1坡度分层留台阶。若两个地段同时填筑,则应分层相互交叠衔接,其搭接长度不得小于2m。

加宽旧路堤时,所用填土宜与旧路相同或选用透水性较好的土,并将老路加宽一侧(单面加宽法)或两侧(双面加宽法)沿边坡挖成向内倾斜的台阶,台阶宽度一般不小于1m,台阶高度不小于0.5m。然后分层填筑,分层碾压,以利新、老路堤紧密结合。在新、老路基已达到相同高度时,加高部分再按断面全宽度分层填筑。

新填筑的路堤或旧路加高,在填筑过程中应随时注意防止雨水聚集浸湿,因而必须留有一定横坡,并做好路堤边沟,以利纵、横向排水通畅和及时。

在施工中,沿线的土质经常发生变化,为不致将不同性质的土任意混填,以致造成路基病害,必须在施工前进行现场调查,做出正确规划,拟订合理的调配方案。

不同土质混合填筑时,应遵循以下原则。

①用透水性较小的土填筑路堤下层时,其顶面应设4%的双向横坡,以保证来自上面透水性填土层的水及时排出。

②路堤上层用透水性较差的土填筑时,不应覆盖封闭其下层透水性较大的填料,以保证路堤内的水分蒸发。

③不得将透水性不同的土混杂填筑,以免形成水囊或滑动面。每种填料层累计总厚度不宜小于0.5m。

④根据强度和转定性要求,合理安排不同土质的层位,不因潮湿及冻融而改变其体积的优良土质应填筑在路堤上层,强度较低的土填筑在下层。

沿公路纵向用不同的土质填筑路堤时,为防止在相接处发生不均匀变形,应在交接处做成斜面,并将透水性差的土安排在斜面下方。

(2)纵向分层填筑法

原地面纵坡大于12%的地段,可采用纵向分层法施工,沿纵坡分层,逐层填压密实。该方法适用于推土机或铲运机从路堑取土填筑运距较短的路堤。

(3)混合填筑法

混合填筑法亦称路堤联合填筑法。在陡坡路段,下层采用横向填筑方式,上层(至填筑一定高度后)改用水平分层填筑法,其大约深度相当于路基应力工作区深度,这样可使上部填土获得足够的压实度。

填筑土质路堤时应根据填料运距、填筑高度、工程量等进行施工机械的配置，确定作业方式。施工机械应尽量配套，以最大限度发挥各种机械的工效。对于两侧取土，填土高度在3m以内的路堤，可用推土机从两侧分层堆填，配合平地机分层整平，然后在最佳含水量下用压路机压实。对于填方量较集中的路堤填筑，当填料运距超过1km时，可用松土机翻松，用挖土机、装载机配合自卸汽车运输，填料运到作业面后用平地机整平，再配合洒水车和压路机压实；当填料运距在1km范围内时，可用铲运机运土，辅以推土机开道、翻松硬土、平整取土段、清除障碍和推土等。

2. 填石路堤填筑

填石路堤的石料强度不应小于15MPa（用于护坡的不应小于20MPa），石料最大粒径不宜超过层厚的2/3。

高速公路、一级公路和铺设高级路面的其他等级公路的填石路堤均应分层填筑，分层压实。分层松铺厚度：高速公路、一级公路不宜大于0.5m，其他公路不宜大于1m。二级及二级以下且铺设低级路面的公路在陡峻山坡段施工特别困难或大量爆破移挖作填时，可采用倾填方式将石料填筑于路堤下部，但倾填路堤在路床底面下不小于1m范围内仍应分层填筑压实。

填石路堤倾填前，路堤边坡坡脚应用粒径大于30cm的硬质石料码砌。当设计无规定时，填石路堤高度小于或等于6m时，其码砌厚度不应小于1m；当高度大于6m时，码砌厚度不应小于2m。

当石块级配较差，粒径较大，填层较厚，石块间的空隙较大时，可于每层表面的空隙里扫入石渣、石屑、中粗砂，再以压力水将砂冲入下部，反复数次，使空隙填满。

人工铺填粒径25cm以上石料时，应先铺填大块石料，大面向下，小面向上，摆平放稳，再用小石块找平，石屑塞缝，最后压实。人工铺填块径25cm以下石料时，可直接分层摊铺，分层压实。

用强风化石料或软质岩石填筑路堤时，应按土质路堤施工规定先检验其CBR值（加州承载比）是否符合要求，不符合要求者不得使用，符合使用要求时应按土质填筑技术要求施工。

高速公路及一级公路填石路堤时其路床顶面以下50cm范围内应填筑符合路床要求的土并分层压实，填料最大粒径不得大于10cm。其他公路填石路堤时其路床顶面以下30cm范围内宜填筑符合路床要求的土并压实，填料最大粒径不应大于15cm。

压实度检验：在规定深度范围内，以通过12t以上振动压路机进行压实试验，当压实层顶面稳定，不再下沉（无轮迹）时，可判断其为密实状态。

3. 土石路堤填筑

天然土石混合材料中所含石料强度大于20MPa时，石料的最大粒径不得超过压实层厚的2/3，超过的应予清除；当所含石料为软质岩（强度小于15MPa）时，石料最大粒径不得超过压实层厚，超过的应打碎。

土石路堤必须分层填筑，分层压实，每层铺填厚度应根据压实机械类型和规格确定，但不宜超过40cm。

压实后渗水性差异较大的土石混合料应分层或分段填筑，不宜纵向分幅填筑。如确需纵向分幅填筑，应将压实后渗水良好的土石混合料填筑于路堤两侧。

当石料含量超过70%时，应先铺填大块石料，再铺小块石料、石渣或石屑嵌缝找平，然后碾压。当石料含量小于70%时，土石可混合铺填，但应避免硬质石块（特别是尺寸大的硬质石块）集中。

土石混合料填筑高等级公路时，其路床顶面以下30～50cm范围内仍应填筑符合路床要求的土并分层压实，填料最大粒径不大于10cm；其他公路在路床顶面以下填筑30cm的砂类土，最大粒径应不大于15cm。

4. 高填方路堤填筑

水稻田或长年积水地带，用细粒土填筑的路堤高度在6m以上，其他地带填土或填石路堤高度在20m以上（填砂、砾路堤在12m以上）时，都属于高填方路堤填筑。

高填方路堤，应严格按设计边坡填筑，不得缺填。每层填筑厚度，根据所采用的填料，分别按土方路堤、石方路堤或土石路堤的有关规定执行。如填料来源不同，其性质相差较大时，应分层填筑，不应分段或纵向分幅填筑。

高填方路堤受水浸淹部分应采用水稳性高及渗水性好的填料，其边坡比不宜小于1：2。

高填方路堤填筑过程，尤应注意防止局部积水，以免影响填筑质量。特别在原地面倾斜较急的坡面上半填半挖时，除应挖成阶梯与填方衔接分层填压外，还要挖好截水沟，泄水于路堤之外。

二、桥涵及其他构造物处的填筑施工

公路投入运营使用后，往往在桥头或其他构造物处存在跳车现象，而在一些软土地基或高路堤跳车现象更为严重。这不仅影响行车速度、行车舒适性和安全性，而且容易使桥台、台背、桥头伸缩缝及连接的路面结构遭到破坏，从而成为公路运营中必须经常维修养护的主要路段。为此，在公路施工时，必须充分注意并尽可能地做好桥涵及其他结构物处路堤的填筑施工。

（一）一般要求

1. 填料

填料除设计文件另有规定外，一般应采用砂类土或渗水性土。当采用非渗水性土时，应在土中增加外掺剂，如石灰、水泥等。但严禁使用淤泥、沼泽土、冻土，还有含有草皮、树根、生活垃圾、杂物和含水量过大的土用作填料。

2. 填筑

桥涵及其他构筑物处的填土，应适时分层回填压实。回填土时对桥涵圬工的强度等要求应按照《公路桥涵施工技术规范》（JTG/T F50—2011）有关规定办理，同时还应注意必须在隐蔽工程检验合格后方可开始回填。回填时要严格控制回填土的含水量。分层松铺厚度宜小于20cm。当采用小型夯具时，一级以上的公路松铺厚度不宜大于15cm，并应充分压（夯）实到规定要求。

桥台背后填土宜与锥坡同时进行；涵洞缺口填土应在两侧对称均匀分层回填压实。如使用机械回填，则涵台胸腔部分及检查井周围应先用小型压实机械压实填好后，方可用机械进行大面积回填。涵顶面填土压实厚度大于50cm时，方可通过重型机械和汽车；挡墙墙址部分的基坑，应及时回填压实，并做成向外倾斜的横坡。

适用于构造物处填土压实的小型机械，有蛙式打夯机、内燃打夯机、手扶式振动压路机、振动平板夯等。

3. 桥涵填土的范围

台背填土的路线方向长度，顶部距翼墙尾端不小于台高加2m；底部距基础内边缘不小于2m；拱桥台背填土长度不应小于台高的3~4倍；涵洞填土长度每侧不应小于2倍孔径长度。

4. 排水

桥涵等结构物处填土，在施工中要竭力防止雨水流入；对已有积水应挖沟或用水泵将其排除。对于地下渗水，可设盲沟引出。当不得不用非渗水土填筑时，应在其上设置横向盲沟或用黏土等不透水材料封顶。挡土墙墙背应做好反滤层，使水能顺利从泄水孔流出去。

（二）填土基底的加固处理

1. 桥背填土基底的常用处理措施

桥台填土路堤施工后沉降控制标准一般在 10cm 以内，因为尽量减少路、桥衔接处的差异沉降，设计时往往采用加设钢筋混凝土搭板的形式。此外，正确处理好桥背软弱土地基，是减少施工后沉降、控制桥头跳车的重要技术措施，常用的方法有换土法、超载预压法、减少附加应力方法、排水固结法、粉体搅拌桩、高压喷射注浆、振动碎石桩和矿渣桩等复合地基法，这些方法均已广泛应用于已建公路的路堤施工中。

2. 做好桥头路基的排水施工

施工中应充分注意填土的排水，防止路面及中央分隔带水流对填土的浸泡或冲刷。同时在路堤填筑前，在基底顶面应设置必要的排水设施，如横向泄水管或盲沟等。其铺设方法，如有设计时可根据设计要求进行，如无设计时，可参考以下方法进行。

横向泄水管的铺设，通常是先在基底顶面填筑 3%～4% 的夯实黏土横坡路基，再在其上挖一条宽为 40～60cm 深为 30～50cm 的双向地沟，然后在台背后全宽范围内满铺一层土工织物等排水隔离层；在地沟内四周再铺设直径不小于 10cm、有孔径为 5mm 的小孔硬塑料泄水管，布成梅花形，其出口应伸出路基或桥头锥坡外。在硬塑料管四周再填筑粒径较大、透水性好的材料，并分层填筑至路堤顶面。

盲沟设置，即不采用泄水管，而以渗透系数大的透水材料（如大粒径碎石）填筑地沟，并用土工织物包裹，出口处进行必要处理。

（三）填筑压实质量控制要点

桥涵及其他结构物处回填是路基工程中的关键部位，为保证桥头路堤稳定，在施工中应避免工作人员认为结构物处回填工程量小、操作空间小而往往对其忽视，致使回填材料不符合要求，压实度达不到设计标准的现象。为防止桥头跳车等病害，必须严格控制桥涵及其他构造物处的填筑压实质量。其质量控制要点如下。

①结构物回填应选择适宜的材料并通过检验，所用机具应适应回填操作空间，若不适宜用大型压路机碾压时，应尽量采用小型手扶振动夯或手扶振动压路机压实。

②结构物回填处顺路线方向长度应按设计或规范规定，并挖成台阶，经监理工程师检查后才能分层回填。分层厚度一般规定为每层 15cm，并应在

桥台背墙或明显地方标明高度逐层填筑、逐层碾压检测。检查频率为每 $50m^2$ 检验 1 点，不足 $50m^2$ 时至少检验 1 点，且每点都应合格。

③回填处如有泄水孔或其他构筑物时，一定要按设计要求或设置碎石、粗砂或砾料层，以便达到泄水孔处过滤作用。

④回填钢筋混凝土圆管时，必须要注意两边对称同时进行，直至管顶。回填时特别要注意管道两侧腋下回填压实。

回填钢筋混凝土盖板涵时，只有在盖上钢筋混凝土板后才能回填。当客观情况需要两侧不均匀填筑时，必须等到涵台（墙）的混凝土或圬工砌体的砂浆达到规定强度后才能进行。

⑤结构物回填应分层平铺，紧接桥台、翼墙处，施工人员应密切注意与结构物相接的压实度，但也应注意任何压实都不能对结构物部位造成损害。

⑥对于圆柱式桥台或肋柱式桥台的台背回填，应内、外侧同时分层填筑，并随时砌筑护坡以减少单向推力。

三、影响路基压实效果的因素

路基施工，使天然结构的土体经过挖、运、填等工序后变为松散状态，为使路基具有足够的强度、稳定性，必须将路基填土碾压密实。通过压实还可提高路基承载力和隔温性能，降低渗透系数和塑性变形等。因此，路基的压实工作，是路基施工过程中的一个重要工序，是保证路基获得强度与稳定性的根本技术措施之一。

（一）路基压实标准

为了便于检查和控制压实质量，路基的压实标准常用压实度来表示。路基的压实度是工地路基土经压实后实际达到的干密度与其室内标准击实试验所得的最大干密度的比值，通常用百分数表示。

合理确定作为压实标准的压实度，对保证路基强度和稳定性十分重要，同时这还关系到技术上的可行性和工程经济性。实际施工过程中，压实度一般难以达到 100%。鉴于行车荷载应力传播的特点，对路基不同层位的压实度要求可有所不同。对于路基上部，由于汽车荷载产生的应力较大，故压实度要求最高，而路基下部由于受汽车荷载影响较小，压实度要求可适当降低。公路等级和路面等级越高，则路基压实度要求也越高。

（二）影响压实效果的主要因素

在室内对细粒土或多种路面材料进行击实试验时，影响土或路面材料达到规定密实度的主要因素有含水量、土或材料的颗粒组成以及压实功能。

在施工现场碾压细粒土的路基时，影响路基达到规定压实度的主要因素有土的含水量、碾压层的厚度、压实机械的类型和功能、碾压遍数及地基的强度。

在施工现场碾压级配集料时，影响集料达到规定密实度的主要因素，除上述因素外，还有集料的特性（包括质量、级配的均匀性和细料的塑性指数）及下承层的强度。

此外，土和路面材料的类型对压实度也有明显影响。

1. 含水量

通过室内击实试验可绘制密实度（干密度）与含水量之间的关系曲线（击实曲线）。在压实过程中，土或材料的含水量对所能达到的密实度起着非常大的作用。锤击或碾压的功需要克服土颗粒间的内摩阻力和凝聚力，才能使土颗粒产生位移并互相靠近。土的内摩阻力和凝聚力是随密实度而增加的。土的含水量小时，土颗粒间的内摩阻力大，压实到一定程度后，某一压实功不再能克服土的抗力，压实所得的干密度就小。当土的含水量逐渐增加时，水在土颗粒间起着润滑作用，使土的内摩阻力减小，因此同样的压实功可以得到较大的干密度。在这个过程中，单位土体中空气体积逐渐减小，而固体体积和水的体积则逐渐增加。当土的含水量继续增加到超过某一限度后，虽然土的内摩阻力还在减小，但单位土体中的空气体积已减到最小限度，而水的体积却在不断增加。由于水是不可压缩的，因此在同样的压实功下，土的干密度反而逐渐减小。在击实曲线上与最大干密度对应的含水量称为最佳含水量。土的含水量是影响压实效果的决定性因素，在最佳含水量下，最容易获得最佳压实效果。但是，某一种土或路面材料的最佳含水量和最大干密度不是固定不变的，它往往随压实功能而变。在室内进行击实试验时，它随所用的击实功而变。在工地碾压时，它随所用压路机的重量或功能及碾压遍数而变。

在施工现场，用某种压路机碾压含水量过小的土或级配集料，要达到高的压实度是很困难的；如土的含水量超过最佳值过多，要达到较大的压实度同样是困难的。因此，在特殊干旱和特殊潮湿地区，在无法或不能采取合适措施的情况下，实际施工中往往不得不降低对压实度的要求。对含水量过大的土、沙砾土、无机结合料稳定土等路面材料进行碾压时，经常会发生"弹簧"现象，而不能压实。

2. 压实功能

压实功能包括压实机械质量、碾压遍数或锤落高度、作用时间等。压实功能是影响压实效果的另一重要因素。

对同一类土，最佳含水量随压实功能的增加而降低，而最大干密度则随压实功能的增加而增加；在相同含水量条件下，压实功能越高，土基密实度越高。据此规律，工程实践中可以增加压实功能（选用重碾，增加碾压遍数或延长碾压时间等），以提高其压实度。然而，用增加压实功能的办法来提高土的密实度是有限度的，当压实功能增大到一定程度后，土的密实度增加较缓慢，在经济效益和施工组织上不够合理，甚至功能过大，破坏土基结构，效果适得其反。相比之下，严格控制最佳含水量，要比增加压实功能收效大得多。当含水量不足，洒水有困难时，适当增大压实功能，可见收效。如果土的含水量过大，此时如果增大压实功能，必将出现"弹簧"现象，压实效果很差，造成返工浪费。因此，土基压实施工中，控制最佳含水量，是首要关键，在此前提下采取分层填土，控制有效土层厚度，必要时适当增大压实功能，这是土基压实工作的基本要领。

3. 土质

土质不同压实效果也不同，一般情况是在同一压实功能作用下，粗颗粒含量多的土，最大干密度较大，最佳含水量较小，比较容易压实。土中粉粒和黏粒含量越多，土的塑性指数越大，土的最佳含水量也就越大，同时其最大干密度越小。各种不同土的最佳含水量和最大干密度虽然不同，它们击实曲线的性质却是基本相同的。沙土易散失水分，松散不易压实，最佳含水量的概念，没有多大实际意义。

路基施工最好的土质是亚沙土和亚黏土，它们压实性好，容易施工，水稳性良好。重黏土塑性指数高，成团不易打碎，会造成压实困难。

4. 压实机械

压实机具的选择，还有合理操作，同时是影响土基压实效果的另一些综合因素。

土基压实机具的类型很多，大致分为碾压式、夯击式和振动式三大类型。碾压式（又称静力碾压式），包括光面碾（普通的两轮和三轮压路机）、羊足碾和气胎碾等几种。夯击式中除人工使用的石夯、木夯外，还包括机动设备中的夯锤、夯板、风动夯及蛙式夯机等。振动式中有振动器、振动压路机等。每一种类型的压路机都有多种不同的重量。此外，运土工具中的汽车、拖拉机及土方机械等，亦可用于路基压实。

在公路路基路面施工中，通常采用自行式压路机。

不同压实机具，适用于不同土质及不同土层厚度等条件，这亦是选择压实机具的主要依据。

采用光面钢轮压路机碾压时,由于碾压轮与土或路面结构层材料的接触面积大,单位压力小,且压实工作系由层的表面向下,上层密实度大于下层,因此其压实厚度较小。用光面钢轮压路机碾压一定厚度的填土及路面结构层,既可以获得密实结果,又可以得到平整表面。

轻型和中型光面钢轮压路机可以用作预压,普通的中型光面钢轮压路机更适宜于压实低黏性土和非黏性土。重型光面钢轮压路机可以成功压实黏性土。对于无黏性的砂,不适宜用重型光面钢轮压路机碾压。通常光面钢轮压路机还用于碾压路面结构层。

轮胎压路机是以充气轮胎对铺筑材料进行压实,它可以用增加配重改变每个轮胎的负荷和变更轮胎的内压使接触压力改变,因此能适应各种土壤的压实,适用范围广,压实深度大,压实效果好。由于轮胎对被碾压材料的揉压作用,使其在压实沥青路面时,更显其优越性。轮胎压路机的另一优点是机动性能好,便于运输。

振动压路机的压实功能很高,它兼有重量轻、体积小、速度快、效率高、操纵灵活等优点。振动压路机特别适宜于压实黏性小的土体,对黏性土,其压实效果较差。手扶式的小型振动压路机特别适宜于碾压路肩及台背填土。

5. 碾压层的厚度和碾压遍数

碾压层的厚度应该适当。碾压层过厚,非但该层的下部的压实度达不到要求,而且该层上部的压实度也要受到不利影响。同时,碾压层的厚度应该与所用压路机的质量或功能相适应,它也随压路机的类型而变。不同压路机的一层的压实厚度具体多少比较合适,应通过现场碾压试验及分层测定干密度来确定。

压路机的碾压遍数对路基土和路面材料的密实度的影响是众所周知的。用同一压路机对同一种材料进行碾压时,最初的若干遍碾压,对增高材料的干密度影响很大;碾压遍数继续增加,干密度的增长率就逐渐减小;碾压遍数超过一定数值后,干密度实际上就不再增加了。

路基施工时,首先需要确定每层填土的厚度及压路机的碾压遍数,以保证达到要求的密实度。在解决这个问题时,还应该将机械压实作用能够达到的深度与符合要求密实度的压实深度区别开来,通常前者大于后者。实际施工中,十分重要的是能符合要求密实度的有效压实深度,这个深度也就是每层填土的合适压实厚度。有效压实深度主要与压实机械类型、碾压遍数或夯击次数、土的性质和含水量有关。若压实遍数超过 10 遍，则应考虑减少填土层厚。

6. 碾压速度

不管使用哪种类型或质量的压路机进行碾压，其碾压速度对路基土或路面材料层所能达到的密实度有明显影响。在相同碾压遍数的情况下，碾压速度越高，所得的压实度越小；为了达到同样的压实度，碾压速度越高，所需要的碾压遍数就越多。虽然采用高碾压速度要比采用低碾压速度的压实生产率高而且比较经济，但速度过快，容易导致被压层的平整度变差（形成小波浪）。因此，应针对具体碾压的材料层和所用的压路机，通过铺筑试验段选择合适的碾压速度。通常，碾压层厚和难以压实的材料，应采用较低的碾压速度。

7. 地基或下承层的强度

实践证明，在填筑路堤时，如地基没有足够强度，路堤的第一层是难于达到较高压实度的。因此，在填筑路堤之前，必须先碾压地基（在清场后），使其达到足够压实度和强度。如地基本身比较湿软（在水稻田地区常有这种情况），直接在上面填筑路堤，往往会产生困难，路堤的第一层（每层以压实厚度 20cm 考虑）甚至第二层上，重型压路机无法进行碾压；重型压路机进行碾压，土层就发生"弹簧"现象，碾压得越多，"弹簧现象"越严重。在这种情况下，应该先采用石灰或固化剂处理地基，或者先将地基土用砂、沙砾、沙砾土或其他类似的材料换填 1～3 层，进行适当碾压后，再进行填土。

由于原状结构土的密实度不够、强度不足，如直接用压路机在路堑表面碾压，其碾压过后往往达不到所要求的压实度。因此，应该首先将路堑上层厚 30～40cm 的土推出路外，用重型压路机将下层碾压密实（通常需压 5～6 遍）后，再将土分两层回填，并分别碾压，才能达到要求压实度。在某些情况下，甚至需要先推出 60cm，并分三层回填和压实。

下承层的强弱对所需压实层的密实度也有明显影响。试验表明，直接铺筑在土基上的同一种级配集料，用相同的压实机械和压实方法碾压时，如土基强度高，集料的密实度就大；反之，集料的密实度就小。

8. 碾压方式

路基、路面基层和沥青面层的施工技术规范都要求碾压时必须"先轻后重"，即先用轻型压路机碾压一定遍数后，再用重型压路机碾压。这种合适的碾压方式既有利于提高压实度，又有利于提高平整度。

四、路基压实施工

(一) 路基压实准备工作

1. 铺筑试验路段确定路基压实的最佳方案

影响路基压实的主要因素有土的力学性质和压实功能、土的含水量、铺层厚度、土的级配及底层的强度和压实度等。路基碾压时，并不是这些因素独立起作用，而是这些因素共同起作用。因此，高速公路、一级公路以及在特殊地区或采用新技术、新工艺、新材料进行路基施工时，施工单位应采用不同的施工方案制做试验路段，从中选出路基压实的最佳方案。

铺筑试验段需编制试验方案，其目的是在给定压路机的情况下，找出达到压实标准的最经济的铺层厚度和碾压遍数。确切来说，就是寻求铺层厚度与碾压遍数之比的极大值。试验路段位置应选择在地质条件、断面形式均具有代表性的地段，路段长度不宜小于100m。具体实施可以按以下步骤进行。

①根据土的干密度与含水量关系曲线控制土的含水量。

②确定铺层厚度和碾压遍数。一般可根据压路机械的功能及土质情况确定铺层厚度，高速公路一般应按松铺厚度30cm进行试验，以确保压实层的均匀性。其他公路，按土质类别、压实机具功能、碾压遍数等，经过试验确定，但最大松铺厚度，不宜超过50cm。

砂性土需碾压遍数少，黏性土需碾压遍数多。光轮压路机碾压遍数较高，轮胎压路机次之，振动压路机和夯击机遍数最少。

通过试验段的铺筑及有关数据的检测，有关工作人员要写出试验报告，最后确定土的适宜铺筑厚度、所需碾压遍数及填土的实际含水量，以利于施工中掌握控制。

2. 根据土壤性质，选择确定压实机械

土壤的性质不同，有效的压实机械也不同。各种压路机都有其特点，可以根据土质情况合理选用。

对于高速公路路基填土压实宜采用振动压路机或35～50t轮胎压路机进行。

3. 含水量检测与控制

路基的强度与稳定性主要是通过压实得以提高的，压实度受含水量制约，也就是有效控制含水量后才能可靠压实到压实标准。一般控制压实时土的含水量在最佳含水量±2%以内。当土的实际含水量超过上述范围时，应将土摊开、晾晒或适当洒水以达到要求，之后方可进行压实。当需要对土采用人

工洒水时，需要加的水宜在取土的前一天浇洒在取土坑内的表面，使其均匀渗透入土中，也可将土运至路堤上后，用水车均匀、适量浇洒在土中，并用拌和设备拌和均匀。

此外，还应增加洒水至碾压时的水分蒸发消耗量。

（二）压实施工

通过上述的准备工作，在确定了所采用的压实机械、需要的碾压遍数、最佳含水量后，即可对路基进行压实施工。路堤、路堑和路堤基底均应进行压实。

碾压前应对填土层松铺厚度、平整度和含水量进行检查，如果不合要求，不要急于碾压，而必须采取处理措施，如减少填土层厚、平地机整平、晾晒或洒水。

各种压路机的碾压行驶速度开始时宜用慢速，最大速度不宜超过 4km/h；碾压时直线段由两边向中间，小半径曲线段由内侧向外侧，纵向进退式进行；横向接头对振动压路机一般重叠 0.4～0.5m，对三轮压路机一般重叠后轮宽的 1/2，前后相邻两区段（碾压区段之前的平整预压区段与其后的检验区段）宜纵向重叠 1.0～1.5m。各种压路机碾压应达到无漏压、无死角的效果，确保碾压均匀。采用振动压路机碾压时，第一遍应不振动静压，然后先慢后快，由弱振至强振。

有大型运载车辆的标段，应合理安排行车路线，充分利用大型车辆对路基的压实作用。大型车辆轴载大，对路基具有压实作用，但长时间在同一路线上行驶，会导致过度碾压，形成车辙，反而对路基有害。因此，施工时应尽量让车辆在路基全幅宽度内分开行驶。

（三）压实质量检查和评价

为确保路基达到规定压实度要求，必须认真做好压实质量检查与监理工作。

在压实过程中，施工单位的自检人员应经常检查压实度是否符合要求。压实度测试方法有环刀法、蜡封法、灌水法（水袋法）、灌砂法，还可用核子密度湿度仪测定。细粒土现场压实度检查可以采用环刀法或灌砂法；粗粒土及路面结构层压实度检查可以采用灌砂法、水袋法或钻孔取样蜡封法。核子密度湿度仪应与环刀法、灌砂法等进行对比标定后才可应用。每一压实层均应检验压实度。

路基压实度检验频率为每 2 000m^2 每压实层测 4 处；路面结构层压实度检验频率为每 200m 每车道 2 处（沥青混凝土面层和沥青碎石面层为每 200m

每车道 1 处）。必要时可根据需要增加检验点，以防止压实不足处漏检。检验合格后方可填筑其上一层。若检验不合格，则应查明原因，进行补压，直至符合要求为止。

路基、路面压实度的评定以 1～3km 长的路段为检验评定单元，按其检测频率进行现场压实度抽样检查，求算每一测点的压实度。

土质路基顶面及沥青路面压实完成后还应进行弯沉测试，以检查路基、路面刚度是否符合设计要求。弯沉值用贝克曼梁或自动弯沉仪测量。检验频率为每一双车道评定路段（不超过 1km）检查 80～100 个点，多车道公路必须按车道数与双车道之比，相应增加测点。

计算平均值和标准差时，可将超出 7+（2～3）S 的弯沉特异值舍弃。对舍弃的弯沉值过大的点，应找出其周围界限，进行局部处理。用两台弯沉仪同时进行左右轮弯沉值测定时，应按两个独立测点计，不能采用左右两点平均值。

弯沉代表值不大于设计要求的弯沉值时得满分；大于时得零分。

弯沉值测试在不利季节进行。若在非不利季节测定时，应乘以季节影响系数。

弯沉值反映路基上部的整体强度，而压实度反映路基每一层的密实状态，只有弯沉值和压实度两者都合格，路基的整体强度、稳定性和耐久性才能符合要求。

在路基完成后对路基顶面进行检查测定的其他项目还有纵断面高程用水准仪每 200m 测 4 个断面；中线偏位用经纬仪每 200m 测 4 点，弯道加 HY、YH 两点；宽度用米尺每 200m 测 4 处；平整度用 3m 直尺每 200m 测 4 处 ×3 尺；横坡度用水准仪每 200m 测 4 个断面；边坡用坡度尺抽查，每 200m 测 4 处。

路基达到碾压遍数后，均由施工单位（承包人）按上述规定自己检测，检验不合格时，自行补压。若检验合格，应填写工序报告，检查已铺土含水量，有无不适用材料验单，附上检测记录，报监理工程师进行抽检，或者在碾压到规定遍数后，施工单位（承包人）会同监理工程师共同到达工地，监理工程师旁站监督。旁站检测合格时即可签订认可，不合格时承包人自费进行补压或返工。无论何时，在摊铺下一层之前，每一层的压实都必须经监理工程师批准。

五、路基整修、检查验收与维修

(一)路基整修

路基工程基本完成后,由施工单位会同监理单位按设计文件和施工规范要求检查路基中线、高程、宽度、边坡坡度和排水设施等,根据检查结果制订整修计划并进行整修。

1. 土质路基的整修

土质路基表面的整修可用机械配合人工切土和补土,并配合压路机碾压。填土经压实后不得有松散、软弹、翻浆及表面不平现象,到设计高程后,宜用平地机刮平,路堤两侧超过设计高度部分应切除。

2. 边坡加固与整修

边坡需防护加固地段,应预留加固位置和厚度,使完工后的边坡与设计一致。深路堑边坡应按设计自上而下进行削坡整修,不得在边坡上贴补。当路堑边坡被雨水冲刷成沟槽时,应自下而上,分层挖台阶填筑并夯实。若填补厚度很小,又非加固边坡地段时,可用种植土填补并种草。当填方边坡出现冲沟或坍塌缺口时,应自下而上分层挖台阶加宽填补并压实,再按设计坡面修坡。

3. 排水系统整修

边沟整修时应挂线进行。有关工作人员对各种排水设施的纵坡应进行仔细检查,断面尺寸应符合设计要求,沟底应平整、排水畅通。

(二)检查验收及质量标准

1. 中间检查

施工过程中当每一分项、分部工程完成后,应按设计文件及施工规范等进行中间检查。如路基原地面处理完毕,应检查基底处理情况;边坡加固前,应对加固方法、加固形式、填挖方边坡加固的适用性、边坡坡度是否适当等进行检查;若发现已完工路基受水浸淹损坏、取土及弃土超过设计、意外的填土下陷、填挖方边坡坍塌需增加土方及边坡加固工程数量时应进行中间检查。此外,在路基渗沟回填土前、路基换土工作完成后、各类防护加固工程基坑开挖后必须进行中间检查验收,检查不合格不得进行下一工序的施工。

2. 竣工验收

对路基进行竣工验收时,应对以下项目进行检查、验收:路基的平面位置、路基宽度、高程、横坡和平整度；边坡坡度及加固设施；边沟等排水设施的尺寸及沟底纵坡；防护工程的修建位置和各部尺寸；填土压实度及表面弯沉；取土坑、弃土堆、护坡道、截水沟、渗水井等的位置和形式；隐蔽工程施工记录等。这些项目的评定要按相关标准进行。

3. 质量标准

①土方路基。土方路基施工应符合下列质量要求：路基必须分层填筑压实，表面平整坚实，无软弹和翻浆现象，路拱适合，排水良好，土的压实度、强度和路床的整体强度符合设计要求；挖方地段上边坡应平整稳定；路床土压实度及强度必须符合规定。

②路肩。路肩施工必须做到表面平整密实、无积水、边缘顺直、曲线圆滑。

③地表排水设施。边沟、截水沟或排水沟应线条顺直，曲线圆滑，沟底平整，排水畅通。浆砌片石加固砌体，砂浆应密实饱满，配合比符合设计要求。边沟勾缝平顺，缝宽均匀，无脱落现象。沟渠断面应均匀平整，无凹凸不平现象，沟底无积水。

（三）路基维修

路基工程完工后，在路面施工前及公路工程初验后直至竣工验收终验前，路基如有损坏，施工单位应进行维修，并保证路基排水设施完好，及时清除排水设施中的淤积物、杂草等。对较长时间停工和暂时不做路面的路基，则应保持排水畅通，并在复工前应对路基各分项工程予以修整。

路面施工前应整修路基，使表面无坑槽，保持规定的路拱。若路堤经雨水冲刷或发生沉降时，应立即修补、加固或采取其他处理措施，并查明原因，做好记录。遇路堑边坡塌方时，应及时清除，未经加固的高路堤和路堑边坡及潮湿地区的土质路基边坡上的积雪应及时清除，以免危害路基。当路基构造物有变形时，应详细查明原因，及时修复，使之保持稳定。

路基工程完工后，每当大雨、连日暴雨或积雪融化期间，应控制施工机械和车辆在土质路基上通行以避免积水，若不能避免时，应及时排干积水，整平压实。

第三节 挖方路堑施工

路堑开挖是将路基范围内设计高程之上的天然土体挖除并运到填方地段或其他指定地点的施工活动。开挖路堑将破坏土体原来的平衡状态，开挖时保证挖方边坡的稳定性是一个十分重要的问题。深长路堑往往工程量巨大，开挖作业面狭窄,常常是一段路基施工进度的控制性工程。因此,应因地制宜,以加快施工进度、保证工程质量和施工安全为原则,综合考虑工程量大小、路堑深度与长度、开挖作业面大小、地形与地质情况、土石方调配方案、机械设备等因素,编制切实可行的开挖方式。

一、土质路堑开挖

土方路堑开挖根据路堑深度和纵向长度,开挖方式分为横挖法、纵挖法及混合式开挖法三种。

(一)横挖法

从路堑的一端或两端在横断面全宽范围内向前开挖路堑的方式,称为横挖法。其主要适用于短而浅的路堑。路堑深度不大时,一次挖到设计高程的开挖方式称为单层横挖法。若路堑较深,为增加作业面,以便容纳较多的劳动力和施工机械,做到多层、多方向出土,以加快施工进度,而在不同高度上分几个台阶同时开挖的方式称为多层横挖法。多层横挖法的各施工层面应具有独立的出土通道和临时排水设施。每层挖掘深度根据工作方便和施工安全而定,人力横挖法施工时,一般为 $1.5 \sim 2.0m$;机械横挖法施工时,每层台阶深度可加大到 $3 \sim 4m$。当运距较近时用推土机进行开挖;运距较远时宜采用挖掘机配合自卸汽车进行开挖,或用推土机推土堆积,再用装载机配合自卸汽车运土。机械开挖时,边坡应配以平地机或人工分层修刮平整。

(二)纵挖法

纵挖法是开挖时沿路堑纵向将开挖深度内的土体分成厚度不大的土层依次开挖的方法,分为分层纵挖法、通道纵挖法和分段纵挖法三种。

1. 分层纵挖法

沿路堑全宽以深度不大的纵向分层挖掘前进的路堑开挖方式,称为分层纵挖法。本法适用于较长的路堑开挖。施工中当路堑的长度较短(不超过100m),开挖深度不大于3m时,若地面横坡较陡,宜采用推土机作业,其适当运距为 $20 \sim 70m$,最远不宜超过100m;若地面横坡较平缓,表面宜横向铲土,下层的土宜纵向推运;若路堑横向宽度较大,宜采用两台或多台推土机横向联合作业;当路堑前傍陡峻山坡时,宜采用斜铲推土。当路堑长度较长(超过100m)时,宜采用铲运机或铲运机加推土机助铲作业。

2. 通道纵挖法

沿路堑纵向挖掘一通道,然后将通道向两侧拓宽,上层通道拓宽至路堑边坡后，再开挖下层通道，按此方向直至开挖到挖方路基顶面高程，这种开挖路堑的方式称为通道纵挖法。这是一种快速施工的有效方法，通道可作为机械运土和出土的路线，便于土方挖掘和外运的流水作业。本法适用于较长、较宽、较深而两端地面坡度较小的路堑开挖。

3. 分段纵挖法

沿路堑纵向选择一个或几个适宜处，将较薄一侧路堑横向挖穿，将路堑在纵向按桩号分成两段或数段，各段再纵向开挖，这种开挖路堑的方式称为分段纵挖法。本方法适用于路堑过长，弃土运距过远的傍山路堑，或一侧的堑壁不厚的路堑开挖，同时还应满足其中间段有经批准的弃土场、土方调配计划有多余的挖方废弃的条件。

（三）混合式开挖法

混合式开挖法，即将横挖法与通道纵挖法混合使用，先沿路堑纵向开挖通道，然后从通道沿横向坡面挖掘，以增加开挖坡面。每一坡面应能容纳一个施工作业组或一台机械作业。在挖方量较大地段，还可沿横向挖通道以安装运土传送设备或布置运土车辆。这种方法适用于路堑纵向长度和深度都很大的地段。

路堑开挖应自上而下进行，不得超挖滥挖。在不影响边坡稳定的条件下可采用小型爆破以提高开挖效率，并且应保证开挖过程中及竣工后能顺利排水。在开挖过程中，当土质发生变化时，应及时修改施工方案和边坡坡度。对于已开挖的适宜种植草皮和有其他用途的土，应储备利用。路堑路床的表层土若为有机土、难以晾干或其他不宜作路床的土时，应用符合要求的土置换，然后按路堤填筑要求进行压实。

二、石质路堑开挖

由于岩石坚硬，石质路堑开挖往往比较困难，这对路基施工进度影响很大，尤其是工程量大而集中的山区石方路堑更是如此。因此，采用何种开挖方式以加快工程进度，是石质路堑开挖需要解决的重要问题。通常，应根据岩石类别、风化程度、节理发育程度、施工条件及工程量大小等选择爆破法、松土法或破碎法进行开挖。对于软石和强风化岩石，能用机械直接开挖的均应采用机械开挖，也可人工开挖。凡不能使用机械或人工直接开挖的石方，则应采用爆破法开挖。

(一)爆破法开挖

爆破法是利用炸药爆炸的能量将土石炸碎以利挖运或借助爆炸能量将土石移到预定位置的方法。用这种方法开挖石质路堑具有工效高、速度快、劳动力消耗少、施工成本低等优点。对于岩质坚硬,不可能用人工或机械开挖的石质路堑,通常要采用爆破法开挖。爆破后用机械清方,是非常有效的路堑开挖方法。

根据炸药用量的多少,爆破法分为中小型爆破和大爆破,其中使用频率最高的是中小型爆破,大爆破的应用则受多种因素限制。例如,开挖山岭地带的石方路堑时,若岩层不太破碎,路堑较深且路线通过突出的山嘴时,采用大爆破开挖可有效提高施工效率。但如果路堑位于页岩、片岩、砂岩、砾岩等非整体性岩体时,则不应采用大爆破开挖。尤其是路堑位于岩石倾斜朝向路线且有夹砂层、黏土层的软弱地段及易坍塌的堆积层时,禁止采用大爆破开挖,以免对路基稳定性造成危害。

1. 爆破原理

为了爆破某一岩体,在其中或表面放置一定数量的炸药,称为药包,根据其形状和集结程度的不同,分为集中药包、延长药包和分集药包三种。凡药包形状接近球形或立方体,还有高度不超过直径四倍的圆柱体和最长边不超过最短边四倍的直角六面体,均属于集中药包;相反,药包的长度或高度超过上述情况者,属于延长药包;分集药包是提高炸药有效能量利用率的新型装药方式,它是将一个集中药包分为保持一定距离集中的子药包。

药包在无限介质内的爆破作用。药包在无限介质内爆炸时,炸药在瞬间转化成气体状爆炸产物,体积增加数千倍乃至上万倍,形成高温高压,产生的冲击波以每秒数千米的速度自药包中心按球面等量扩展,传递到周围介质,在介质内产生各种不同程度的破坏和振动作用,这种作用随距药包中心距离的增大而逐渐消失。按介质被破坏的不同程度,将药包爆炸影响的范围分为以下四个区。

①压缩圈。在此作用圈范围内,介质直接承受药包爆炸产生的巨大作用力。若介质为坚硬的脆性岩石,则将会被爆炸能量粉碎;若介质为可塑性土,则将会被压缩而形成空腔。

②抛掷圈。此作用圈所受的爆破作用力虽较压缩圈内小,但介质原有的结构将受到强烈破坏而破裂成碎块,且爆炸力尚有足够能量使这些碎块获得运动速度。若药包在有限介质内,这些碎块的一部分会向临空面(即自然地面)方向抛掷出去。在无限介质内不会产生任何的抛掷现象。

③松动圈。此作用圈范围内爆破作用力更弱,但能使介质结构受到不同程度破坏,但没有较大的位移,因而叫松动圈。

④振动圈。此作用圈范围内微弱的爆破作用力不能使介质产生破坏,而只能产生振动现象。振动区以外,爆破作用的能量就完全消失了。

以上几个受影响区域受到的作用就称为药包的球形爆破作用。

球形爆破作用,在具有临空面的表面,都会出现一个爆破坑,一部分被炸碎的土石被抛出坑外,一部分仍回落到坑底,爆破坑形状好像漏斗一样,故称爆破漏斗。爆破漏斗的形状和大小,既与药包量大小、炸药性能、介质类别有关,又与临空面的数量和所处边界条件有关。

2. 爆破器材

爆破器材又叫火工产品,分军用与民用两大类。民用爆破器材又称工业爆破器材,包括炸药、雷管、导火索等。

(1) 炸药

炸药就是能够发生化学爆炸反应的物质。公路工程施工中最常用的是硝铵炸药中的岩石铵梯炸药,具有中等威力和一定敏感性,在8号雷管的作用下可以充分起爆,是安全的炸药。但其受潮和结块后,爆破性能会降低,而生成的有毒气体明显增加。湿度超过3%则可能会拒爆,湿度大于0.5%时不得用于地下,大于1.5%时不得用于露天爆破。

(2) 雷管

雷管是用来起爆炸药的,其按点火方式分为电雷管与火雷管。用导火索引爆的雷管叫火雷管,分6号、8号两种,除有沼气的地方和矿井中不用外,可用于一般爆破工程,使用中注意纸壳雷管防潮;电雷管的构造与火雷管基本相同,只是增加了一个电气点火装置,根据雷管中主装药量不同其分为6号、8号两种。

延期电雷管与瞬发电雷管的不同点只是延期电雷管在电气点火装置与起爆炸药之间有一段缓燃导火索,根据导火索燃烧时间不同,延长起爆时间也不同,延长时间以秒、毫秒计。

一个作业面需要同时爆炸的,用瞬发电雷管;需要不同时爆炸制造临空面以扩大爆破效果的,用延期电雷管。

(3) 导火索和火花起爆

导火索是一种以黑火药为药芯,以一定燃速传递火焰的索状火工品。导火索以火点燃,用以引爆火雷管或黑火药包,按燃烧速度其可分为普通导火索和缓燃导火索,每米燃烧速度分别为 100~125s 与 180~215s。

火花起爆法是利用导火线燃烧引爆雷管,从而使药包爆炸的一种起爆方法。

(4)导爆索和导爆索起爆法

导爆索其索芯用高级烈性炸药制成,按其包缠结构分为棉线导爆索和塑料导爆索。由于导爆索着火较困难,使用时要在药室外的一段导爆线上捆扎一个8号雷管来起爆。由于导爆索的爆速快,每秒可达6 000米,故适用于深孔洞室爆破。

(5)塑料导爆管非电起爆方法

塑料导爆管由高压聚乙烯制成,内、外径分别为1.4mm和3mm的软管,内装以混合炸药,药量为14～16mg/m。国产塑料导爆管爆速为1 600～2 500m/s,可用雷管、导爆索、火帽、引火头等产生冲击波的器材激发,通过塑料导爆管传递到雷管使雷管激发而起爆。起爆网络与药包的联结方式有并联、串联、簇联和复式联结法等,由于该起爆法具有抗杂电、操作简便、使用安全可靠、成本较低等优点,所以其有逐渐替代导火索和导爆索起爆法的趋势。

3.常用爆破方法

开挖岩石路基所采用的爆破方法一般分为中小型爆破和大爆破两大类。

(1)中小型爆破

中小型爆破主要包括裸露药包法、炮孔法、药壶法和猫洞法等。

①裸露药包法。这种方法是将药包置于被炸物体表面或经过清理的石缝中,药包表面用草皮或稀泥覆盖,然后进行爆破。由于炸药利用率低,这种方法仅限用于爆破孤石或大块岩石的二次爆破。

②炮孔法。根据炮孔的深浅不同,炮孔法又可分为浅孔爆破法和深孔爆破法。

a.浅孔爆破法。此方法又称为钢钎炮,它是在被爆破的岩石内钻凿直径为25～75mm、深度为1～5m的炮孔进行装药爆破。由于炮孔浅,用药量少,每次爆破的石方量不大(通常不超过10m³),在路基石方工程量大而集中时,很少采用这种方法。但这种方法操作简单、机动性好、耗药量少,在工程分散、石方量少及地形艰险地段时仍是比较适宜的爆破方法。其在大规模爆破工程施工中是一种改造地形、为其他爆破方法创造临空面的辅助爆破方法。

b.深孔爆破法。此方法就是孔径一般为75～120mm、深度大于5m,使用延长药包的一种爆破方法。炮孔需用大型的凿岩机或钻孔机打孔。这种爆破方法装药量大,一次爆破量大,施工进度快,爆破效率较高,对路基边坡

公路施工及后期养护研究

稳定性影响比大爆破小，爆破效果容易控制，比较安全。但这种方法需要使用大型机械，施工准备和转移工地比较困难，因此其多用于石方工程量大而集中的工地。深孔爆破后仍有10%～25%的大石块需进行二次爆破以方便清方。

当最小抵抗线穿过不同岩层时，可用加权平均方法计算，或以占大于30%最小抵抗线的岩性值，作为整个药包尺寸的值。当所遇岩体节理发育或风化严重时，可酌情降低岩石等级1～2级选用值。

③药壶法（葫芦炮）。此方法俗称葫芦炮，爆破时先将少量炸药装入炮孔底部，经一次或多次烘膛后扩大成葫芦形，这样炸药将基本集中于炮孔底部的药壶内，使爆破效果大大提高。药壶法炮孔深度常为5～7m，装药量为10～60kg，适用于开挖均匀致密的黏土（硬土）、次坚石、坚石。但对于炮眼深度小于2.5m，节理发育的软石，地下水较发育或在雨季施工时不宜采用。

药壶法每次可炸岩石数十方到百余方，是中小型爆破中最省炸药的方法。一般布置在有较大较多临空面、地面横坡较陡的地段，但不宜靠近设计边坡布设，药室至设计边坡线的水平距离不宜小于最小抵抗线。炮孔烘膛后应将药室内的碎渣掏净。

④猫洞法。此方法是将集中药包直接放入直径为0.2～0.5m、深度为2～6m的水平或略微倾斜的炮洞底部进行爆破。这种方法的特点是能充分利用岩体崩坍作用，能用较浅的炮洞爆破较高的岩体，适用于硬土、胶结良好的古河床、冰渍层、软石和节理发育的次坚石等，还可以利用坚石的裂隙形成炮洞或药室进行爆破。猫洞法爆破的炮洞深度应与台阶高度和自然地面横坡相配合，遇高阶梯时应布置多层药包。炮洞可根据岩土类别，分别采用浅眼烘膛、深眼烘膛和内部扩眼等方法形成。

⑤微差爆破。此方法是指相邻两个药包或前后排药包以数十毫秒的时间间隔（一般为15～75ms）依次起爆。微差爆破的特点是在装药量相等的条件下，可减振1/3～2/3左右；前发药包为后发药包开创临空面，从而加强了对岩石的破碎作用，同时可降低岩石堆集高度以利清方。由于该方法是依次爆破，减少了岩石夹制力，可节省20%的炸药，并可增大孔距，提高每米钻孔的爆破方量。多排孔微差爆破是浅孔、深孔爆破的发展方向。

⑥光面爆破和预裂爆破。这两爆破都属于控制爆破。光面爆破是在开挖界面的周边，适当排列一定间隔炮孔，在有侧向临空面的情况下，用控制抵抗线和落量的方法使爆破后的坡面顺直、平整。预裂爆破是在开挖界限处按适当间隔排列炮孔，在没有侧向临空面和最小抵抗线的情况下，用控制用药量的方法，预先炸出一条裂隙，使拟爆破岩体与山体分离，作为隔震减震带，

从而消除和减弱开挖界面以外山体或建筑物受爆破震动的破坏作用。

4. 大爆破

大爆破是采用导洞和药室装药，用药量在 1 000kg 以上的爆破。大爆破具有威力大，效率高，节约劳力等优点。但若使用不当，其则会破坏山体自然平衡，产生意外塌方，还可能在路基建成后遗留后患，长时间影响路基正常使用。

导洞和药室的开挖，约占大爆破全部准备工作时间的 70%，因此应在施工中合理组织人力，充分发挥机械效率，加快开挖进度。为使药包集中，药室宜做成近似立方体，药室断面应按设计规范开挖。导洞与药室之间用横洞连接，二者保持垂直，药室中心距导洞中心一般不小于 2.5m。导洞分竖井和平洞两种，竖井深度不宜大于 16m，如超过或有地下水时，最好采用平洞，平洞总长度以 30m 左右为宜。选用竖井或平洞时，除考虑施工进度外，还应考虑爆破效果。平洞采用梯形断面，断面尺寸为 1.8m×（0.8+1.2）m，断面最小尺寸不应小于 1.4m×0.8m 的长方形。竖井断面尺寸与竖井深度有关，当深度 H 大于 15m 时，断面最小尺寸不应小于 1.4m×1.2m。土质竖井可采用直径不小于 1.0m 的圆形断面或边长不小于 1m 的正方形断面。竖井开挖深度大于 6m 时，应采取通风措施。导洞和药室开挖，可用风钻或掏槽眼，炮眼深度不应大于工作面最小边长的 0.6～0.8 倍，如岩石节理发育，导洞和药室应考虑临时支撑。

为了达到使路基设计断面内的岩体大量抛掷（抛坍）出、减少爆破后的清方工作量、保证路基稳定性等目的，有关工作人员应根据施工地段的地形和地质条件，采用合适的爆破形式并进行爆破设计。采用大爆破施工，必须做好技术设计，有详细技术经济论证和边坡稳定性分析，并报主管部门审核批准后方可实施。

大爆破的技术设计文件如下。

①工程名称、概述、工程概况、爆破地点（桩号）、工程数量、地形特征、预计爆破范围、要求或预测爆破效果、工期。

②自然条件及工程地质、水文地质资料。

③爆破方案及类型说明。

④药室位置的布置图，包括平面图和导洞药室剖面图、用药量和爆破网络的主要计算资料。

⑤施工方案和施爆步骤。

⑥爆破危险区预计。

⑦安全措施。

⑧劳动力、机械、材料费用与经济指标。

⑨大爆破施工的总平面布置图，纵横剖面图，药室位置图。平面图比例范围为1∶500～1∶200，在平面及纵横剖面上应示出爆破范围、药室位置、用于爆破工程的电缆、电线网络及安全警戒位置等。

在地质不良地段，如滑坡体、断层破碎带、周围有重要建筑物及人烟稠密的城镇附近等条件下，公路石方开挖不宜采用大爆破。

5. 选用各种爆破方法的原则

以上爆破方法各有特点，应因地制宜，利用地形地质等客观条件，充分发挥各种爆破方法的优势，尽可能综合使用各种爆破方法，达到爆破方量大、炸药用量少、路基边坡稳定的最佳效果。选用爆破方法应按以下原则进行。

①全面规划，重点设计。对拟爆破的路基工程，应根据其工程量大小和集中程度、微地形变化、横断面形式及地质条件所能允许的爆破规模等，结合各种爆破方法的特点进行全面规划，确定哪些地段采用洞室炮、深孔炮，哪些地段采用小炮群（一般中心挖深大于6m时，可采用洞室炮，小于6m可采用小炮群）及各段的开挖顺序。然后对石方较集中的地段进行重点设计。

②正在进行的爆破应为后续爆破创造条件，增加临空面，提高爆破效率。

③综合利用小炮群，分段分批爆破。

根据不同的客观条件，采用不同的爆破方法，可以使工效提高2～10倍，劳动强度也可大大减轻。但由于单位耗药量都比小炮定额高2～4倍，因此工程造价降低并不显著。为了降低工程造价，有条件时可在综合爆破中采用铵油炸药。

虽然综合爆破具有不少优点，但是在快速施工方面仍有很多不足。目前，特别严重的是导洞掘进和清方这两道工序很慢，一般人工开挖导洞就需要15～30天，爆破后虽有65%左右的岩体被抛掷（抛坍）出路基，但剩下岩体若用人工清方，仍需较长时间。这种两头慢中间快的不协调现象，只有采用机械化打眼和机械化、半机械化清方的办法才能改变。

6. 爆破作业

所有的爆破作业均应由操作熟练、受过专业培训并取得爆破资格的人员进行。

（1）施爆区管理

需要进行爆破作业的路段，应先进行空中线缆平面位置及高度、地下管线的平面位置及埋置深度的详细调查。同时，还要调查开挖边界线以外的建筑物结构类型、完好程度、距开挖界面距离等，作为进行爆破方法选择和爆破设计的依据。任何方式的爆破，都要保证空中线缆、地下管线和施爆区边界内建筑物的安全。

（2）炮孔位置选择与钻孔

炮孔位置选择应注意以下几点。

①炮孔设计应充分考虑岩石的产状、类别、节理发育程度、溶蚀情况等，炮孔药室应避开溶洞和大的裂隙。

②避免在两种硬度相差较大的岩石交界面上设置炮孔、药室。

③非群炮的单炮或数炮施爆，炮孔宜选在抵抗线最小、临空面较多且与各临空面距离大致相等的位置，同时为下次布设炮孔创造更多的临空面。

④应根据地形、岩石类别、炮型等确定群炮炮孔间距，炮孔位置应准确。群炮宜分排或分区采用微差爆破。

备炮孔方向宜与岩石临空面大致平行，一般按岩石外形、节理、裂隙等情况，分别选择正炮孔、斜炮孔、平炮孔或吊炮孔。

钻孔作业分人工钻眼和机械钻眼两种。人工钻孔操作简单，工具简便，但效率低，适宜于工程量较小，工期要求不严的石质路堑开挖；当工程量大，工期紧时，应采用风钻和潜孔钻等机具钻孔。炮孔钻成后，应将其中的石粉、石渣或泥浆清除干净并将孔口塞好。

（3）爆破器材检查与试爆

为保证施工安全，爆破器材在使用前应进行安全检查，不符合施工要求的变质器材不得使用；炸药的名称、规格应与实际相符，有怀疑时应进行性能试验；各种炸药的含水量应符合黑火药不大于1%，硝铵炸药不大于3%，铵油炸药不大于5%的要求；雷管应符合规定的性能要求，外形完整，加强帽不脱落变形，无药粉漏出；火雷管的发火处不得有铜锈，必要时可进行试爆鉴定；导火索和传爆线应进行燃速试验，其燃速应稳定一致，否则不能在群炮中使用。

（4）装药、堵塞与引爆

向炮孔内装填炸药是一项细致而危险的工作，必须由经过专业培训的人员操作。装药时无关人员应撤离危险区，装药现场严禁火源、电源。装药与堵塞炮孔应连续而快速进行，避免炸药受潮而降低威力。不得在雨雪、大风、雷电、浓雾天气及黑夜装药；不得使用铁器装填散装的黑火药，可用木片或竹片将炸药装入孔中，再将导火索插入，用木棍轻轻捣实。可使用散装黄色炸药装填炮孔，也可将包装成条状药包的黄色炸药直接装入，待炸药装入一半时，将插好导火索的雷管放入，再散装另一半炸药，最后用木棍轻轻捣实。

炮孔必须堵塞 1/3 的深度，否则容易出现冲天炮，因此装药量大致为炮孔深度的 1/3 ～ 1/2，特殊情况下不得超过 2/3，最少不能少于炮孔深度的 1/4。

炮孔可用细砂土、黏土等堵塞，最好用最佳含水量时的黏土、粗砂混合料堵塞。炸药装好后，先用干砂灌入并捣实，然后用堵塞料塞满炮孔、捣实，捣实时应保护导火索或电爆线。炮孔堵塞完毕后要立即布置安全警戒，组织施爆区和飞石、强震影响区内的人畜疏散，布置安全警戒岗，封闭所有与施爆区相通的路径，做好起爆准备。

引爆前应向安全警戒范围发出引爆信号，以确保施工安全。引爆火雷管时，应指定专人按规定顺序点火。点火时用草绳或香火引燃导火索，禁止用明火引爆。电雷管用接通电源的方法引爆。点火引爆后，应仔细记录爆炸的炮数，当爆炸的炮数与装药引爆的炮数相同时，可解除安全警戒；若炮数不相等，应在最后一炮响过 30min 后再解除警戒。

（5）瞎炮处理。点火后未爆炸的炮称为瞎炮，也叫拒爆药包，必须尽快清除。清除瞎炮不但费工费时，影响施工进度，而且清除工作有一定的难度和危险性，因此在施工过程中应尽量避免产生瞎炮。产生瞎炮的原因有雷管、导火索受潮失效；导火索与雷管接头脱开；堵塞炮孔时导火索被扯断；炮孔潮湿有水；点炮时漏点等。

清除瞎炮时要先找出其位置，在其附近重新打眼，布置新的药包，通过引爆新炮使瞎炮一起爆炸。若瞎炮为小炮且为一般炸药时，可用水冲洗处理。瞎炮清除后方可解除警戒，随后进行清方工作。

（二）松土法开挖

松土法开挖是充分利用岩体自身存在的各种裂缝和结构面，用推土机牵引的松土器将岩体翻碎，再用推土机或装载机与自卸汽车配合，将翻松的岩块搬运到指定地点。松土法开挖避免了爆破法所具有的危险性，而且有利于开挖边坡稳定与附近建筑物安全，凡能用松土法开挖的石方路堑，应尽量不采用爆破法施工。随着大功率施工机械的使用，松土法越来越多地应用于石质路堑的开挖，而且开挖的效率也越来越高，能够用松土法施工的范围也越来越广。

松土法开挖的效率与岩体破裂面情况和风化程度有关。岩体被破碎岩石分隔成较大块体时，松开效率较高；当岩体已裂成小块或粒状时，只能劈成沟槽，效率较低。砂岩、石灰岩、页岩等沉积岩有沉积层面，是比较容易松开的岩石，沉积层越薄越容易分开。花岗岩、玄武岩、安山岩等岩浆岩不呈层状或带状，松开比较困难。片麻岩、片岩、石英岩等变质岩，松开的难易程度视其破裂面发育程度而异。

多齿松土器适用于松动较破碎的薄层岩体，单齿松土器则适用于松动较坚硬的厚层岩体。松土器型号及松土间隔应根据岩石强度、裂隙情况、推土机功率等选择，最好通过现场松土器劈松试验来确定。遇到较坚硬的岩石，松土器难以贯入，引起推土机后部翘起或履带打滑时，可用另一台推土机在松土器顶推。若岩石较为完整与坚硬，可先进行适当的浅孔松动爆破，再进行松土作业。

（三）破碎法开挖

破碎法开挖是利用破碎机凿碎岩块，然后进行挖运等作业。凿子一般安装在推土机或挖掘机上，利用活塞的冲击作用使凿子产生冲击力以凿碎岩石，其破碎岩石的能力取决于活塞的大小。破碎法宜用于岩体裂缝较多，岩块体积较小，抗压强度低于 100MPa 的岩石。破碎法的工效不高，不宜作为开挖岩石的主要的方法，仅适用于不能使用爆破法或松土法施工的局部场合，作为爆破法和松土法的辅助作业方式。

以上三种开挖方法各有特点，应视施工条件合理选用。

第四节　路基排水、防护与加固

一、路基排水的目的及设计原则

（一）路基排水的目的与要求

路基的填筑与压实要求在达到或接近最佳含水量时进行，以获得最大的密实度。此时，水的有益作用是显而易见的。然而，当浸入路基的水分过多便会危害路基。就路基病害的规模、范围、成因、类型及其程度而言，水往往是决定性的因素之一。因此，路基排水设计是路基设计中必不可少的项目和内容之一。

根据水源的不同，影响路基的水流可分为地面水和地下水。因此，路基排水可分为地面排水和地下排水两大类。

地面水包括大气降水（雨和雪）和海、河、湖、水渠及水库水。地面水对路基会产生冲刷和渗透，冲刷可能导致路基整体稳定性受损害，形成水毁现象。渗入路基土体的水分会使土体过湿而降低路基强度。

地下水包括上层滞水、潜水及层间水等，它们对路基的危害程度，因条件不同而异。轻者能使路基湿软，降低路基强度；重者会引起冻胀、翻浆或边坡滑塌,甚至整个路基沿倾斜基底滑动。水还可能造成掺有膨胀土的路基工程毁灭性破坏。

路基排水的目的就是将路基范围内的土基湿度降低到一定限度以内,保持路基常年处于干燥状态,确保路基及路面具有足够强度和稳定性。

路基设计时,必须考虑将来会影响路基稳定性的地面水,将其排除和拦截于路基用地范围以外,并防止地面水漫流、滞积或下渗。对于影响路基稳定性的地下水,则应予以隔断、疏干和降低,并引导至路基范围以外的适当地点。

路基施工中,首先应校核全线路基排水系统的设计是否完备和妥善,必要时应予以补充或修改,应重视排水工程的质量和使用效果。此外,根据实际情况与需要,设置施工现场临时性排水设施,以保证路基土石方及附属结构物在正常条件下进行施工作业,消除路基基底和土体内与水有关的隐患,保证路基工程质量,提高施工效率。临时性排水设施宜尽量同永久性排水设施相结合,以减少临时工程的费用。

路基养护中,对排水设施应定期检查与维修,以保证排水设施正常使用,水流畅通,并根据实际情况不断改善路基排水条件。

高速公路路基排水的目的、要求及设计原则与一般等级公路基本上是一致的。但由于高速公路的重要性,沿线构造物不应受到水的危害而降低或失去它的使用功能,而且其修复的复杂性和难度性大,费用也高,因此高速公路的路基排水综合设计就更为重要。

(二)路基排水设计的一般原则

①排水设施要因地制宜、全面规划、合理布局、综合治理、讲究实效、经济适用,并充分利用有利地形和自然水系。一般情况下地面和地下设置的排水沟渠,宜短不宜长,以使水流不过于集中,做到及时疏散,就近分流。

②各种路基排水沟渠的设置应注意与农田水利相配合,必要时可适当增设涵管或加大涵管孔径,以防农业用水影响路基稳定。路基边沟一般不应用做农田灌溉渠道,两者必须合并使用时,边沟的断面尺寸应加大,并予以加固,以防水流危害路基。

③路基排水设计前必须进行调查研究,查明水源与地质条件,重点路段要进行排水系统全面规划,考虑路基排水和桥涵布置相结合,做到路基路面综合设计与分期修建。对于排水困难和地质不良的路段,还应与路基防护与加固相配合,并进行特殊设计。

④路基排水要注意防止附近山坡水土流失,尽量不破坏天然水系,不轻

易合并自然沟溪和改变水流性质，尽量选择有利地形条件布设人工沟渠，减少排水沟渠防护与加固工程。对于重点路段的主要排水设施，还有土质松软和纵坡较陡地段的排水沟渠，应注意必要的防护与加固。

⑤路基排水要结合当地水文条件和公路等级等具体情况，注意就地取材，以防为主，防治结合。排水沟渠既要稳固适用，又必须讲究经济效益。

二、路基地面排水设施的构造与布置

常用的路基地面排水设施有边沟、截水沟、排水沟、跌水与急流槽、倒虹吸管与渡水槽及蒸发池等几种。

（一）边沟

挖方路基及填土高度低于路基设计要求临界高度的路堤，在路肩外缘或坡脚外侧均应设置纵向人工沟渠，其被称为边沟（或称侧沟），主要功能是排泄路基顶面及边坡汇集起来的地面水。常用的边沟断面形式有梯形、矩形、三角形和碟形等。

高速公路、一级公路宜采用三角形或碟形边沟，条件受限而需采用矩形边沟时，应在顶面加带槽孔的混凝土盖板；二级及二级以下公路的土质边沟用梯形，石质边沟用矩形；易于积雪或积沙的路段宜用碟形；较矮路堤边沟可用三角形；公路两侧为农田时，可采用石砌矩形边沟，以少占农田。

边沟的纵坡一般应与路线纵坡一致，且不宜小于0.3%，以防淤积。边沟的单向排水长度一般在300～500m，否则应增设排水沟或涵洞，将水引到路基范围以外。

（二）截水沟（天沟）

设在路基上方，以拦截地面水流向路基的人工沟渠，称为截水沟。截水沟多数设在挖方边坡坡顶外侧或山坡路堤上方的适当地点，主要是保护边坡不受地面水冲刷，减少边沟的水量，是多雨地区、山岭和丘陵地区路基排水的重要设施之一。其长度以200～500m为宜，超过500m时，可在中间适宜位置增设泄水口，由急流槽或急流管分流引排。

（三）排水沟（引水沟）

排水沟主要用于将来自边沟、截水沟或其他水源的水流排泄至就近桥涵或河谷中，以形成整个排水系统。排水沟的横断面一般采用梯形，尺寸大小应经过水利水文计算选定。

(四）跌水与急流槽

上述各种排水设施的纵坡均有限制，以免水流速度太快，造成冲刷破坏。跌水与急流槽均为人工排水沟渠的特殊形式，用于山区陡坡地段，沟槽的纵坡可达7%以上（跌水）或更陡（急流槽），是山区公路路基排水常见的结构物。

跌水是一种将沟底设成台阶状的人工沟渠。当排水沟进入涵洞前，高边坡上需要在短距离内将水引到坡脚处，陡坡路段（坡度大于7%）的边沟，还有其他需要水流消能减速时，均可设置跌水。跌水的构造可分为进水口、消力池和出水口三个组成部分。

急流槽的纵坡比跌水更陡，要求坚固耐用，通常在短距离内遇有排泄急速水流时考虑采用。急流槽的构造可分为进口、槽身和出口三个组成部分。

由于纵坡大、水流湍急、冲刷作用严重，所以跌水和急流槽必须采用浆砌石块或水泥混凝土砌筑，且应埋设牢固。

（五）倒虹吸管与渡水槽

当水流需要横跨路基，同时设计高程又受到限制时，可采用管道和沟槽，从路基底部或上部架空跨越，前者为倒虹吸管，后者为渡水槽，分别相当于特殊的涵洞和渡水桥，属于路基地面排水的特殊结构物。

（六）蒸发池

在气候干旱、平坦地面排水困难地段，可在离路基适当的地方利用沿线的集中取土坑或专门开挖的凹坑修筑蒸发池，以汇集路界地表水，靠自然蒸发或下渗将水排除。

三、路基地下排水设施的构造与布置

公路路基的地下排水，主要是为了截断与排除流向路基的地下水，其中包括层间水或泉水等，使之不致侵蚀路基；有时也用于降低地下水位，隔断毛细水上升或排除路基下面积水。地下排水设施的投资较大，维修较困难，因此应尽量不设或少设。当地下水位较高且路基高程受到限制时会造成路基水温条件差，影响路基的强度与稳定性时可考虑采用。

常用的地下排水设施有暗沟、渗沟和渗井等。

（一）暗沟

暗沟是设在地面以下引导水流的沟渠，无渗水和汇水功能。暗沟的主要作用是把路基范围内的泉水或渗沟所拦截、汇集的水流排到路基范围之外。

暗沟可分为洞式和管式两大类。沟宽或管径按水流量大小决定，一般为

20～30cm，净高 h 约为20cm。若两侧沟壁为石质，盖板可直接放在两侧石壁上，盖板周围用碎（砾）石做成反滤层，反滤层顶部设双层反铺草皮，再用黏土夯实。沟底纵坡不小于1%，不允许出现倒灌现象。冰冻地区暗沟的埋置深度应大于当地冰冻深度。

（二）渗沟

渗沟是以渗透的方式吸收降低地下水位，汇集和拦截流向路基的地下水，并通过沟底通道将水排到路基范围以外的指定地点，使路基上部保持干燥。根据地下水分布情况，渗沟可设在边沟、路肩、路基中线以下或路基上侧山坡适当位置。

按排水构造的不同，渗沟可分为填石渗沟（盲沟）、管式渗沟、洞式渗沟三种形式，均由排水层、反滤层和封闭层组成。填石渗沟与暗沟相似，但构造更为完美。当地下水流量较大、需要埋置更深时，可采用洞式渗沟。当排除地下水的流量更大或排水距离较长时，可考虑采用管式渗沟，一般用陶土管或混凝土预制管，管的内径由水力计算确定，一般为0.4～0.6m，管壁上留有交错排列的渗水孔。

（三）渗井

将排不出的地表水或边沟水渗到地下水层中而设置的用透水材料填筑的竖井称为渗井。

渗井构造分为上部集水部分和下部排水部分。渗井断面一般为矩形或圆形，尺寸不小于0.6m，填筑砂石材料时由外向内，粒径由小到大。顶部用黏土夯实，并加设混凝土盖板。

四、路基防护与加固

（一）防护与加固的意义

由岩土修筑成的路基，由于长期大面积受自然因素侵蚀，在不利水温作用下，其物理、力学性质将发生变化，导致路基产生较大变形甚至破坏。所以在设计路基时，应对路基位置、横断面尺寸、岩土组成等方面综合考虑。

为确保路基的强度和稳定性，路基的防护和加固也是不可缺少的工程技术措施。随着公路等级的提高，为保证正常的汽车运输，减少公路灾害，确保行车安全，保持公路与自然环境协调，保证公路使用品质，提高投资效益等，路基防护与加固更具有重要意义。

（二）防护与加固的分类

路基防护与加固设施主要有边坡坡面防护、沿河路堤河岸冲刷防护与加固、湿软地基的加固处理及路基支挡工程等。

1. 坡面防护

坡面防护的作用主要是隔离大气与路基接触，保护路基边坡的整体稳定性，在一定程度上还可以美化路基和调节自然环境。

常用的坡面防护设施有植物防护、圬工防护、骨架植物防护三种。

（1）植物防护

植物防护可以美化路容、调节环境、调节边坡土的湿润度，起到固结和稳定边坡作用。它在高度不大、坡度比较平缓的土质边坡上应用非常简易有效，其方法有种草、铺草皮、拉伸网草皮和植树等。

①种草：适用于坡度不陡于1∶1的土质边坡。

②铺草皮：适用于边坡坡度不陡于1∶1的土质和强风化、全风化的岩石边坡。

③拉伸网草皮：在土工网或土工垫等合成材料上铺设3～5cm的种植土层，经过撒种、养护后形成的人工草皮。

④植树：适用于边坡坡度不陡于1∶1.5的土质和全风化的岩石边坡。

（2）圬工防护

当不宜使用植物防护或考虑就地取材时，采用砂石、水泥、石灰等矿质材料进行的坡面防护称为圬工防护。它主要有喷护、挂网喷护、护坡、护面墙等形式。

①喷护：常用的喷护方法有喷掺砂水泥土、喷浆、喷射混凝土等。

对于易受冲刷的土质路堑边坡，坡度不陡于1∶0.75，宜采用喷掺砂水泥土，厚度为60～100mm；喷浆适用于边坡坡度不陡于1∶0.5的易风化但未遭强风化、全风化的岩石挖方边坡，厚度不小于50mm；喷射混凝土适用于边坡坡度不陡于1∶0.5的易风化但未遭强风化、全风化的岩石边坡，厚度不小于80mm。

②挂网喷护：挂网喷护是在清挖出的密实稳定的新鲜坡面上钻孔、安装锚杆、灌浆，然后挂上钢丝网或纤丝网，最后用高压泵喷射混凝土形成防护层。其适用于风化破碎的岩石边坡防护。

③护坡：护坡分为两种，即干砌片石护坡和浆砌片石护坡。

干砌片石护坡适用于土质路堤边坡或有少量地下水渗出的局部堑坡或局部土质堑坡嵌补，边坡坡度不陡于1∶1.25时分为单层铺砌和双层铺砌。

浆砌片石护坡适用于防护流速较大（3～6m/s）的边坡。

④护面墙：浆砌片石护面墙适用于边坡坡度不陡于1：0.5的土质和易风化剥落的岩石边坡，分为实体式、窗孔式、拱式等类型。

（3）骨架植物防护

对于仅用植物防护不足以抵抗侵蚀冲刷的黏土路基或高填路段，受雨水侵蚀和风化严重易产生沟槽的路段，还有土质不适宜植物生长和周围环境需要绿化的路段，可采用骨架植物防护。骨架植物防护可分为浆砌片石或混凝土骨架植物防护及水泥混凝土预制块骨架植物防护等形式。框架可为方格形、拱形和人字形等，框架内可铺种草皮、种草或采用其他辅助防护措施。

2. 冲刷防护

为了防止流水直接危害沿河、滨海路堤及有关海河堤坝护岸的堤岸边坡和坡脚，必须采用一定的防止冲刷的措施。冲刷防护的措施有直接和间接两类。

（1）直接防护

直接防护是为了防止水流直接危害路基或堤岸，防护重点在边坡和坡脚。直接防护包括植物防护、石砌防护或抛石与石笼防护，还有必要时设置的支挡（驳岸等）。植物防护和石砌防护与边坡防护所述基本相同，但冲刷防护的要求更高。

抛石防护一般多用于抢修工程，当使用的石块大小适当，级配合适并细心抛掷时，可取得较好效果。

石笼防护除可使沿河路堤及河岸免受水流和风浪的破坏外，还是加固河床、防止冲刷的常用措施。石笼的种类有铁丝石笼和竹、木石笼，形状有箱形和圆柱形。

（2）间接防护

间接防护是通过设置导流结构物改变水流方向，消除和减缓水流对堤岸直接破坏，减轻堤岸近旁淤积，彻底解除水流对局部堤岸的损害，起安全保护作用的防护。导流结构物主要有丁坝、顺坝、格坝等。

丁坝适用于宽浅变迁性河段，可采用堆石、干砌块石、石笼，还有内填渗水性土外用干砌片石等材料砌筑。

顺坝亦称导流坝，基本上不改变原有水流结构，一般用于河床断面窄小，不允许过多侵占或修建丁坝后河岸或边坡防护工程量大及地质条件不宜于修筑丁坝等情况下的导流防护。

顺坝一般采用石砌或混凝土结构，横断面一般为梯形，其要求大体与丁坝相同。

沿河路基受水流冲刷严重，或防护工程艰巨，还有路线在短距离内多次跨越弯曲河道时可改移河道，但改河方案需与当地政府及有关单位共同商定后才能实施。

3. 地基加固

路基敷设于天然地基上，自身荷载及行车荷载较大，因此要求地基具有足够的承载能力，以保持地基稳定。湿软地基主要是指天然含水量过大，胀缩性高，具有湿陷性，承载能力低，在荷载作用下容易产生滑动或固结沉降的土质地基，如软土泥沼、湿陷性黄土、人为垃圾、松散杂填土、膨胀土等。在软土地基上填筑路堤有可能出现失稳，或者沉降量和沉降速度不能满足要求时，对软土地基要进行适当处理，以增加其稳定性，减少沉降量或加速沉降。软土地基的处理方法很多，各种方法具有不同的特点，可得到不同的效果。以下主要介绍换填土层法、重锤夯实法、排水固结法、挤密法和化学加固法等几种常用的地基加固方法。

（1）换填土层法

该方法是将基底下一定深度范围的湿软土层挖去，换以强度较大的砂、碎（砾）石、灰土或素土，还有其他性能稳定、无侵蚀性的土类，并予以压实。其主要用于路基工程中低洼区域填筑、高填方路基及挡土墙与涵洞地基处理。

（2）重锤夯实法

重锤夯实法可提高地基表层土的强度，适用于地下水位 0.8m 以下稍湿的一般黏性土、砂土、湿陷性黄土、杂填土等。重锤重量一般为 1.5t 或稍重，落距为 2.5～4.5m。

强夯法（又称动力固结法）是从 20 世纪 60 年代末期发展起来的，重锤重量达 8～12t（甚至 20t），落距为 8～20m（最高 40m），该方法是通过强力夯击，利用冲击波和动应力，达到土基加固的目的。

（3）排水固结法

该方法中饱和软土在荷载作用下，排水固结后，抗减强度得到提高，达到了加固目的，常用于加固软弱地基，包括天然沉积层和人工充填的土层，如沼泽土、淤泥及淤泥质土，水力冲击土等。

常用的加载方法为堆载预压法，即运用堆载预压，挤出土中的过多含水，达到挤密土粒和提高强度的目的。为加速排水，缩短固结时间，可加设砂井竖向排水通道或铺设砂垫层。

(4) 挤密法

挤密法的原理是土基成孔后,在孔中灌以砂、石、土、灰土或石灰等材料,捣实而成直径较大的桩体,利用横向挤紧作用,使地基土粒彼此靠紧,空隙减少,而且孔被填满和压紧,形成桩体,桩体具有较高的承载能力,群桩的面积约占松散土加固面积的20%,以至桩和原土组成复合地基,达到加固的目的。

常用的有以下两种。

①砂桩(孔中灌砂):砂井的作用是排水固结,井径较小而间距较大,适用于过湿软土层;砂桩的作用是将地基土挤密,井径较大间距宜小,适用于处理松砂、杂填土和黏粒含量不大的普通黏性土,并有效防止基底振动液化。

②石灰桩(新方法):其主要作用是挤密,并利用生石灰的吸水、膨胀、发热及离子交换作用,使桩体硬化,改善原地基土的性质,还可减少因周围土的蠕变所引起的侧向位移。

(5) 化学加固法

该方法就是利用化学溶液或胶结剂,采用压力灌注或搅拌混合等措施,使土颗粒胶结起来,达到加固目的,又称胶结法。其效果取决于土的性质和所用化学剂及施工工艺。

目前化学溶液主要有①水玻璃溶液(较贵);②丙烯酸氨(较贵);③水泥浆液(使用较多);④纸浆溶液(有毒)。

化学加固法的施工工艺有注浆法、旋喷法(化学搅拌成型法)、深层搅拌法等几种。

4. 支挡工程

支挡工程用以防止路基变形或支挡路基本体或山体的位移,以保证其稳定性,常用的类型有路基边坡支撑(挡土墙、土垛、石垛及其他具有承重作用的结构物)和堤岸支挡(沿河驳岸、浸水挡土墙)。驳岸与浸水挡土墙的主要区别在于前者主要起防水作用,后者既防水,又兼起支挡路基的土侧压力。

路基防护与加固工程中,一般把防止风化和冲刷,主要起隔离、封闭作用的设施称为防护工程。防护工程不能承受外力作用,因此要求路基本身必须是稳定的。人们把防止路基或山体因重力作用而坍滑,地基承载力不足而沉陷,主要起支承、加固作用的结构物称为加固工程。它们当中有些措施往往兼有防护与加固双重作用。

五、挡土墙

（一）概述

1. 挡土墙的分类及用途

为防止路基填土或山坡土体坍塌而修筑的承受土体侧压力的墙式构造物，称为挡土墙。在公路工程中，它广泛用于支撑路堤填土或路堑边坡，还有桥台、隧道洞口和河流堤岸等处。公路工程中的挡土墙主要可以按下述几种方法分类。

①按照挡土墙设置的位置，挡土墙可分为路堑墙、路堤墙、路肩墙、山坡墙等。

②按照挡土墙的结构形式，挡土墙可分为重力式挡土墙、锚定式挡土墙、薄壁式挡土墙、加筋土挡土墙等。

③按照挡土墙的墙体材料，挡土墙可分为石砌挡土墙、混凝土挡土墙、钢筋混凝土挡土墙、钢板挡土墙等。

挡土墙各部分名称。靠回填土或山体的一侧面称为墙背；外露的一侧面称为墙面（墙胸）；墙的顶面部分称为墙顶；墙的底面部分称为墙底（基底）；墙面与墙底的交线称为墙趾；墙背与墙底的交线称为墙踵；墙背与铅垂线的夹角称为墙背倾角 α。

2. 挡土墙的使用条件

①重力式挡土墙。其依靠墙身自重支撑土压力维持稳定，形式简单，施工方便，可就地取材，适用性较强，被广泛应用，但其圬工数量较大，对地基承载力要求较高。

②加筋土挡土墙。该类挡土墙是填土、拉筋、面板三者的结合体，依靠填土和拉筋之间的摩擦力改善土的物理力学性质，使之结合为一整体。它属于柔性结构，对地基变形适应性较大，建筑高度大，具有省工、省料、施工方便、快速等优点，适用于填土路基。

③锚定式挡土墙。其分为锚杆式和锚定板式两种，由锚杆与稳定岩层之间的锚固力使墙稳定。前者适用于墙高较大，缺乏石料或挖基困难地区，是具有锚固条件的路堑挡土墙；后者适用于缺乏石料地区的路肩墙或路堤墙。

④薄壁式挡土墙。它分为悬臂式和扶壁式两种，依靠墙踵板上的填土重量保证稳定，断面尺寸较小，自重轻，能修建在较弱的地基上，适用于城市或缺乏石料的地区，缺点是耗用一定数量的水泥和钢筋，施工工艺较为复杂。

（二）重力式挡土墙的构造

常用的重力式挡土墙，一般由墙身、基础、排水设施、沉降缝和伸缩缝等几部分组成。

1. 墙身

①墙背。根据墙背倾斜方向的不同，墙身断面形式可分为仰斜、垂直、俯斜、凸形折线形和衡重式等几种。

②墙面。墙面一般为平面，墙面坡度除应与墙背的坡度相协调外，还应考虑到墙趾处地面的横坡度。当地面横坡度较陡时，墙面可直立或外斜 1 : 0.05～1 : 0.20，以减少墙高；当地面横坡平缓时，一般采用 1 : 0.20～1 : 0.35 较为经济。

③墙顶。重力式挡土墙可采用浆砌或干砌圬工。墙顶最小宽度，浆砌时应不小于 50cm，干砌时一般不小于 60cm。

④护栏。为增加驾驶员心理上的安全感，保证行车安全，在地形险峻地段的路肩墙，或墙顶高出地面 6m 以上且连续长度大于 20m 的路肩墙，或弯道处的路肩墙的墙顶应设置护栏等防护设施。护栏分墙式和柱式两种。

2. 基础

地基不良和基础处理不当，往往会引起挡土墙的破坏，因此施工人员应重视挡土墙的基础设计。基础设计的程序为首先对地基的地质条件进行详细调查，必要时做挖探或钻探，然后再确定基础类型和埋置深度。

（1）基础类型

常用的挡土墙基础有扩大基础、钢筋混凝土基础、台阶形基础及拱形基础四种。

当地基为软弱土层时，可采用沙砾、碎石、矿渣或石灰土等材料予以换填。

（2）基础埋置深度

挡土墙的基础，应视地形、地质条件埋置足够的深度，以保证挡土墙稳定性。设置在土质地基上的挡土墙，基础埋置深度应符合下列要求。

①无冲刷，一般应在地面线以下不小于 1.0m。

②有冲刷，应在冲刷线以下不小于 1.0m。

③受冻胀影响时，应在冰冻线以下不小于 0.25m。

挡土墙基础设置在岩石上时，应清除表面风化层。当墙趾前的地面横坡较大时，基础埋置深度用墙趾前的安全襟边宽度 L 来控制，以防地基剪切破坏。

3. 排水设施

挡土墙的排水设施通常由地面排水和墙身排水两部分组成。

地面排水可设置地面排水沟，引排地面水。墙身排水主要是为了迅速排除墙后积水。浆砌挡土墙应根据渗水量在墙身的适当高度处布置泄水孔。为防止水分渗入地基，在最下一排泄水孔的底部应设置30cm厚的黏土隔水层。在泄水孔进口处应设置粗粒反滤层，以避免堵塞孔道。干砌挡土墙因墙身透水可不设泄水孔。

4. 沉降缝和伸缩缝

为了防止因地基不均匀沉陷而引起墙身开裂，施工时应根据地基的地质条件及墙高、墙身断面的变化情况设置沉降缝；为了防止圬工砌体因砂浆硬化收缩和温度变化而产生裂缝，应设置伸缩缝。人们通常把沉降缝和伸缩缝合并在一起，统称为沉降伸缩缝或变形缝。沉降伸缩缝的间距按实际情况而定，对于非岩石地基，宜每隔10～15m设置一道沉降伸缩缝；对于岩石地基，其沉降伸缩缝间距可适当增大。沉降伸缩缝的缝宽一般为2～3cm。浆砌挡土墙的沉降伸缩缝内可用胶泥填塞，但在渗水量大、冻害严重的地区，宜用沥青麻筋或沥青木板等材料，沿墙内、外、顶三边填塞，填深不宜小于15cm；当墙背为填石且冻害不严重时，可仅留空隙，不嵌填料。

对于干砌挡土墙，沉降伸缩缝两侧应选平整石料砌筑，使其形成垂直通缝。

第四章 路面基层施工

第一节 半刚性基层材料

在路面结构中,直接位于路面面层之下的主要承重层称为基层,铺筑在基层下的次要承重层称为底基层,但一般人们常将二者统称为基层。基层承受由面层传递而来的行车荷载应力作用,抵御环境因素的影响,是构成路面整体强度的主要组成部分,因此施工时要求路面基层既应具有足够的强度,又应具有良好的水温稳定性和耐久性。根据材料组成及使用性能的不同,基层可分为有结合料稳定类(包括有机结合料类和无机结合料类)和无结合料的粒料类。

一、半刚性基层分类

半刚性基层是用无机结合料与集料或土组成的混合料铺筑的、具有一定厚度的路面结构层。这类基层称为半刚性基层,具有整体性好、强度高、刚度大、水稳定性好、经济效益佳等特点,是二级以上公路的主要基层类型。按结合料种类和强度形成机理的不同,半刚性基层分为水泥稳定类、石灰稳定类及工业废渣稳定类三种。

1. 水泥稳定类基层

水泥稳定类基层是在粉碎的或原来松散的集料或土中掺入适量的水泥和水,经拌和后得到的混合料通过压实及养生,当其抗压强度达到要求时所得到的结构层。可用水泥稳定的材料包括级配碎石、沙砾、未筛分碎石、沙砾土、碎石土、石屑、土等,经加工后性能稳定的钢渣、矿渣等也可用水泥来稳定。水泥稳定类基层具有较高的强度及刚度,适用于各种交通类别的公路路面基层和底基层,但水泥稳定细粒土(水泥土)的细料含量多、强度低、容易开裂,不应用作薄沥青混凝土面层的基层,只能用作底基层。在高速公路和一级公路的水泥混凝土路面板下也不应用水泥稳定细粒土做基层。

2. 石灰稳定类基层

石灰稳定类基层是在粉碎的或原来松散的集料或土中掺入适量的石灰和水，经拌和、压实及养生，当其抗压强度符合规定时得到的路面结构层。可用石灰稳定的材料包括细粒土、天然沙砾土、天然碎石土、级配沙砾、级配碎石和矿渣等。同时用石灰和水泥稳定某种集料或土时，称为石灰水泥综合稳定类基层。石灰稳定类适用于各级公路路面底基层，也可用作二级公路的基层。与水泥稳定细粒土一样，石灰稳定细粒土（石灰土）不能用作薄沥青混凝土面层的基层，在冰冻地区的潮湿路段及其他地区的过湿路段也不宜采用石灰土做基层或底基层。

3. 工业废渣稳定类基层

用一定数量的石灰与粉煤灰、水泥与粉煤灰或石灰与煤渣等混合料与其他集料或土配合，加入适量的水，经拌和、压实及养生后得到的混合料，当其抗压强度符合规定时即得到工业废渣稳定类基层。石灰粉煤灰稳定类包括石灰粉煤灰土、石灰粉煤灰沙砾、石灰粉煤灰碎石、石灰粉煤灰矿渣等。水泥粉煤灰稳定类包括水泥粉煤灰稳定沙砾、碎石及砂等。石灰煤渣类包括石灰煤渣、石灰煤渣碎石等。用工业废渣做路面基层，可大量利用各种工业废渣，减少占地，变废为宝，具有良好的经济效益和社会效益。工业废渣稳定类混合料适用于各级公路的基层，但石灰粉煤灰稳定细粒土（二灰土）与水泥稳定细粒土一样不应用作薄沥青混凝土面层的基层，而只能用作底基层。在高速公路和一级公路的水泥混凝土路面板下，也不应采用石灰粉煤灰稳定细粒土做基层。

二、材料质量要求

路面基层施工的目的就是要保证路面在交付使用后不致因基层施工质量不符合要求而提早破坏。科学研究和工程实践证明，要铺筑满足质量要求的路面基层，必须使用质量符合要求的原材料，采用性能优良的施工机械和合理的施工工艺，在施工过程中实行科学的施工组织管理。使用质量符合要求的原材料及合理、正确的混合料组成设计是铺筑高质量路面基层的重要物质保证。因此，施工前工作人员应对组成半刚性基层的所有原材料进行质量检验，通过试验选择符合要求的原材料，然后进行配合比设计，在证明混合料强度和稳定性均符合要求后才能用于铺筑基层。

（一）原材料试验项目

原材料试验项目就是进行混合料配合比设计前，抽取有代表性的原材料样品进行试验，以试验结果作为判定是否选用该种材料的主要技术依据。其主要的试验项目有含水量测定，确定土及沙砾、碎石等集料的原始含水量；颗粒筛析，用筛分法分析沙砾、碎石等集料的颗粒组成情况，检验所用材料的级配是否符合要求，为集料配合比设计提供依据；液限和塑限试验一般用来计算土的塑性指数并判定该种土是否适用；相对密度、吸水率试验，测定沙砾、碎石等粒料的相对密度与吸水率，评定其质量一般用来计算固体体积率；压碎值试验，评定碎石、沙砾的抗压碎能力是否符合要求；有机质和硫酸盐含量试验，对土有怀疑时进行该项试验，以此来判断土是否适宜用石灰和水泥稳定；石灰有效氧化钙和氧化镁含量测定，确定石灰有效成分含量，评定石灰质量，以便确定结合料剂量；水泥标号和终凝时间测定，确定水泥质量是否满足设计强度和施工时间要求；烧失量测定，确定粉煤灰、煤渣等是否适用；粉煤灰化学成分及细度，评定粉煤灰质量。

（二）原材料质量要求

1. 集料和土

对集料和土的一般要求是其能被经济的粉碎，满足一定级配要求，便于碾压成型，并应满足以下指标要求。

（1）液限和塑性指数

结合料为水泥时，土的均匀系数（集料通过率为60%的筛孔与通过率为10%的筛孔尺寸的比值）应大于5，细粒土的液限不应超过40%，塑性指数不应超过17。对于中粒土和粗粒土，如土中小于0.6mm的颗粒含量小于30%，塑性指数可稍大。在实际工程中通常选用均匀系数大于10、塑性指数小于12的土。塑性指数大于17的土宜用石灰稳定或水泥与石灰综合稳定。结合料为石灰工业废渣时，宜采用塑性指数为12～20的黏性土（压黏土），有机质含量超过10%的土不宜选用。石灰稳定的中粒土和粗粒土不宜含有塑性指数的土；结合粒为石灰时，应采用塑性指数为15～20的黏性土及含有一定数量黏性土的中粒土和粗粒土（对于无塑性指数的级配砂粒、级配碎石和未筛分碎石，应添加15%左右的黏土）。塑性指数偏大的黏性土应加强粉碎，粉碎后土块的最大粒径不应大于15mm。

（2）颗粒组成

用水泥稳定土做二级和二级以下公路的底基层时，土的单个颗粒最大粒径不应超过53mm（方孔筛，以下同）。做高速公路和一级公路的底基层时，土的单个颗粒最大粒径不应超过37.5mm，土的颗粒组成应符合相关要求。用水泥稳定土做二级和二级以下公路的基层时，土的单个颗粒最大粒径不应超过 37.5mm，土的颗粒组成应符合相关要求。对于二级公路，宜按接近级配范围的下限组配混合粒。做高速公路和一级公路的基层时，土的单个颗粒最大粒径不应超过 31.5mm，土的颗粒组成应符合相关要求。用石灰粉煤灰稳定土做二级和二级以下公路的底基层时，土的单个颗粒最大粒径不应超过 53mm，做高速公路和一级公路的底基层时，土的单个颗粒最大粒径不应超过 37.5mm。

（3）压碎值

用于半刚性基层的碎石、砾石应具有足够的抗压碎能力。高速公路和一级公路的半刚性基层集料压碎值不应大于 30%，用于其他公路的集料压碎值不应大于 35%（底基层可放宽到 40%）。

（4）硫酸盐及腐殖质

用水泥做结合料时，土中硫酸盐含量不应超过 0.25%，有机质含量不应超过 2%；超过上述规定时，不应单纯用水泥稳定，可先用石灰与土混合均匀，闷料一昼夜后再用水泥稳定。用工业废渣稳定土时，土中硫酸盐含量不应超过 0.8%，有机质含量不应超过 10%。

2. 无机结合料

常用的无机结合料为水泥、石灰、粉煤灰及煤渣等。

（1）水泥

硅酸盐水泥、普通硅酸盐水泥、矿渣硅酸盐水泥和火山灰质硅酸盐水泥均可用于稳定集料和土。为了有充裕的时间组织施工，不应使用快硬水泥、早强水泥或受潮变质的水泥，应选用终凝时间较长（6h 以上）的水泥。

（2）石灰

石灰质量应符合三级以上消石灰或生石灰的质量要求。准备使用的石灰应尽量缩短存放时间，以免有效成分损失过多，若存放时间过长时则应采取措施妥善保管。

（3）粉煤灰

粉煤灰的主要成分是二氧化硅、氧化铝和三氧化铁，三者总含量应超过 70%，烧失量不应超过 20%；若烧失量过大，则混合料强度将明显降低，甚至难以成型。粉煤灰表面积宜大于 2 500cm^2/g，粒径变化范围为 0.001～0.3mm。干湿粉煤灰均可使用，但湿粉煤灰含水量不宜超过 35%；干粉煤灰露天堆放时应洒水湿润，防止随风飞扬造成污染。使用时结团的灰块应打碎或过筛，并清除有害杂质。

（4）煤渣

煤渣是煤燃烧后的残留物，主要成分是二氧化硅和氧化铝，松干密度为 700～1 000kg/m³，最大粒径不应大于 30mm，颗粒组成以有一定级配为佳。

3. 水

一般人、畜饮用水均可使用。

三、混合料组成设计

（一）设计目的

半刚性基层的混合料必须具有足够强度、良好的水温稳定性和耐久性，为便于施工，还应具有适宜的施工和易性。为达到这一目的，应在经济适用的原则下进行混合料配合比设计，即以设计文件和施工技术规范规定的混合料强度为设计标准，通过试验选择最适宜稳定的集料或土，确定结合料剂量和混合料最佳含水量。设计得到的参数和试验结果是检查和控制施工质量的重要依据。

（二）混合料试验

混合料的物理力学指标必须经过相关试验来测定，以试验结果作为评定混合料质量的主要依据。试验项目如下。

1. 重型击实试验

重击型试验用击实仪进行，目的是确定混合料的最佳含水量和最大干密度。其试验结果一方面用于控制强度试验和耐久性试验的混合料含水量与干密度，另一方面可作为检验混合料压实度是否达到要求的标准。

2. 承载比试验

承载比试验用路面材料强度测试仪进行，目的是测试工地预期干密度下混合料的承载比（CBR 值），以试验结果评定混合料的承载能力是否满足路面基层或底基层的要求。

3. 抗压强度试验

抗压强度是评定混合料质量的重要技术标准，用路面材料强度测试仪测试。进行半刚性基层混合料组成设计时，可以通过测试混合料的无侧限抗压强度，选定最适宜用结合料稳定的集料或土，确定结合料剂量，为工地提供施工质量评定标准。

除上述试验外，路面结构设计时还需要测试半刚性基层材料的劈裂强度等。

(三)混合料组成设计的步骤

半刚性基层混合料的配合比设计过程为:首先通过前述有关试验,检验拟采用的结合料、集料和土的各项技术指标,初步确定适宜的原材料;其次是确定混合料中各种原材料所占比例,制成混合料后通过击实试验测定最大干密度和最佳含水量,并在此基础上进行承载比试验和抗压强度试验,选择最适宜的原材料及其混合料组成方案。混合料组成设计的具体步骤如下。

1.制备混合料

试验前要先制备一种不同结合料剂量的混合料。所谓结合料剂量是结合料质量占全部集料或土干质量的百分比。剂量过低时,混合料将难以形成半刚性材料,其强度将难以抵抗行车荷载产生的应力;剂量过高时,混合料会由于刚度过大而容易出现开裂现象,同时也不经济。当采用水泥和石灰综合稳定集料或土时,若水泥用量占结合料总质量的30%以上,按水泥稳定土设计,否则就按石灰稳定土设计。通常,施工实际采用的水泥剂量和石灰剂量应比设计剂量高0.5%~1.0%。

2.击实试验

通过击实试验可以确定各种混合料的最佳含水量和最大干密度。试验时每一种土样至少要做3个不同结合料剂量的混合料进行试验,即结合料最小剂量、中间剂量和最大剂量。其他剂量混合料的最佳含水量和最大干密度用内插法求得。

3.确定结合料剂量

选定符合强度要求的结合料剂量。

第二节 半刚性基层施工

半刚性基层的混合料可在拌和厂(场)集中拌和,也可沿路拌和,故施工方法有厂拌法和路拌法之分。高速公路和一级公路的半刚性基层对强度、平整度等技术性能有很高要求,应采用施工质量好、进度快的厂拌法施工;其他公路的半刚性基层可用路拌法施工。

一、铺筑试验路

高速公路和一级公路或使用新技术、新材料及新工艺的半刚性基层,在大面积施工前,应先铺筑一定长度的试验路。通过试验路的铺筑,施工单位可进行施工工艺的优化,找出施工过程中存在的主要问题,取得实现成功施工的经验，为大面积基层的铺筑确定合适的施工方法，同时还可检验拌和、运输、碾压、养生等施工设备的可靠性。根据试验路铺筑的具体情况，施工单位可制订合理可行的施工组织计划，检验铺筑的半刚性基层质量是否符合设计和规范要求，并提出质量控制措施。此外，设计和建设单位也可对试验路的实际使用效果进行分析，对所设计的路面结构形式、混合料组成设计、基层的路用性能等一系列指标进行再次论证，从而优选出经济、适用的路面结构方案，并确定最终采用的基层类型及混合料配合比。

二、厂拌法施工

厂拌法施工是在中心拌和厂（场）用强制式拌和机、双转轴桨叶式拌和机等拌和设备将原材料拌和成混合料，然后运至施工现场进行摊铺、碾压、养生等工序作业的施工方法。无拌和设备时，也可用路拌机械或人工在规定场地分批集中拌和，之后，再进行其他工序的作业。

厂拌法施工前，应先调试用于拌和、摊铺、碾压等工序的设备，使之处于良好的工作状态。

拌和前应进行适当的试拌，使大量拌和的混合料组成符合设计要求。其中与施工质量有关的重要工序是混合料拌和、摊铺及碾压。

1. 下承层准备与施工放样

半刚性基层施工前应对下承层（底基层或土基）按施工质量验收标准进行检查验收，验收合格后方可进行基层施工。下承层应平整、密实，无松散和"弹簧"等不良现象，并符合设计高程、横断面宽度等几何尺寸要求。施工时要注意采取措施搞好基层施工的临时排水工作。

施工放样主要是恢复路中线，在直线段每隔20m、曲线段每隔10～15m设一中桩，并在两侧路肩边缘设置指示桩，在指示桩上要明显标记出基层的边缘设计高程及松铺厚度的位置。

2. 备料

半刚性基层的原材料应符合质量要求。料场中的各种原材料应分别堆放，不得混杂。运到料场的水泥应防雨防潮，准备使用的石灰应提前洒水，使石灰充分消解。石灰和粉煤灰过干会随风飞扬而造成污染，过湿又会成团而不便于施工，因此其存放时应适时洒水或设遮雨棚，使之含有适宜的水分。在潮湿多雨地区施工时，应采取有效措施使细粒土、结合料免受雨淋。

3. 拌和与摊铺

拌和时应按混合料配合比要求准确配料，使集料级配、结合料剂量等符合设计要求,并根据原材料实际含水量及时调整加入拌和机内的水量。水泥稳定类和工业废渣稳定类混合料的含水量可比最佳含水量大 1%～2%,而石灰稳定类混合料的含水量可比最佳含水量小 1%～2%,这样可获得较好的压实效果。

拌和好的水泥稳定土混合料和水泥石灰稳定土混合料应尽快运到施工现场摊铺并碾压成型,以免因时间过长而使混合料强度损失过大。工业废渣稳定类混合料在 24h 内进行摊铺碾压即可。运输混合料的距离较长时,应用篷布等覆盖混合料以免水分损失过大。

高速公路和一级公路的半刚性基层应用沥青混合料摊铺机、水泥混凝土摊铺机或专用稳定土摊铺机摊铺,这样可保证基层的强度及平整度、路拱横坡、高程等几何外形质量指标符合设计和施工规范要求。摊铺过程中应设专人跟随摊铺机行进,以便随时消除粗、细集料严重离析的部位。应严格控制基层的厚度和高程,禁止用薄层贴补的办法找平,确保基层的整体承载能力。拌和机与摊铺机的生产能力应相互协调,避免出现机械停工待料和生产能力不足的问题。

4. 碾压

碾压是使半刚性基层获得强度和稳定性的关键工序。摊铺整平的混合料应立即用 12t 以上的振动压路机、三轮压路机或轮胎压路机碾压。必须分层碾压时,最小分层厚度不应小于 10cm。碾压时应遵循先轻后重的次序安排各型压路机,以先慢后快的方法逐步碾压密实。在直线段由两侧向路中心碾压,在平曲线范围内由弯道内侧逐步向外侧碾压。碾压过程中若局部出现"弹簧"、松散、起皮等不良现象时,应将这些部位的混合料翻松,重新拌和均匀再碾压密实。

水泥稳定类混合料从开始加水拌和到碾压完毕的时间称为延迟时间。混合料从开始拌和到碾压完毕的所有作业必须在延迟时间内完成,以免混合料的强度达不到设计要求。厂拌法施工的延迟时间为 2～3h。

5. 养生与交通管制

半刚性基层碾压完毕,应进行保湿养生,养生期不少于 7 天。水泥稳定类混合料在碾压完成后要立即开始养生,石灰或工业废渣稳定类混合料可在碾压完成后 3 天内开始养生。养生期内应使基层表面保持湿润或潮湿,一般可洒水或用湿砂、湿麻布、湿草帘、低黏质土覆盖,基层表面还可采用沥青乳液做下封层进行养生。水泥稳定类混合料需分层铺筑时,下层应碾压完毕,待养生 1 天后即可铺筑上层;石灰或工业废渣稳定类混合料需分层铺筑时,下层碾压完即可进行铺筑，下层无须经过7天养生。养生期间应尽量封闭交通，若必须开放交通时，应限制重型车辆通行并控制行车速度，以减少行车对基层的扰动。

三、路拌法施工

路拌法施工是将集料或土、结合料按一定顺序均匀平铺在施工作业面上，用路拌机械拌和均匀并使混合料含水量接近最佳含水量，随后进行碾压等工序的作业。路拌法施工的流程为下承层准备—施工测量—备料—摊铺—拌和—整形—碾压—养生。其中，下承层准备、施工测量、碾压及养生的施工方法和要求与厂拌法施工相同。

路拌法施工时，备料在准备完毕的下承层上进行。首先根据铺筑层的宽度、厚度及预定达到的干密度计算各施工段所需干集料的数量。其次是根据混合料的配合比、原材料含水量及运输车辆的吨位计算各种原材料每车的堆放距离。对于水泥、石灰等结合料，当以袋（或小翻斗车）为计量单位时，应计算每计量单位结合料的堆放距离。这样分层堆放的原材料经摊平、拌和后得到的混合料更容易符合规定的配合比要求。

路拌法施工通常先堆放集料或土，用自动平地机等适合的机械或人工按铺筑试验路确定的松铺系数摊铺均匀，然后按相关计算结果堆放结合料并摊平，摊铺应使混合料层厚度均匀。摊铺完毕，用稳定土拌和机、农用旋耕机或多铧犁进行拌和，拌和深度应达到稳定层底部，略扰动下承层，使基层与下承层结合良好。在拌和过程中，应设专人跟随拌和机行进，以便随时调整拌和深度并检查拌和质量。混合料应充分拌和均匀，严禁在拌和层底留有素土或夹层，否则会严重影响稳定层的强度和稳定性。拌和时应适时检查混合料的含水量，若含水量不符合设计要求，应通过自然蒸发或补充洒水使之处于最佳值，并再次拌和均匀。

混合料拌和均匀后要立即用平地机初平、整形。在直线段，平地机由两侧向路中心刮平；在曲线段，平地机由内侧向外侧刮平。初平后，用拖拉机、平地机或轮胎式压路机快速碾压1～2遍，使可能的不平整部位暴露出来，再用平地机整形，如此反复1～2遍。整形过程中要及时消除集料离析现象，特别是粗集料集中的部位。低洼处应用齿耙将距表面5cm深度范围内的混合料耙松，再用新拌和的混合料找平。初步整形后，应检查混合料松铺厚度，并进行必要的补料和减料。路拌法碾压作业与厂拌法施工相同。碾压结束前，用平地机再最终找平一次，使基层纵向顺适，路拱、超高、高程等符合设计要求。特别要将高出部分刮除并扫出路外，以保证上层路面结构的有效厚度。

四、施工应注意的问题

1. 施工季节

半刚性基层宜在春末或夏季组织施工。施工期间的最低气温应在 5℃ 以上；在冰冻地区，应保证在结冻前有一定成型时间，即在第一次重冰冻（-3℃~-5℃）到来之前的半个月到一个月（水泥稳定类）或一个月到一个半月（石灰、工业废渣稳定类）完成。若不能达到上述要求，则碾压成型的半刚性基层应采取覆盖措施以防冻融破坏。多雨地区应避免在雨季施工石灰土结构层。雨季施工水泥稳定土或石灰稳定中、粗粒土时，应特别注意气候变化，采取措施避免结合料或混合料遭雨淋。降雨时应停止施工，及时排除地表水，使运到路上的材料不过分潮湿。已经摊铺的混合料应尽快碾压密实。

2. 接缝及"掉头"处的处理

无论用厂拌法还是路拌法施工，均应尽量减少横向接缝和纵向接缝，必须设置接缝时应妥善处理。对于水泥稳定类基层，同一天施工的两个作业段衔接处应搭接拌和，即前一段拌和后留下 5~8m 长的混合料不碾压，待后一段施工时，在前一段未碾压的混合料中要加入水泥，并拌和均匀。每一工作日的最后一段水泥稳定类基层完工后，应将末端设置成垂直端面，以保证接缝处有良好的传荷能力。对于石灰稳定类和工业废渣稳定类基层，同一天施工的两作业段衔接处可按前述方法处理，但不再添加结合料。施工过程中出现的纵向接缝应设置成垂直接缝，接缝区的混合料应充分碾压密实。

拌和机等施工机械不应在已碾压成型的稳定类基层上"掉头"、制动或突然起动。若必须进行这些操作时，应采取有效措施保护基层。

3. 水泥稳定类混合料基层施工作业段长度的确定

确定水泥稳定类混合料基层的施工作业段长度应考虑水泥的终凝时间、延迟时间、工程质量要求、施工机械效率及气候条件等因素。延迟时间宜控制在 3~4h 内，不得超过水泥的终凝时间。在保证混合料强度符合要求的前提下，尽可能增长施工作业段长度。为此，水泥稳定类基层应采用流水作业法组织施工应使各工序紧密衔接，尽可能缩短延迟时间以增加施工流水段长度。一般条件下，每作业段长度以 200m 为宜。

第三节 粒料类基层施工

粒料类基层是由有一定级配的矿质集料经拌和、摊铺、碾压后，当强度符合规定时得到的基层。按强度形成原理的不同，矿质集料分为嵌挤型和密实型两种类型。嵌挤型粒料包括泥结碎石、泥灰结碎石、填隙碎石等，这种基层的强度靠颗粒之间的摩擦和嵌挤锁结作用形成。密实型粒料具有连续级配，故也称级配型基层，材料包括级配碎（砾）石、符合级配要求的天然沙砾等。本节主要介绍级配碎石、级配砾石和填隙碎石基层的施工技术。

一、粒料类基层及其材料质量要求

1. 级配碎石基层

级配碎石基层由粗、细碎石和石屑各占一定比例，级配符合要求的碎石混合料铺筑而成。级配碎石基层适用于各级公路的基层和底基层，还可用作较薄沥青面层与半刚性基层之间的中间层，起减轻和消除半刚性基层开裂对沥青面层影响的作用，避免出现反射裂缝。符合级配要求的碎石可用几组颗粒组成不同的碎石或未筛分碎石与石屑掺配而成，用于基层时，碎石的最大粒径及颗粒组成等应符设计要求，级配曲线应连续圆滑。

级配碎石基层的强度主要由碎石颗粒间的密实、填充作用形成，对碎石颗粒的强度要求很高。碎石的压碎值应符合以下要求：高速公路和一级公路基层，不大于26%；高速公路和一级公路底基层、二级公路基层，不大于30%；二级公路底基层及二级以下公路基层，不大于35%；二级以下公路底基层，不大于40%。石屑和其他细集料可以用碎石场的筛余细料、专门轧制的细碎石集料、天然沙砾等。若级配碎石中所含细料的塑性指数偏大，则塑性指数与0.5mm以下细料含量的乘积应符合以下要求：年降雨量小于600mm的中干和干旱地区，地下水对土基无影响时，该乘积不大于120；在潮湿多雨地区，该乘积不大于100。

2. 级配砾石基层

级配砾石基层是用粗、细砾石和砂按一定比例配制的混合料铺筑的，具有规定强度的路面结构层，适用于二级及二级以下公路的基层及各级公路底基层。级配砾石基层的颗粒组成应符合设计规定级配要求，级配不符合要求的可用其他粒料掺配，达到规定的级配后同样可作为级配砾石基层，塑性指数在6（潮湿多雨地区）或9（其他地区）以下的天然沙砾可直接用作基层。对于细料含量较多的砾石，可先筛除部分细料后再使用。塑性指数偏大的可掺加少量石灰或无塑性沙土。

级配砾石颗粒的级配曲线应连续圆滑。当塑性指数偏大时，塑性指数与5mm以下细土含量的乘积应符合与级配碎石相同的规定。级配砾石的压碎值应符合下列要求：高速公路及一级公路底基层或二级公路基层，不大于

30%；二级公路底基层或二级以下公路基层，不大于35%；二级以下公路底基层，不大于40%。

3. 填隙碎石基层

填隙碎石基层是用单一尺寸的粗碎石作主骨料，用石屑作填隙料铺筑而成的结构层。填隙碎石适用于各级公路的底基层和二级以下公路的基层，颗粒组成等技术指标应符合设计要求。填隙碎石基层以粗碎石作嵌锁骨架，石屑填充于粗碎石间的空隙中，使密实度增加，从而提高强度和稳定性。当缺乏石屑时，可用细沙砾或粗砂替代。粗碎石应用坚硬的各类岩石或漂石轧制而成，压碎值应符合下列规定：用作基层，不大于26%；用作底基层，不大于30%。若抗压碎能力不能满足上述要求，则填隙碎石基层的整体强度将难以得到保证。

二、施工方法

1. 级配碎（砾）石基层施工

级配碎（砾）石基层大都采用路拌法施工，施工次序为准备下承层—施工放样—运输和摊铺主集料—运输和摊铺掺配集料—洒水拌和—整形—碾压—做封层。采用集中厂拌法施工，施工次序为准备下承层—施工放样—混合料拌和与摊铺—整形—碾压—做封层。下承层准备与施工放样按半刚性基层施工的方法和要求进行；运输和摊铺集料是确保级配碎（砾）石基层施工质量的关键工序之一，通过准确配料、均匀摊铺可使碎（砾）石混合料具有规定的级配，从而达到规定的强度等技术要求。施工时施工人员可根据拟定的混合料配合比、基层宽度与厚度及预定达到的干密度等计算确定各规格集料的用量，以先粗后细的顺序将集料分层平铺在下承层上，然后用人工或平地机进行摊平；级配碎（砾）石混合料可用稳定土拌和机、自动平地机、多铧犁与缺口圆盘耙相配合拌和，拌和应均匀，避免出现集料离析现象，确保级配碎（砾）石基层具有良好的整体强度。拌和时应边拌和边洒水，使混合料达到最佳含水量。混合料拌和均匀即可按松铺厚度摊平，级配碎石的松铺系数为1.4～1.5，级配砾石的松铺系数为1.25～1.35。表面可整理成规定的路拱横坡，随后用拖拉机、平地机或轮胎压路机在初平的混合料上快速碾压1～2遍，使潜在的不平整部位暴露出来，再用平地机整平。混合料整形完毕，含水量等于或略大于最佳含水量时，用12t以上三轮压路机或振动压路机碾压。在直线段，由路肩开始向路中心碾压；在平曲线段，由弯道内侧向外侧碾压，碾压轮重叠1/2轮宽，后轮要超过施工段接缝。后轮压完路面全宽即为一遍，一般应碾压 6～8 遍，直到符合规定的密实度，表面无轮迹为止。压路机碾压头两遍的速度为 1.5～1.7km/h，然后为 2.0～2.5km/h。路面外侧应多压 2～3 遍。对于含细土的级配碎（砾）石，应进行滚浆碾压，一直到碎（砾）石基层中无多余细土泛到表面为止，泛到表面的泥浆应清除干净。用级配碎石做基层时，压实度不应小于 98%；做底基层时，压实度不应小于 96%。用级配砾石做基层时，压实度不应小于 98%，CBR 值不应小于 60%；做底基层时，压实度不应小于 96%，中等交通条件下 CBR 值不应小于 60%，轻交通条件下 CBR 值不应小于 40%。

级配碎石用作薄沥青面层与半刚性基层间的中间层时，主要起防治反射裂缝的作用，碎石混合料应采用强制式拌和机、卧式双转轴桨叶式拌和机或普通水泥混凝土拌和机等集中拌和，用沥青混凝土摊铺机、水泥混凝土摊铺机或稳定土摊铺机摊铺，这样可使其具有良好的强度和稳定性，表面平整，质量明显高于路拌法施工的基层。

2. 填隙碎石基层施工

填隙碎石基层施工的顺序为：准备下承层—施工放样—运输和摊铺粗骨料—稳压—撒布石屑—振动压实—第二次撒布石屑—振动压实—局部补撒石屑并扫匀—振动压实，填满空隙—洒水饱和（湿法）或洒少量水（干法）—碾压。其中，运输和摊铺粗骨料及振动压实是确保施工质量的关键。

填隙碎石施工时，细集料应干燥，采用振动压路机充分碾压，尽量使粗碎石骨料的空隙被细集料填充密实，而填隙料又不覆盖粗碎石表面自成一层，粗碎石应"露子"。填隙碎石的压实度用固体体积率来表示，用作基层时，不应小于 83%；用作底基层时，不应小于 85%。填隙碎石基层碾压完毕，铺封层前禁止开放交通。

第四节　基层施工质量控制与检查验收

一、施工质量控制

确保基层的施工质量符合设计文件和技术规范要求是基层施工的首要任务，施工过程中应采取有效措施控制施工质量，如建立、健全工地现场试验设施、质量检查与工序间的交接验收制度。各工序完成后应进行相应指标的检查验收，上一道工序完成且质量符合要求方可进入下一道工序的施工。施工质量控制的内容包括原材料与混合料技术指标检验、铺筑试验路及施工过程中的质量控制与外形管理三大部分。

1. 原材料与混合料质量技术指标试验

基层施工前及施工过程中原材料出现变化时，工作人员应对所采用的原材料进行规定项目的质量技术指标试验，以试验结果作为判定材料是否适用于基层的主要依据。

2. 铺筑试验路

为了有一个标准的施工方法作指导，在正式施工前应铺筑一定长度的试验路，以便考查混合料的配合比是否适宜，确定混合料的松铺系数、标准施工方法及作业段的长度等，并根据铺筑试验路的实际过程优化基层的施工组织设计。

3. 质量控制与外形管理

基层施工质量控制是在施工过程中对混合料的含水量、集料级配、结合料剂量、混合料抗压强度、拌和均匀性、压实度、表面回弹弯沉值等项目进行检查。外形管理包括基层的宽度、厚度、路拱横坡、平整度等，施工时应按规定频度和质量标准进行检查。

二、检查验收

基层施工完毕应进行竣工检查验收，内容包括竣工基层的外形、施工质量和材料质量三个方面。检查验收过程中的试验、检验应做到原始记录齐全、数据真实可靠，为质量评定提供客观、准确的依据。检查验收应随机抽样进行，不能带有任何倾向性，通常以1km长的路段为一个评定单位。

第五章　路面施工

第一节　沥青路面施工

一、材料质量要求

沥青路面具有表面平整、无接缝、行车舒适、耐磨、噪声低、施工期短、养护维修简便，且适宜于分期修建等优点，因此得到了广泛应用。沥青与矿料的性质对沥青路面的强度、稳定性及其他路用性能的影响很大，可以说高质量的原材料是铺筑高质量沥青路面的根本保证，因，沥青路面使用的各种材料，必须符合规定的质量要求。

（一）新青材料

沥青路面所用的沥青材料有石油沥青、软煤沥青、液体石油沥青和乳化石油沥青等。各类沥青路面所用沥青材料的标号，应根据路面的类型、交通量、施工条件、地区气候条件、施工季节矿料性质和材料来源等因素而定。煤沥青不宜作沥青面层使用，一般仅作透层沥青使用。选用乳化沥青时，对于酸性石料、潮湿的石料，还有低温季节施工宜选用阳离子乳化沥青；若碱性石料与掺入的水泥、石灰、粉煤灰共同使用时，宜选用阴离子乳化沥青。对热拌热铺沥青路面，由于沥青材料和矿料均必须加热拌和，并在热态下铺压，故可采用稠度较高的沥青材料。热拌冷铺类沥青路面，所用沥青材料的稠度可较低。对于浇灌类沥青路面，若采用的沥青材料过稠，难以贯入碎石中，过稀又易流入到路面底部，因此这类路面宜采用中等稠度的沥青材料。当地气候寒冷、施工气温较低、矿料粒径偏细时，宜采用稠度较低的沥青材料；但在炎热季节施工时，由于沥青材料的温度散失较慢，则可用稠度较高的沥青材料。对于路拌类沥青路面，一般采用稠度较低的沥青材料。

沥青存放于储运站或拌和站时，不同标号、不同来源的沥青必须分开，以免混杂。路用沥青长时间存放后化学组分会发生变化，路用性能会受到一定程度的影响，因此使用前应抽样检验，质量不符合要求的不得使用。连续施工沥青路面时，沥青储存罐或储油池中温度应不低于130℃，并不高于180℃，避免因温度过低而引起沥青供给困难，温度过高而使沥青老化。沥青在存放、储运及使用过程中应做好防水工作，避免雨水或加热管内的蒸汽进入沥青罐（池）中。

（二）矿料

沥青混合料的矿料包括粗集料、细集料及填料。粗、细集料形成了沥青混合料的矿质骨架，填料与沥青组成的沥青胶浆填充于骨架间的空隙中并将矿料颗粒黏结在一起，使沥青混合料具有抵抗行车荷载和环境因素作用的能力。

1. 粗集料

粗集料形成沥青混合料的主骨架，应洁净、干燥、无风化、无杂质，具有足够的强度和耐磨耗能力，与沥青有着良好的黏附性能，颗粒形状以近似于立方体为佳。碎石、破碎砾石、筛选碎石、矿渣等均可作为沥青混合料的粗集料，但破碎砾石仅用于三级及三级以下公路沥青表面处治，或用于拌和法施工的沥青混合料下面层。

粗集料质量技术要符合设计规定，安定性试验根据需要进行，石灰岩用于高等级公路时，石灰压碎值指标可放宽至28%，但必须得到主管部门批准。对高等级公路沥青面层的碎石不宜采用腭式破碎机加工。抗滑表层使用的粗集料应尽量选用坚硬、耐磨、抗冲击的碎石或轧制砾石。石料的磨光值是必须进行试验的指标，道端磨耗损失及石料冲击值根据需要进行。

轧制砾石的质量与碎石要求相同。轧制砾石用作高等级公路沥青面层混合料时，粒径大于5mm的颗粒中至少有两个破裂面以上的含量应不小于50%。

酸性石料（花岗岩、石英岩）不宜用于高等级公路，不得不使用时，宜使用针入度较低的沥青，并采取抗剥离措施。通常在沥青中掺加胺类表面活化抗剥落剂，也可用水泥或消石灰作为填料的一部分，但用量不能超过矿料总重的2%。

2. 细集料

细集料是石质粒径小于5mm的天然砂（河砂、海砂、山砂）、人工砂、石屑。天然砂的细度模数及级配要符合规范要求。石屑是指采石场加工碎石后2.5～5mm的筛下部分。热拌沥青混合料的细集料宜采用天然砂或机制砂，在缺少天然砂的地区，也可以使用石屑，但高速公路和一级公路的沥青混凝土面层及抗滑表层的石屑用量不宜超过天然砂及机制砂的用量,以确保沥青混凝土混合料的施工和易性及工作性。细集料应洁净、干燥、无风化、无杂质并有一定的级配,与沥青有良好的黏附能力,安定性试验根据需要进行,泥土含量指标仅适用于天然砂,此处指水洗法小于 0.075mm 部分含量。细集料应与沥青具有良好的黏结力,酸性岩石的人工砂或石屑不宜用于高等级公路沥青面层。

3. 填料

填料一般采用石灰岩或岩浆岩中强基性岩石等憎水性石料经磨细而得到的矿粉。矿粉应干燥、洁净、无团粒,其质量技术要符合规范规定。最大粒径 0.075mm 的填料可以是粗集料和细集料颗粒组成中的一部分,可以是砸石和筛分场得到的石粉,也可以是沥青拌和厂干燥筒抽出的粉料。最常用的外加填料有硅酸盐水泥、水泥厂的转窑水泥飞灰、磨细石灰石粉、磨细矿渣粉、消石灰、粉煤灰。使用填料可使沥青混合料达到一些规定的技术要求,填料使矿料级配达到规定要求,填料可增加沥青胶砂的强度并使其变硬,但也可能减小工作度。

粉煤灰可作为填料的一部分使用,但应经试验确认其属于碱性,与沥青有良好的黏结力,其质量要求与矿粉相同。粉煤灰用作填料时,其烧失量应在 10%~20%,塑性指数应小于 4。实践表明,粉煤灰用作沥青混凝土的填料能提高沥青混凝土的高、低温稳定性和抗水性,其性能优于石灰石矿粉,高钙粉煤灰比硅铝粉煤灰性能更好,有利于进一步改善沥青混凝土的性能。

拌和机除尘的粉尘回收后可作为矿粉的一部分来使用,但其用量不得超过填料总量的 5%,掺有粉尘的填料,其塑性指数不得大于 4。

由于填料的粒径很小,表面积很大,使混合料中的结构沥青含量增加,从而提高了沥青混合料的黏结力,因此填料是构成沥青混合料强度的重要组成部分。

二、沥青混合料的选用及其组成设计

(一)沥青混合料的选用

1. 沥青混合料分类

通常是将未经摊铺、碾压的沥青混凝土和沥青碎石的拌和物统称为沥青混合料。根据混合料中骨料的粒径的不同,沥青混凝土混合料分为粗粒式、中粒式、细粒式及砂砾式等类型;按标准压实后的剩余空隙率还可将其分为

Ⅰ型（剩余空隙率为3%～6%，城市道路为2%～6%）和Ⅱ型（剩余空隙率为6%～10%）。沥青碎石混合料分为粗粒式、中粒式、细粒式。沥青路面的集料最大粒径一般是从上至下逐渐增大，因此中粒式及细粒式适用于上层，粗粒式只能用于中下层。

沥青混合料按其强度构成的不同可分为嵌挤型和级配型两大类。嵌挤型沥青混合料的强度是以矿料之间的嵌挤力和内摩阻力为主、沥青的黏结作用为辅而构成的。沥青碎石就属此类，这类混合料是以颗粒较粗、尺寸均匀的矿料构成骨架，沥青结合料填充其空隙，并把矿料黏结成一个整体。这类沥青混合料的结构强度受自然因素（温度）的影响较小。

按密实级配原则构成的沥青混合料的结构强度，是以沥青与矿料之间的黏结力为主，矿料的嵌挤力和内摩阻力为辅而构成的，沥青混凝土属于此类，按其结构方式通常可分为以下几种类型。

①悬浮密实结构。由连续级配矿料组成的密实混合料，当主骨料约为30%～40%时，沥青混合料虽可以形成密实结构，但因粗集料数量较少，不能形成骨架，而以悬浮状态处于较小颗粒之中，这种沥青混合料表现为黏结力较高，内摩阻力受沥青材料的性质和物理状态的影响较大，稳定性较差。

②骨架空隙结构。采用连续型级配矿质混合料，当矿质集料中主骨料较多时可以形成骨架，但因细集料数量过少，不足以填满空隙时，则形成"骨架—空隙"结构。这种沥青混合料强度主要取决于内摩阻力，黏结力低，其结构强度受沥青的性质和物理状态影响较小。

③骨架密实结构。当采用间断型级配时，混合料中既有一定数量的粗集料形成骨架，同时细集料又要足以填满骨架的空隙。这种沥青混合料黏结力和内摩阻力均较高。

2. 沥青混合料的选用

确定沥青路面的沥青混合料类型可按相关规范选用，同时还应考虑以下几点。

①应满足耐久性、抗车辙、抗裂、抗水损害能力以及抗滑性能等多方面要求，并应根据施工机械、工程造价等实际情况选择。

②沥青混凝土混合料面层采用双层或三层式结构，其中应有一层及一层以上是Ⅰ型密级配沥青混凝土混合料。当各层均采用沥青碎石混合料时，沥青面层必须做下封层。

③多雨潮湿地区的高速公路、一级公路、城市快速路和主干路的上面层，宜采用抗滑表层混合料，一般道路及少雨干燥地区的高速公路、一级公路、

城市快速路和主干路宜采用Ⅰ型沥青混合料作表层。

④沥青面层集料的最大粒径宜从上至下逐渐增大，上层宜使用中粒式及细粒式，不宜使用粗粒式混合料。砂粒式仅适用于城市一般道路、市镇街及非机动车道、人行道路等工程。

⑤上面层沥青混合料集料的最大粒径不宜超过层厚的1/2，中下面层及联结层集料的最大粒径不宜超过层厚的2/3。

⑥高速公路的硬路肩沥青表面宜采用Ⅰ型沥青混凝土混合料作为表层。

（二）混合料配合比设计

沥青混合料的组成设计主要任务就是确定粗集料、细集料、矿粉和沥青材料相互配合的最佳组成比例，使之既能满足沥青混合料的技术要求又符合经济的原则。其通常按照试验室目标配合比设计、生产配合比设计及生产配合比验证三个阶段进行，设计结果通常作为控制沥青路面施工质量的依据。

1. 试验室目标配合比设计

试验室目标配合比设计阶段的任务是确定矿料的最大粒径、级配类型和最佳沥青用量。

（1）确定矿料最大粒径

矿料最大粒径（D）对沥青混合料的路用性能影响很大。通常取结构层厚度（h）与矿料最大粒径（D）的比值 $h/D > 2$，此时沥青混合料的施工和易性、压实性较好，易于达到规定的密实度和平整度，从而保证沥青混合料的路用性能符合要求。

（2）确定矿料级配

沥青混合料组成设计的一个主要内容就是合理确定矿质材料的级配组成。所谓矿料的级配组成，就是指矿料中不同粒径的粒料相互之间的比例关系，级配常以不同粒径粒料的质量比来表示。

一个良好的矿料级配组成，应该使其空隙率在热稳定性容许的条件下为最小，还有形成足够的结构沥青所裹覆的充分表面积，以保证矿料之间处于最密的状态，并为矿料与沥青之间相互作用创造良好条件，使沥青混合料最大限度发挥其结构强度效应，从而获得最好的使用品质。矿料级配分成连续级配和间断级配两类。其中连续级配又可以分成连续密级配和连续开级配。

沥青混合料类型确定后，在保证混合料密实度和稳定性的前提下，根据级配理论和实际需要可确定工程设计级配范围。确定矿料级配曲线时，可采用相关规定级配范围的中值。对于交通量大、轴载重及抗车辙性能要求高的公路，可取相关规定中所列级配范围中的下限（矿料偏粗）；对于交通量小、轴载轻的公路或人行道，可取级配范围中上限（矿料偏细）。矿料配合比可采用试算法、图解法、正规方程法等方法确定。

（3）确定沥青最佳用量

沥青最佳用量可以采用各种理论或半理论经验公式计算，但是由于实际材料性质的差异，计算公式具有很大局限性，只能用作粗略估计用量，而且由于沥青用量对沥青混合料，特别是密实型沥青混合料的技术性质影响很大，因此沥青混合料的沥青用量一般均需要通过试验确定。我国现行施工技术规范规定，沥青混合料的沥青最佳用量，采用马歇尔试验法确定。该方法是首先从沥青用量范围或已有经验初步估计沥青用量，以估计值为中值，以 0.5% 间隔上、下变化沥青用量制备马歇尔试件，试件数不少于 5 组；然后在规定的试验温度及试验时间内用马歇尔试验仪测定其稳定度、流值、密度，并计算其空隙率和饱和度及矿料间隙率。根据试验和计算所得的结果分别绘制沥青用量同密度、稳定度、空隙率、流值与饱和度的关系曲线。

（4）水稳性与抗车辙能力的检验

该检验过程是按最佳沥青用量 OAC 制作马歇尔试件进行浸水马歇尔试验或真空饱水马歇尔试验，检验其残留稳定度是否合格。

2. 生产配合比设计阶段

用间歇式拌和机拌和沥青混合料时，应按规定方法取样测试各热料仓的材料级配，确定各热料仓的配合比，供拌和机控制室使用。同时选择适宜的筛孔尺寸和安装角度，尽量使各热料仓的供料大体平衡，并取目标配合比设计的最佳沥青用量 OAC、OAC±0.3% 等沥青用量进行马歇尔试验和试拌，通过室内试验及拌和机取样试验综合确定生产配合比的最佳沥青用量，由此确定的最佳沥青用量与目标配合比设计的结果的差值不宜大于 ±0.2%。用连续式拌和机拌和时，可省略生产配合比设计步骤。

3. 生产配合比验证阶段

该阶段就是按照生产配合比设计结果进行试拌、铺筑试验路段，并取样进行马歇尔试验，同时从路上钻芯取样观察空隙率的大小，由此确定生产用的标准配合比。标准配合比的矿料合成级配中至少应包括 0.075mm、2.36mm、4.75mm 及公称最大粒径筛孔的通过率接近优选的工程设计级配范围的中值，并避免在 0.3～0.6mm 处出现"驼峰"。对确定的标准配合比，宜再次进行车辙试验和水稳性检验。

三、热拌沥青混合料路面施工

热拌沥青混合料是矿料与沥青在热态下拌和、热态下铺筑施工成型的混合料的总称,它包括热拌沥青碎石、沥青混凝土、抗滑表层等多种类型,其特点是矿料、沥青及拌和混合料从拌和到铺筑成型均需在较高的温度范围内完成。热拌沥青混合料路面的施工包括混合料配合比的确定、拌和与运输,摊铺与压实等方面。

(一)施工前的准备工作

施工前的准备工作主要有确定料源及进场材料的质量检验、拌和设备选型及场地布置、施工机械检查、修筑试验路段等项工作。

1. 确定料源及进场材料的质量检验

(1)沥青材料

其应从质量和经济两方面综合考虑,选用国外进口沥青或国产沥青,对进场的沥青材料应抽样检测其技术指标。试验中如有一项达不到规定要求时,应加倍抽样试验,如仍不合格,则退货并索赔。沥青材料的试验项目有针入度、延度、软化点、薄膜加热、蜡含量、比重等。有时根据合同要求,可增加其他非常规测试项目。

(2)石料

确定石料场,主要是检查石料的技术标准能否满足要求,如石料等级、饱水抗压强度、磨耗率、压碎值、磨光值及石料与沥青的黏结力。选择时应对各个料场采取样品,制备试件,进行试验,并考虑经济性等因素后确定。

(3)砂、石屑及矿粉

砂的质量是确定砂料场的主要条件。进场砂、石屑、矿粉应满足规范规定的质量要求。

2. 拌和设备的选型及场地布置

(1)拌和设备选型

选型应根据工程量和工期来选择拌和设备的生产能力和移动方式(固定式、半固定式和移动式)。且其生产能力应和摊铺能力相匹配,不应低于摊铺能力,最好高于摊铺能力5%左右。高等级公路沥青路面施工,应选用拌和能力较大的设备。按工艺流程,拌和设备可分为三种,即间歇强制式拌和机(又称周期式或循环式)、连续强制式拌和机和连续滚筒式拌和机。

①间歇强制式拌和机。间歇强制式拌和设备的特点是冷矿料的烘干、加热及与热沥青的拌和是先后在不同设备中进行的,其中集料的烘干与加热是

连续进行的,而混合料的拌制则是间歇进行由搅拌器强制拌和。

由于间歇强制式拌和设备历史悠久,技术已趋完善,并且采用相对较简单的计量技术,所以其可获得各种沥青混合料较精确的配合比,因此得到了广泛的应用,目前国内外大多数拌和设备均属于此类。它的缺点是与滚筒式拌和设备相比,在同等生产能力条件下,间歇强制式拌和设备组成部分较多,结构复杂,设备庞大,对除尘设施要求高,搬迁困难,因此一般固定式或半固定式搅拌设备多采取这种作业方式。

②连续强制式拌和机。连续强制式拌和设备的特点是集料的烘干、加热及混合料的拌制均为连续进行,由搅拌器强制拌和。其工作过程是从各冷料仓进入烘干筒的矿料,除粉尘外将全部进入拌和室并与矿粉和沥青一起拌成沥青混合料,也就是进什么料出什么混合料,因此从冷料仓中出来的各种不同规格矿料颗粒组成的变化直接影响制成沥青混凝土的颗粒组成和质量,只有原材料的颗粒组成变化小,才能得到矿料级配组成和质量都比较稳定的沥青混合料。

强制式沥青混凝土拌和设备的一个很大缺点是在工作过程中会产生大量粉尘,造成严重的环境污染,除非大大改进除尘设施,提高净化程度,使逸出粉尘控制在容许范围内,否则这种拌和设备的使用就要受到限制。但要提高除尘效果,使之达到很高的净化标准,势必大大增加除尘设施的投资,这种投资通常可达到拌和设备总造价的30%~40%,从而使这种拌和设备的成本剧增,建设投资大,能耗也高。

③连续滚筒式拌和机。连续滚筒式拌和设备的工艺特点是骨料烘干、加热及同沥青的搅拌是在同一个滚筒内完成的,即骨料烘干与加热后未出滚筒就被沥青裹覆,从而避免了粉尘飞扬和逸出。其拌和方式是非强制式的,它依靠滚筒的旋转,筒内矿料不断被提升和自由跌落,从而得到拌和,这种拌和设备的工艺过程与传统式拌和设备相比,具有结构简单、投资少、能耗低和污染少等优点。

滚筒式沥青混凝土拌和设备与强制式拌和设备相比,其优点是对空气污染少,设备组成工艺较简单。例如,可省去热骨料提升机、筛分机、热骨料储仓、矿料秤和专门的搅拌器等。因此,投资省、维护费用低、能耗少。其缺点是骨料的加热采用顺流式,热利用率低,拌制好的混合料含有较多的残余水分,且温度也较低。

(2)拌和厂的选址与布置

沥青混合料拌和设备是一种由若干个能独立工作的装置所组成的综合性设备。因此,不论采用哪一类型拌和设备,其各个组成部分的总体布置,都应满足紧凑、相互密切配合又不相互干扰的原则。

固定式沥青混合料拌和厂（不搬迁，又称沥青混合料工厂，适用于工程集中的城市道路和公路施工）应根据设备的数量、工作时产生的粉尘与噪声、供电与供水及施工运输等条件来选择厂址和确定场地面积。

半固定式（装置在几个拖车上，在施工地点拼装，多用于公路施工）和移动式（拌和设备一般都是小型的，装置在拖车上，可随施工地点转移，多用于拌制沥青碎石混合料）沥青混合料拌和设备可安装在特制的平板车上，要便于安装、拆卸、转移和使用。

3. 施工机械检查

拌和设备在开始运转前要进行一次全面检查，注意连接的紧固情况，检查搅拌器内有无积存余料、冷料运输机是否运转正常和有无跑偏现象，仔细检查各个接头，严禁吸沥青管有漏气现象，注意检查电子系统，对于机械传动部分，还要检查传动链张紧度，检查运输车辆是否符合要求，保温设施是否齐全。

洒油车应检查油泵系统、洒油管道、量油表、保温设备等有无故障。施工前应先在路上试洒，校核其洒油量。

矿料撒铺车应检查其传动和液压调整系统，应事先进行试撒，以确定撒铺每一种规格矿料时应控制的间隙和行驶速度。

摊铺机应检查其规格和主要机械性能，如振捣板、振动器、熨平板、螺旋摊铺器、离合器、刮板送料器、料斗闸门、厚度调节器、自动找平装置等是否正常。

压路机应检查其规格和主要机械性能及滚筒表面的磨损情况。

4. 修筑试验段

沥青路面大面积施工前应根据计划使用的机械设备和设计的混合料配合比来铺筑试验路段，以确定合适的拌和时间、拌和温度、摊铺温度、摊铺速度、摊铺宽度、自动找平方式、机械之间的组合关系、压实温度、压实方法、松铺系数、合适的作业段长度。然后在试验中抽样检测沥青混合料的沥青含量、矿料级配、稳定度、流值、空隙率、饱和度、密实度等，最终提出混合料的生产配合比及标准施工方法和质量检查标准。

试验段铺筑结束后，施工单位应就各项试验内容提出试验总结报告，取得主管部门的批准后方可用以指导大面积沥青路面施工。

(二)沥青混合料的拌和与运输

1. 试拌

在拌制一种新配合比的混合料之前,或生产中断了一段时间之后,施工前应根据室内配合比进行试拌及抽样试验确定施工质量控制指标。

①对间歇式拌和设备,应确定每盘热料仓的配合比;对连续式拌和设备,应确定各种矿料送料口的大小及沥青、矿料的进料速度。

②沥青混合料应按设计沥青用量进行试拌,试拌后取样进行马歇尔试验,并将其试验值与室内配合比试验结果进行比较,验证设计沥青用量的合理性,必要时可适当调整。

③确定适宜的拌和时间。以沥青混合料拌和均匀为准。

④确定适宜的拌和与出厂温度。控制沥青混合料拌和及出厂温度是混合料质量控制的关键环节之一。

2. 沥青混合料拌制

根据配料单进料,严格控制各种材料的用量及其加热温度,所用矿料应符合质量要求,储存量应为平均日用量的5倍,场地应加遮盖,以防雨水。拌和后的混合料应均匀一致,无花白、无离析和结团成块等现象。每班抽样做沥青混合料性能、矿料级配组成和沥青用量检验。每班拌和结束时,应清洁拌和设备,放空管道中的沥青,并用柴油清洗系统,以防止沥青堵塞管路。做好各项检查记录,不符合技术要求的沥青混合料禁止出厂。拌和的沥青混合料不能立即使用时,应存入成品储料仓,以防止施工中由于拌和设备的小故障导致摊铺机停机。

3. 拌和质量检测

(1) 拌和质量的直观检查

质检人员必须在料车装料过程中和开离拌和厂前往摊铺工地途中经常进行目测,仔细目测有可能发现混合料中存在的以下某些严重问题。

①如料车装载的混合料中冒黄烟,往往表明混合料温度过高。

②如果混合料在料车中容易坍平(不易堆积),则可能是因为沥青过量或矿料湿度过大。

③如运料车上的沥青混合料能够堆积很高则说明混合料温度偏低或沥青含量过低。

④如出现花白料则可能是矿料温度偏低,拌和时间偏短或吸尘不理想,无形中造成填充料数量偏多,这时质检人员需根据经检查确定的原因采取措

施，或升高集料加热温度，或增加拌和时间，或减少矿粉用量。

⑤沥青混合料出现枯料的原因可能是原材料中细集料的含水量过大，造成在烘干筒中，当细集料加热温度达到规定值时，粗集料的温度则已大大超过了规定值，这时需控制集料进入烘干筒之前的含水量，不允许使用含水量大于7%的细集料。

⑥拌制的沥青混合料没有色泽，其原因是沥青加热温度偏高，造成沥青老化，这时应根据沥青品种，严格控制沥青加热温度。

⑦混合料颗粒发生明显变化，出现该现象的原因可能是冷料颗粒组成发生了较大变化或振动筛筛网上热料过多，来不及正常筛分就直接进入热料仓，造成热料仓中集料颗粒组成发生较大的变化。

（2）拌和质量测试

混合料的质量测试包括温度的测试和抽样进行的马歇尔试验。温度是质量控制的首要因素，通常在混合料装车时用有度盘和铠装曲轴的温度计或红外测温仪测试。抽取拌和的沥青混合料进行马歇尔试验，测试其稳定度、流值、空隙率。沥青抽提试验可确定沥青用量，并检查抽提后矿料的级配组成，其以各项测试数据作为判定拌和质量的依据。

4. 混合料运输

沥青混合料成品应及时运往工地。运输前应查明具体位置、施工条件、摊铺能力、运输路线、运距和运输时间，还有所需混合料的种类和数量等。运输车辆数量必须满足拌和设备连续生产的要求，使工程不因车辆少而临时停工。运输车辆的车厢应具有紧密、清洁、光滑的金属底板并应打扫干净。为防止沥青混合料与车厢板黏结，在车厢侧板和底部涂1∶3的柴油水混合液，但要严格控制涂液用量，以均匀、涂遍但不积油水为宜。不允许用石油衍生剂作为运料车底板的涂料。

要组织好车辆在拌和处装料和工地卸料的顺序，尤其要计划好车辆在工地卸料时的停置地点。在往运料车上装载沥青混合料时，为减少混合料颗粒离析，应尽量缩短出料口至车厢的下料距离，且自卸车不应停在一个位置上受料，每往车厢内装一斗料，车就应移动一次位置。装料时必须按车辆载重量装足，安全检查后再起运。为了精确控制材料，载料车出厂时应进行称量。为了不因特殊事故或其他原因而使设备停工，拌和设备应有足够的混合料成品储存仓。

将混合料从拌和厂运到摊铺现场，必须用篷布覆盖运输车内的沥青混合料以保持混合料的温度。在雨季施工时，运料车还应有防雨篷布。

(三）沥青混合料摊铺

摊铺作业是沥青路面施工的关键工序之一，常包括下承层准备、施工放样、摊铺机工前检查、摊铺机各种参数的调整与选择、摊铺机作业等主要内容。其中，前三项为摊铺前的准备工作。

1. 摊铺前的准备工作

（1）下承层准备

在铺筑沥青混合料时，其下承层无非是基层、联结层或面层下层。虽然下承层完工后，已按照验收标准进行过检查，但在两层施工的间隔，很可能因某种原因，如雨天、通车或其他施工干扰等使其表面发生不同程度的破坏，出现松散、浮尘、下沉、泥泞等，在摊铺沥青混合料前，因进行维修、重新分层填筑并压实、清洗干净。对下承层表面缺陷进行处理并满足规定要求后，即可再洒透层沥青或黏层油。

（2）施工放样

施工放样包括平面控制与高程测量。平面控制主要是恢复道路中线；高程测量的目的是确定下承层表面高程与原设计高程相差的确切值，以便在挂线时纠正到设计值或保证施工层厚度。对无自控装置的摊铺机，应根据下承层的实测高程和面层的设计高程，确定实铺厚度。

（3）摊铺机工前检查

摊铺机在每日开工前，应对摊铺机的刮板送料器、闸门、螺旋布料器、振动梁、熨平板、厚度调节器等工作装置和调节机构进行检查，在确认各种装置及机构处于正常工作状态后才能开始施工，若存在缺陷和故障应及时排除。

2. 摊铺机参数的调整与选择

在摊铺前，根据施工要求需调整和选择摊铺机的结构参数有熨平板宽度和拱度、摊铺厚度与熨平板的初始工作迎角、摊铺速度。

（1）熨平板宽度和拱度调整

为减少摊铺次数，每条摊铺带的宽度应按该型号摊铺机的最大摊铺宽度来考虑。路面的宽度应为摊铺机总摊铺宽度减去重叠后的整数倍。如整数时，尽可能在减少摊铺次数的前提下，使所剩的最后一条摊铺带宽度不小于该摊铺机的标准摊铺宽度。实在不足时，可采取切割装置（截断滑靴）来切窄摊铺带。

每一条摊铺带要尽可能宽，这样不仅可减少机械通过次数，还可减少路面的纵向接茬，有利于提高施工质量。确定摊铺带宽度时，上、下铺层的纵向接茬应错开 30cm 以上；摊铺下层时，熨平板的侧面与路缘石或边沟间要留有 10cm 以上的间距；纵向接茬处应有一定的重叠量（平均为 2.5～5cm）；接宽熨平板时必须同时相应接长螺旋摊铺器和振动梁，同时检查接长后熨平板底板的平直度和整体刚度。调整熨平板长度时应相对摊铺机本身左右对称，否则摊铺机容易走偏，并因混合料的惯性作用使熨平板前混合料的压力不一致，造成在横断面上摊铺厚度的差异。

熨平板宽度调整后，再调整其拱度，可在标尺上直接读出拱度的绝对数值或横坡百分数。拱度调整后要进行试铺校验，必要时可再次调整。对大型摊铺机，有前后两幅调拱机构，其前拱的调节量略大于后拱，其前后拱之差为 3～5mm，液压伸缩调宽的熨平板差值为 2～3mm。

（2）摊铺厚度的确定和熨平板初始工作迎角的调整

摊铺前，准备两块长方垫木作为摊铺厚度的基准。垫木宽 5～10cm，与熨平板纵向尺寸相同或稍长，厚度为松铺厚度。将摊铺机停置于摊铺带起点的平整处，抬起熨平板，把两块垫木分别置于熨平板两端的下面，如果熨平板加宽，垫木则放在加宽部分的近侧边处。

垫木放好后，放下熨平板，让其提升油缸处于浮动状态，然后转动左右两只厚度调节螺杆，使它们处于微量间隙的中立位置。此时，熨平板以其自重落在垫木上。

熨平板放置妥当后，工作人员利用手动调整机构，调整初始工作迎角。每调整一次，必须在 5cm 范围内做多点厚度检验，取平均值与设计值比较。一次调整之后，在测定均值之前，不得做任何调整。对于凹凸不平较大的下承层，几处测量仍难求得正确的厚度值时，可从摊铺的面积和使用的混合料数量求出每平方米所用的混合料的质量，以此与规定的密度进行比较，工作人员就可确定摊铺厚度是否需要再次调整。

摊铺厚度还直接与刮板输送器的生产能力有关。在实际施工过程中，如果知道刮板输送器的生产能力，又知道最大摊铺宽度，就可方便地调整摊铺厚度。

（3）布料螺旋与熨平板前缘距离的调整

近年新生产的摊铺机的熨平板前缘与布料螺旋之间的距离是可变的。它主要根据摊铺厚度、混合料级配及油石比、下承层强度与刚度、矿料粒径等条件，对这一距离进行适当调整。当摊铺厚度较大、骨料粒径较大、要求密实度高、沥青混合料温度偏低或发现摊铺层表面出现波纹时则应将此距离调大，使混合料有较高的下料速度和较好的通过性。在下承层较软（如各类稳定土），或混合料粒径较小、摊铺厚度较小时，需要较小的下料速度和通过性，宜将距离调小。但如果距离过小，其不仅满足不了规定的摊铺厚度，而且可能使摊铺层出现波纹，导致平整度下降。一般条件下，对摊铺厚度小于10cm的中、粗粒式沥青混合料，最大粒径约为30mm，混合料温度适中时，可将距离调至中间位置。

熨平板前缘与布料器之间的距离变化，会引起窥平板前沿堆料高度的变化，影响摊铺质量。因此，这一调整要在其他项目调整全部完成后进行。

（4）振动梁行程调整

大多数摊铺机在熨平板之前设有机械往复式振动梁，由一偏心轴传动。偏心轴一般由一台液压电动机驱动，往复运动的行程可进行有机或无机调整，视摊铺厚度、温度和密度而定，通常在4～12mm之间。一般情况下，薄层、矿料粒径小宜调为较短行程；反之，摊铺厚度大、温度低、矿料粒径大时，宜调为长行程。摊铺面层只能选用短行程。

（5）熨平板前刮料护板高度的调整

有些摊铺机熨平板前装有刮料护板。其作用在于保持熨平板前部混合料的堆积高度为定值。因此，刮料护板的高度调整得当，有助于提高摊铺质量。

（6）摊铺机的摊铺速度选择

摊铺机的摊铺速度对摊铺作业效率和摊铺质量影响极大。正确选择作业速度，是加速施工进度、提高摊铺质量的重要手段。现代摊铺机都具有较宽的速度变化范围，从零值到每分钟数十米之间可进行无级调节。如摊铺机时快时慢、时开时停将导致熨平板受力系统平衡变化频繁，会对铺层平整度和密实度产生很大影响；过快会使铺层疏松、供料困难，停机会使铺层表面形成台阶状，且料温下降，不易压实。

选择摊铺速度的原则是保证摊铺机连续作业。因此，首先要考虑供料能力，包括沥青混合料和设备生产能力与运输车辆的运输能力。

实践中，摊铺速度还与混合料的种类、温度及摊铺的层次有关。一般面层下层的摊铺速度较快，约为10m/min，面层上层的摊铺速度较慢，为6m/min以下。这样调整摊铺速度是为了使面层能获得足够的密实度和平整度。

3. 摊铺机的摊铺作业

（1）熨平板加热

每天开始工作时，应对熨平板进行加热，以防止混合料冷黏在板底上，拉裂铺层表面，形成沟槽和裂纹。加热后的熨平板对铺层可起到熨烫作用，使路表面平整无痕。若其过热，除了使熨平板变形和加速磨损外，还会使铺层表面被烫出沥青胶浆和拉沟。因此，一旦发现这种现象应即停止加热。

在连续摊铺过程中,当熨平板已充分受热时,可暂停对其加热。但对摊铺低温混合料和沥青砂,熨平板应连续加热,以使底板对材料起到熨烫作用。

(2) 摊铺机供料机构操作

摊铺机供料机构包括刮板输送器和两侧布料的螺旋布料器两部分。两者的工作应相互密切配合,工作速度匹配。工作速度确定后,还要力求保持其均匀性,这是决定路面平整度的一项重要因素。

刮板输送器的运转速度一经确定后应保持稳定,供料量基本依靠闸门的开启高度来调整。摊铺室内最恰当的混合料数量是料堆的高度平齐于或略高于螺旋摊铺器的轴心线,即以稍微看见螺旋叶片或刚盖住叶片为度。料堆的这种高度应沿螺旋全长一致。因此,要求螺旋的转速配合恰当。

闸门的开度应保证摊铺室内混合料处于正确堆料高度状态下,使刮板输送器和螺旋摊铺器在全部工作时间内都能不停歇地持续工作。为了保持摊铺室内混合料高度常处于标准状态,最好的办法就是采用闸门自控系统。

(3) 自卸汽车卸料

测量沥青混合料的温度符合要求后,第一辆自卸车缓慢后退到摊铺机前,轻轻接触摊铺机后,挂空挡,向摊铺机受料斗中缓缓卸料,直到受料斗中料满即停止卸料。

摊铺机边受料边将混合料向后输送到分料室。摊铺机按事先确定的行驶速度起步摊铺混合料。起步时应控制好熨平板的高程,同时应有两人专门看护传感器,不让它滑出钢丝绳外,并注意不要有钢丝绳滑落现象。

摊铺机起步后边摊铺沥青混合料边推动自卸车前进,同时自卸车继续向受料斗中卸料。第一辆自卸车卸料完毕后立即开离摊铺机,同时第二辆自卸车向摊铺机倒退。为了维持摊铺机连续摊铺,也为了能让下一辆车顺利卸料,过去习惯将摊铺机受料斗的两块侧板翻起,将混合料集中在链板送料器上并继续后送到分料室中。由于最后集中在送料器上的混合料中大碎石较多,用这种方式摊铺混合料容易产生局部大碎石集中现象(即摊铺层表面出现片状离析现象)。为了避免这种局部大碎石集中现象,第一辆车应尽早卸完料并立即离开,第二辆车应尽快后退到摊铺机前并及时向摊铺机喂料,使新料与受料斗中余料混合,严禁送料刮料板外露现象发生。第二辆自卸车后退到离摊铺机 20~30cm 时即停止并挂空挡,同时准备卸料。摊铺机继续向前进摊铺混合料,接触第二辆运料车并推动料车前进,此时第二辆运料车要立即向摊铺机受料斗缓缓卸料,以这种方式保持摊铺机匀速不间断地摊铺沥青混合料。

施工过程中应十分注意,后退的料车不得撞击摊铺机,料车停在摊铺机前待卸料和卸料过程中不得使用制动而增加摊铺机的牵引负荷,另外卸料不得过猛,否则摊铺机的速度变化会使平整度下降,甚至形成波浪或"搓板"等面层缺陷。

(4) 摊铺方式

先按前述方法确定摊铺宽度时,各条摊铺带的宽度最好相同,以节省重新接宽熨平板的时间(液压伸缩式调宽较省时)。使用单机进行不同宽度的多次摊铺时,应尽可能先摊铺较窄的那一条,以减少拆接宽次数。

若为多机摊铺,应在尽可能减少摊铺次数的前提下,各条摊铺带的宽度按梯队方式作业,梯队间距宜为 5～15m,以便形成热接茬。若为单机非全幅作业,每幅铺筑应在 100～150m 后调头完成另一幅,并注意接好茬。

(5) 其他注意事项

在摊铺作业时,还应注意以下几点。

①设专人清扫摊铺机的两条履带前(或轮胎前)和浮式基准梁小车前的路面,保证摊铺机平稳进行。

②摊铺机操作人员要注意"三点"观察,即螺旋输料器末端供料情况、整机转向情况和倾向指标计变化情况,三点中任何一点出现意外情况,应抓紧时间处理。除此之外,要另设专人处理螺旋输料器末端的离析现象。

③在摊铺机的熨平板上,非本机操作人员不得站立和通行,防止浮动熨平板瞬间下沉,影响路面平整度。

④应设专人对摊铺温度、虚铺厚度等进行实际测量,并做好记录。

(6) 接缝处理

接缝包括纵向接缝和横向接缝(工作缝)两种。接缝处理的好坏直接影响路面质量。接缝处理不好,易使接缝处下凹或凸起造成平整度不良,或由于接缝处压实度不够和结合强度不足而产生裂纹。在用宽幅摊铺机全幅摊铺时,可避免纵向接缝,但横向接缝是不可避免的。

①纵向接缝。摊铺时采用梯队作业的纵缝应采用热接缝,将已铺部分留下 100～200mm 宽暂不碾压,作为后续部分的基准面,然后作跨缝碾压以消除缝迹。

当半幅施工或因特殊原因而产生纵向冷接缝时,宜加设挡板或加切刀切齐,也可在混合料尚未完全冷却前用镐刨除边缘留下毛茬的方式,但不宜在冷却后采用切割机进行纵向切缝。加铺另半幅前应涂洒少量沥青,重叠在已铺层上 50～100mm,再铲走铺在前半幅上面的混合料,碾压时由边向中碾压留下 100～150mm,再跨缝挤紧压实。

②横向接缝。横向接缝的质量好坏对路面的平整度影响很大,它比纵向

接缝对汽车行驶速度和舒适性的影响更大。

横向接缝一般有斜接缝、阶梯形接缝和平接缝三种。高速公路和一级公路的表面层横向接缝应采用垂直的平接缝，以下各层可采用自然碾压的斜接缝，沥青层较厚时也可做阶梯形接缝。

斜接缝的搭接长度与层厚有关，宜为 0.4～0.8m，搭接处应洒少量沥青，混合料中的粗集料颗粒应予以剔除，并补上细料，搭接平整，充分压实。阶梯形接缝的台阶经铣刨而成，并洒黏层沥青，搭结长度不小于 3m。

平接缝宜趁尚未冷透时用凿岩机或人工垂直刨除端部层厚不足的部分，使工作缝成直角连接。当采用切割机制作平接缝时，宜在铺设当天混合料冷却但尚未结硬时进行。刨除或切割不得损伤下层路面。切割时留下的泥水必须冲洗干净，待干燥后透刷黏层油。

在预先处理好的接缝处，要求摊铺机第一次布满料时不前行，用热料预热横向冷接缝至少 10min（最好达到 30min），并用温度最高的一车料开始摊铺，这样不仅有利于提高接缝温度，还有利于整平压密接缝处混合料。新铺面与已铺的冷铺面要重叠 5cm，碾压前用耙子剔除重叠部分大料，搂回细料，整平接缝并对齐，趁热横向碾压，压路机大部分钢轮在冷铺面，新铺面第一次压 15～20cm，以后逐渐展向新铺面直至全部在新铺层上为止，再改为纵向碾压。在碾压过程中，工作人员要用 3m 直尺检验平整度，低凹处用筛子筛出料弥补，料多时用耙子耙松，去掉多余大料，人工整平后再筛细料修饰表面，直至平整致密为止。

4. 自动找平装置的运用

所有摊铺机都装有浮动式熨平板，具有自动找平功能，不会机械地复现下承层表面的波形。这种"滤波"作用随摊铺机的结构、类型不同而不同。实际工作中，工作环境对浮动式熨平板的干扰因素错综复杂，很少有规律。因此，单纯依靠自动调平功能来"滤波"，不可能完全消除各种干扰因素影响，必须对其再进行外界调整，可用人工转动调整手轮，通过螺杆传动来改变熨平板的工作迎角，用以改善平整度，其效果在很大程度上取决于工人的经验和熟练程度，实际上这种方式无法满足高等级公路施工摊铺质量的要求，而自动找平装置的诞生解决了这个问题。

运用自动找平装置，需要有一个准确的基准面（线），常用的基准面（线）控制有基准线钢丝法、滑橇法和平均梁法。其中，基准线钢丝法的优点是可在大范围内相对准确地控制设计高程、纵横坡、厚度和平整度，但采用基准线钢丝法要求操作中各环节都必须从严要求。

（1）纵坡基准的选择

使用自动调平装置必须事先选好纵坡基准。基准有专设的弦线或已铺好的路面结构层或路缘石等。

①弦线基准及敷设。当下承层高低不平，边侧又无平坦的基准面参考时，施工时可在边侧专门设置符合设计纵坡的参考弦线（细钢丝或尼龙线），让传感器的触件沿着弦线移动。参考弦线要在施工前设好，它由弦线、铁立杆、弹簧秤和张紧器等组成。钢丝可使用直径为 2～2.5mm 的弹簧钢丝，每段的长度以 200m 为宜，总长度应满足两三天的施工用量。钢丝的优点是不受外界因素变化的影响，缺点是张紧度显示不明显，易出现松弛现象。为此，钢丝要做脚踩实验。200m 长钢丝的张紧力一般需 800～1 000N。尼龙线的缺点是遇水会伸长，因此其在遭受露水、雨水或受潮后都要再次张紧。每天早晨上班前要复查其张紧度，必要时再进行张紧。但尼龙线柔软，使用起来十分方便，因此使用较普遍。每根尼龙线长约 150～200m，立杆间距 10m 时，其张紧力需 300～400N。

基准线的敷设。两根立杆的间距一般为 5～10m，在弯道处的间距要短些。标桩是用来测定拉线的高程，因此它应设在立杆附近，以便检查用，其数量视坡度变化程度而定。敷设基准线时，除了应按规定的纵坡保证各支点都处于正确高程外，还要注意其纵向走向的正确性，最好使每根立杆与路中线的距离相等，这样其就兼作导向线。对敷设好的基准线必须复核其高程的正确性，如果高程不正确，非但失去使用自动调平装置的意义，反而会出现不平整或纵坡不符合要求的铺层。另外，为了避免施工过程中可能发生碰撞，最好在各立杆上做出醒目的标志。

②利用现成表面作基准。现成基准面有较平整的下承层或路缘石，甚至坚实的边沟等。作为传感器的接触件有滑橇、平均梁等。

（2）纵向传感器的安置、检查和调整

纵向传感器的安装位置一般在牵引点上，或在熨平板上，或在牵引点与熨平板之间。调整之前要先检查左、右牵引臂铰点的高度是否一致，其适当的高度应使油缸行程处于中间位置。调整时要将牵引臂的铰链锁住。传感器处于中间位置其信号灯不亮，如果信号灯亮，则表明它还未处于中间位置，要再次调整。调好后，拔出牵引臂锁销，将传感器的工作选择开关拨到"工作"位置。然后，接上电线，打开电源开关预热约 10min。等到摊铺机摊铺到 10～15m 后，铺层厚度达到规定值时，就可让自动调平装置投入工作。

（3）横坡的控制

铺层的横坡由横坡控制系统配合一侧的纵坡传感器来控制。但是如果一次摊铺的宽度较大（6m 以上），由于熨平板的横向刚度降低，则容易出现变形使摆锤式横坡传感器的检测精度降低，因此常改用左、右两侧的横坡控制系统。横坡控制系统包括横坡传感器、选择器和控制器等。

直线摊铺时，只要给定设计横坡值，就能实现自动控制。在弯道上摊铺时，因横坡在变化，难以实现自动控制。为了正确操作，可事先在弯道路段每 5m 打一标桩，将各桩处的坡度值计入表格内，并画一曲线图；如果转弯半径很小，两桩的间距可适当缩小（最小为 1m），进和出弯道处都要有标桩，不过其间距可大一些，操作人员根据图表在进入某标桩之前约 2m 处提前调整横坡选择器（因为横坡的实际变化滞后于调整动作）。

（四）摊铺过程中的质量检验及缺陷分析

1. 质量检验

①沥青含量的直观检查。如果混合料又黑又亮、运料车上的混合料呈圆锥状或混合料在摊铺机受料斗中"蠕动"，则表明沥青含量正常；如果混合料特别黑亮，料车上的混合料呈平坦状或沥青结合料从骨料中分离出来则表明沥青含量过大（或骨料没有充分烘干，表面上看起来沥青太多）；如果混合料呈褐色、暗而脆、粗骨料没有完全被裹覆、受料斗中混合料不"蠕动"，则表明含量太少（或过热、拌和不充分）。

②混合料温度检查。沥青混合料在正常摊铺和碾压温度范围内，往往会冒出淡蓝色蒸汽。

沥青混合料产生黄色蒸汽或缺少蒸汽说明温度过高或过低。通常在料车到达工地时，要测定混合料的温度。

③厚度检测。摊铺机在摊铺过程中，应经常检测虚铺厚度。

④表观检查。未压实混合料的表面结构无论是纵向或横向都应均匀、密实、平整，无撕裂、小波浪、局部粗糙、拉沟等现象，否则应查明原因及时处理。

2. 摊铺中的质量缺陷及防治对策

摊铺中常见的质量缺陷主要有厚度不准、平整度差（小波浪、台阶）、混合料离析、裂纹、拉沟等。

为了防止和消除在施工中可能发生的各种质量缺陷，施工时应注意以下几点。

①波浪形基层的摊铺，不必考虑摊铺厚度的均一性，实际的混合料用量应比理论计算的要多。对有大波浪的基层应待其缺陷处理，满足要求后方可摊铺。

②摊铺机的操作及本身调整对摊铺质量影响很大。摊铺机速度的改变会导致摊铺厚度的变化。为了保持恒定的摊铺厚度，当速度变快时，厚度调节器应稍微向右（增加厚度方向）转动。当速度减慢时，则稍微向左（减少厚度的方向）转动。

振动梁可捣实混合料，同时混合料对熨平板有一定的支承作用，如果工作不正常则会改变混合料的支承能力，从而使摊铺厚度发生变化，铺层出现不平。振动梁应调整到比熨平板底面低 0.4～0.5mm 为宜；熨平板底面磨损或严重变形时，铺层容易产生裂纹和拉沟，故应及时更换。有时熨平板的工作迎角太小，也会使铺层的两边形成裂纹或拉沟。在这种情况下，可调整熨平板的前缘拱度，并在试铺过程中多次调整，直到能铺出良好的铺层为止。

③沥青混合料的性质也是影响摊铺质量的主要原因之一。混合料的性质不稳定，易使摊铺厚度发生变化。如温度过高，沥青量过多，矿粉掺加过多等都会使铺层变薄。

④其他因素。轮胎摊铺机气压超限（一般为 0.5～0.55MPa），摊铺机易打滑；气压过低，机体会随受料重量变化而上下变动，使铺层出现波浪。履带式摊铺机履带松紧超限将导致摊铺速度发生脉冲，进而使铺面形成搓板。履带或轮胎的行使线上因卸料而撒落的粒料未清除，该部分摊铺厚度易突变。被顶摊的料车刹车太紧，使摊铺机负荷增大，或料车倒退撞击摊铺机，或单侧轮接触、另侧脱空等会引起速度变化或偏载，使铺面出现凸楞。施工中往往第一、二车料质量常较差，注意取舍或调剂使用。自动熨平板装置运用中，挂线不紧，中间出现挠度，会引起铺层波浪。以上这些因素，若在施工中加以注意，缺陷是能够避免的。

（五）沥青混合料的压实

压实是沥青路面施工的最后一道工序，若采用了优质的筑路材料，精良的拌和与摊铺设备及良好的施工技术，就能摊铺出较理想的混合料层，而良好的路面质量最终要通过碾压来体现。如果碾压过程中出现任何质量缺陷，必将前功尽弃。因此，必须重视压实工作。

压实的目的是提高沥青混合料的密实度，从而提高沥青路面的强度、高温抗车辙能力及抗疲劳特性等路用性能。压实工作的主要内容包括碾压机械的选型与组合、压实温度、碾压速度、碾压遍数、碾压方式及压实质量的检查等。

1. 碾压机械的选型与组合

①常用的沥青路面压实机械。沥青路面压实机械分静载光轮压路机、轮

胎压路机和振动压路机。静载压路机分为双轮式和三轮式，常用的有6～8t双轮钢筒压路机、8～12t或12～15t三轮钢筒压路机。静载光轮压路机的工作量较小，常用于预压、消除碾压轮迹。轮胎压路机安装的光面橡胶碾压轮具有改变压力的性能，通常为5～11个，工作质量为5～25t，主要用于接缝和坡道的预压、消除裂纹、压实薄沥青层。振动压路机多为自行式，前面为钢质振动轮，后面有两个橡胶驱动轮，工作质量随振动频率和振幅的增大而增大，可作为主要的压实机械。

②选型与组合。施工时要结合工程实际，选择压路机种类、大小和数量，应考虑摊铺机的生产率、混合料特性、摊铺厚度、天气气温状况、施工现场的具体条件。

2. 压实作业

沥青混合料路面的压实分初压、复压、终压三个阶段进行。

（1）初压

初压的目的是整平、稳定混合料，为复压创造条件。初压是压实沥青混合料的基础，一般采用轻筒压路机或关闭振动装置的振动压路机碾压两遍。应在沥青混合料摊铺后温度较高时进行初压，压实温度应根据沥青稠度、压路机类型、气温、摊铺层厚度、混合料类型等条件，经试铺、试压而定，并符合规定的碾压温度要求。

（2）复压

复压的目的是使混合料密实、稳定、成型，是使混合料的稳定度达到要求的关键。初压后紧接着要进行复压，一般采用重型压路机，碾压遍数经试压确定，一般为4～6遍，达到规定的压实度为止。用于复压的轮胎式压路机的压实质量应不小于15t，用于碾压较厚的沥青混合料时，其总质量应不小于22t，轮胎充气压力不小于0.5MPa。当采用三轮钢轮压路机时，其总质量不应低于15t。当采用振动压垮机时，应根据混合料种类、温度和厚度选择振动压路机的类型，振动频率取35～50Hz，振幅取0.3～0.8mm，碾压层较厚时可选用较大的振幅和频率。

（3）终压

终压的目的是消除碾压产生的轮迹，最后形成平整的路面。终压应紧跟在复压后用6～8t的振动压路机（关闭振动装置）进行，碾压不少于两遍，直至无轮迹为止。

压路机碾压时必须将驱动轮朝向摊铺机，以免使温度较高的摊铺层产生推移和裂缝。压路机应从路面两侧向中间碾压，这样能够保持压路机以压实后的材料作为支撑边。三轮压路机每次重叠后轮轮宽的 1/2，这种碾压方式，可减少压路机前推料、起波纹等。双轮压路机每次重叠宜为 30cm。压路机应以慢而均匀的速度碾压，压路机的碾压速度应符合规范规定。

碾压过程中，为了保持正常的碾压温度范围，每完成一遍碾压，压路机就要向摊铺机靠近一些。这样做，也可避免在整个摊铺层宽度上，在相同横断面换向所造成的压痕。变更碾压道时，要在碾压区较冷的一端，并在停止压路机振动的情况下进行。

碾压过程中如有沥青混合料黏附于碾压轮时，可间歇向碾压轮洒少量水，但应防止用水量过大，以免使混合料表面冷却。压路机不得在新摊铺的混合料上转向、调头、左右移动位置或突然刹车。压路机的碾压路线及碾压方向不应突然改变以防止混合料产生推移，压路机启动、停止必须缓慢进行。压实后的沥青路面在冷却前，任何机械不得在其上停放或行使，并防止矿料、油料等杂物污染。路面冷却后方可开放交通。

（4）其他应注意的问题

为了保证各阶段的碾压作业始终在混合料处于稳定的状态下进行，碾压作业时应按下述规则进行。

①先静压后振动碾压，最后再静压。

②碾压时驱动轮在前（靠近摊铺机），从动轮在后。

③后退时沿前进碾压的轮迹行驶，压路机折回的地点不在同一断面上而是呈阶梯形。初压、复压和终压的回程不准在相同的断面处，前后相距不少于 1m。

④压路机的碾压作业度应与摊铺机速度相平衡，随摊铺机向前推进。

⑤碾压中，要确保压路机滚轮湿润，以免黏附沥青混合料，有时可采用间歇喷水，但应防止用水量过大，以免使混合料表面冷却。

⑥压路机不得在新铺混合料上转向、调头、左右移动位置或突然刹车和从刚碾压完毕的路段进出。

⑦当天碾压完成尚未冷却的沥青混合料面层上不得停放一切施工设备（包括临时停放压路机），以免产生变形，振动压路机在已成型的路面上行驶时应关闭振动。在压实成型的沥青面层完全冷却后才能开放交通。

3. 接缝碾压

（1）横向接缝碾压

可使用较小型压路机对横向接缝进行横向碾压或纵向碾压。开始时，将轮宽的 10～20cm 置于新铺的沥青混合料上进行碾压，然后逐步横移至整个滚轮在新铺层上。

(2) 纵向接缝碾压

当热料层与冷料层相接时，可将压路机位于热沥青混合料上，进行振动碾压，这种碾压方法，是把混合料从热边区压入相对的冷结合边，从而产生较高的结合密实度。除此之外，也可采用另一种方法，即在碾压开始时，只允许轮宽的10～20cm在热料层上，压路机的其余部分位于冷料层上，碾压时，过量的混合料从未压实的料中挤出，这样就减少了结合边缘的料量，这种方法产生的结合密度较低。碾压时速度均应较低。

当采用热料层相接（梯队作业时）时，应先压实离中心热接缝两边大约20cm以外的地方，最后压实中间剩下来的一窄条混合料。这样，混合料就不可能从旁边挤出，并形成良好的结合。

4. 特殊路段碾压

特殊路段碾压是指弯道、交叉口、路边、陡坡等处的压实。

①弯道或交叉口的碾压应选用铰接转向式压路机作业，先内侧后外侧。急转弯处应尽可能采取直线式碾压（即缺角式碾压），并逐一转换压道，对缺角处用小型机具压实。压实中应注意转向同速度相结合，尽可能用振动碾压，以减少剪切力。

②路边碾压可在离边缘30～40cm处开始碾压，留下一部分。这样就能在路边压实前，形成一条支承侧面，以减少沥青混合料碾压时塌边。留下的部分碾压时，压路机每次只能向自由边缘推进10cm。

③陡坡碾压时先用轻型压路机（不宜采用轮胎压路机）预压，压路机的从动轮应朝着摊铺方向。采用振动压路机压实时，应先静压，待混合料稳定后，方可采用低振幅的振动碾压。陡坡碾压过程中，压路机的启动、停止、变速要平稳，避免速度过高或过低，混合料温度不宜过高。

5. 提高压实质量的关键技术与压实质量检测

(1) 合理确定碾压温度

实践证明，碾压温度是影响沥青混合料压实密实度的最主要因素。沥青混合料在规定的温度范围内温度越高，其塑性越大，越容易在外力作用下缩小其空隙和增加密实度，也越容易取得平整效果。而温度较低时，碾压工作变得较为困难，且容易产生很难消除的轮迹，造成路面不平整。因此，在实际施工中，摊铺后要及时进行碾压。

沥青混合料的最佳碾压温度是指在材料允许的温度范围内，沥青混合料能够支承压路机而不产生水平推移、表面无开裂情况且压实阻力较小的温度。

此时可用较少的碾压遍数，获得较高的密实度和较好的压实效果。最佳碾压温度与矿料组成、沥青材料及压实设备有关。

若碾压时混合料温度过高，会引起压路机两旁混合料隆起、碾轮后的摊铺层裂纹、碾轮上粘起沥青混合料（尽管用水喷洒），还有前轮推料等问题，而碾压温度过低时，例如当温度低于70℃时，由于混合料黏性增大将导致压实无效，或起副作用。

摊铺机后面的碾压作业段长度，由混合料的种类和压实温度来确定。一般来说，压路机尽可能靠近摊铺机进行碾压。达到了密实度后，再以最少的碾压遍数进行表面修整时，压路机可离摊铺机远一点。

压实质量与压实温度有直接关系，而摊铺后混合料温度是在不断变化的，特别是摊铺后 4～15min 内温度损失最大，因此必须掌握好有效压实时间，适时碾压。有效压实时间的长短与混合料的冷却速度、压实厚度等因素有密切关系。影响冷却速度的因素有气温、湿度、风力和混合料下承层的温度等。凡遇气温低、湿度大、风力大，还有下承层温度低等情况，都会使有效压实时间缩短，并增加碾压困难。当沥青层厚增大25%时，其有效压实时间将会增大近50%。对较薄层沥青混合料碾压时，反而要比较厚的沥青层压实困难些，这主要是因为较薄层的沥青混合料温度降低速度要比厚层快得多，从而使其有效压实时间大大缩短。因此，对于较薄沥青面层的施工，除了加强混合料运输过程中的保温措施以外，摊铺后应立即碾压（碾压段长度为 30～50m，压路机与摊铺机之间的最短距离为 4～5m），除了初压时速度不应超过 2.5km/h，以免表面发生推移以外，可适当提高复压时的碾压速度，以保证在较短的有效压实时间内完成初压、复压和终压三个碾压阶段。

（2）选择合理的压实速度和遍数

合理的压实速度，对减少碾压时间，提高作业效率有着十分重要的意义。碾压速度过低，会使摊铺与压实工序间断，影响压实效果；碾压速度过快，则会产生推移、横向裂纹等。选择碾压速度的基本原则：在保证沥青混合料碾压质量的前提下，最大限度地提高碾压速度，从而减少碾压遍数，提高工作效率。

（3）选择合理的振频和振幅

为了获得最佳的碾压效果，合理选择振频和振幅是非常重要的。振频主要影响沥青面层的表面压实质量。振动压路机的振频比沥青混合料的固有频率高一些，则可获得较好的压实效果。振幅主要影响沥青面层的压实深度。当碾压层较薄时，宜选用高振频、低振幅；而碾压层较厚时，则可在较低振频下,选取较大的振幅,以达到压实的目的。

(4) 现场检测

沥青混合料施工现场质量检测及纠正很重要,一旦成型,很难补救。因此在施工中要随时检测,随时纠正,保证施工质量。

(5) 压实度与厚度的检测

其一般可通过钻芯取样的办法来检测,通常在第二天,用取芯机进行钻孔取样,量取试样的厚度。然后,将芯样拿回试验室进行压实度检测,以确定沥青路面的压实度是否符合规范的要求。

四、其他沥青路面施工

(一) 冷拌沥青混合料路面

1. 适用范围

冷拌沥青混合料适用于三级及三级以下公路的沥青面层、二级公路的罩面层,还有各级公路沥青路面的基层、联结层或整平层。冷拌改性沥青混合料可用于沥青路面的坑槽冷补。冷拌沥青混合料宜采用乳化沥青或液体沥青拌制,也可采用改性乳化沥青。冷拌沥青混合料宜采用密级配沥青混合料,当采用半开级配的冷拌沥青碎石混合料路面时应铺筑上封层。

2. 混合料的配合比设计

冷拌沥青混合料矿料级配可按本章相应的矿料级配使用,并根据已有的成功经验经试拌确定设计级配范围和施工配合比。乳化沥青碎石混合料的乳液用量应根据当地实践经验及交通量、气候、集料情况、沥青标号、施工机械等条件确定,也可按热拌沥青混合料的用量折算,实际的沥青残留物数量可比热拌沥青混合料的沥青用量少 10% ~ 20%。

3. 冷拌沥青混合料路面施工

(1) 混合料拌和

冷拌沥青混合料宜采用拌和厂机械拌和及沥青摊铺机摊铺的方式。缺乏厂拌条件时也可采用现场路拌及人工摊铺的方式。当采用阳离子乳化沥青拌和时,宜先用水使集料湿润,若湿润后仍难于与乳液拌和均匀时,应改用破乳速度更慢的乳液,或用 1% ~ 3% 浓度的氯化钙水溶液代替水润湿集料表面。矿料与乳液应充分拌和,适宜的拌和时间应根据实际情况调节并通过试拌确定,矿料中加进乳液后的机械拌和时间不宜超过 30s,人工拌和时间不宜超过 60s。若在上述时间内不能拌和均匀,则应考虑使用性能更好的拌和机。

拌和好的混合料应具有良好的施工和易性，以免冷拌沥青混合料施工时出现离析。

（2）摊铺混合料

已拌好的混合料应立即运至现场进行摊铺，并在乳液破乳前结束。在拌和与摊铺过程中已破乳的混合料，应予废弃，不得使用。摊铺时宜采用沥青混合料摊铺机摊铺，若采用人工摊铺，则更应防止混合料离析。

（3）碾压

混合料摊铺完毕，厚度、平整度、路拱横坡度等符合设计和规范要求，即可进行碾压。宜采用6t左右的轻型压路机初压1~2遍，使混合料初步稳定，再用轮胎式或钢筒式压路机碾压1~2遍。当乳化沥青开始破乳、混合料由褐色转变成黑色时，改用12~15t轮胎压路机碾压，将水分挤出，复压2~3遍后停止，待晾晒一段时间，水分基本蒸发后继续复压至密实为止。当压实过程中出现推移现象时应停止碾压，待稳定后再碾压。当天不能完全压实时，可在较高气温条件下补充碾压。施工遇雨应立即停止摊铺，以防止雨水将乳液冲走。

压实成型、路面水分完全蒸发后方可加铺上封层。乳化沥青混合料路面施工结束后宜封闭交通2~6h，并注意做好早期养护。开放交通初期，应设专人指挥，车速不得超过20km/h，不得刹车或调头。

（4）施工中应注意的问题

①混合料的拌和。由于乳液的黏度低，与各级配骨料都有良好的施工和易性，但由于乳液与骨料有黏附、破乳、析水、恢复沥青性能等过程，拌和操作应注意下列事项。

a. 粗级配混合料可用机械或人工拌和，密级配混合料因骨料中含有矿粉等细料，应采用机械拌和。拌和机械应选用强制式拌和机，不宜用自落式拌和机。因自落式拌和机拌和能力差、出料慢、细料容易聚团或黏附在拌和筒壁上，所以拌和混合料质量不均匀。

b. 混合料的拌和应在乳液的破乳前结束，否则将因乳液的破乳而失去施工的和易性。如在乳液破乳后继续搅拌混合料，会使骨料表面黏附的沥青膜剥落。因此掌握好拌和时间是保证混合料质量的重要环节。在保证乳液与骨料拌和均匀的前提下，拌和时间宜短不宜长。

c. 矿料在与乳液拌和前，需用水将矿料润湿，潮湿的骨料便于乳液的分布，也可延缓乳液的破乳时间，保持良好的施工和易性，使乳液均匀裹覆在骨料的表面。但在低温季节（如15℃以下）施工时，骨料不必先湿润，可直接与乳液掺拌。

②混合料的摊铺。拌制的混合料可用摊铺机摊铺，也可用人工摊铺，但人工摊铺不得扬锹甩料，避免混合料的离散。整平工作不要过多地用刮板摊料，因刚拌完混合料时沥青膜与骨料的黏附不牢，尤其是大骨料表面的沥青膜，在刮板来回地推动下，可能使其剥落，因此在人工摊铺时，摊铺厚度应大致均匀，稍加平整即可。

③混合料的碾压。由于混合料含水，碾压受气温与湿度的影响，因此对于这种混合料的压实应注意以下事项。

a. 当混合料摊铺平整后，可以立即进行压实。为了防止初期碾压出现波浪推移现象，开始应用 6t 左右的轻型压路机碾压 1～2 遍，使混合料达到初步稳定，碾压时应匀速进退，不要在碾压路段上制动和启动，以免混合料发生局部拥包和搓板开裂。

b. 为了避免碾压时粘轮，应在钢轮上经常涂废机油或洒水。

c. 在混合料经过轻型压路机初步碾压后，最好再用轮胎压路机继续进行充分压实，也可用 10～20t 钢轮压路机碾压，但重型的钢轮压路机不能多碾，过碾会使路面出现开裂或推移，一般只宜碾压 1～2 遍。如果路面铺筑厚度小于 4cm 时，更不可用重型钢轮压路机碾压。

d. 为了促使路面加快成型，可将出现开裂和推移的路面晾晒一段时间后再进行压实，也可以将前一日完成的路段进行复压。这种复压工作最好在地面温度较高（25℃以上）时进行。

e. 进行碾压时，应配有经验的人工随机检查路面，发现局部有松散和开裂的地方，应立即将局部混合料挖换，补料整平后再继续碾压密实。修补要仔细，保证路面的平整度。

④表面封层。用阳离子沥青乳液拌制的混合料，虽经压实，但其中仍然还有水分不断蒸发出来，使路面产生空隙，为了提高路面的密实性、稳定性和耐磨性，在铺好的路面上可再做一次表面的封层处理。

（二）沥青表面处治与封层

1. 使用条件

沥青表面处治是指用拌和法或层铺法施工的路面薄层，主要用于改善行车条件，厚度不大于 3cm。由于处置层很薄，一般不起提高强度作用，其主要作用是抵抗行车的磨耗，增强防水性，提高平整度，改善路面的行车条件。沥青表面处治适用于三级及三级以下公路、城市道路的支路、县镇道路、各级公路的施工便道以及在旧沥青面层上加铺的罩面层或磨耗层。

各种封层适用于加铺薄层罩面、磨耗层、水泥混凝土路面上的应力缓冲层、各种防水和密水层、预防性养护罩面层。

沥青表面处治具有三个主要目的,即提供耐久抗滑的道路表面；封闭道路表面以防止被水浸入；抑制道路表面的崩解。

影响表面处治性能的因素如下。

①交通量。每条道路每天货运汽车的数量对石屑嵌入道路表面有一定的影响。货运汽车是指未载货自重大于1.5t的车,较低轴载的车辆对石屑埋入影响不大。

②现有道路表面。石屑陷入原有道路表面的程度与它的表面硬度及车道上面行驶的货运汽车数量有关。当陈旧道路表面呈多孔情况时,工作人员必须估计到部分黏结料因渗入下层导致面层黏膜的实际厚度减少。陈旧道路表面严重开裂最终会扩展到表面处置层上。

③石屑粒径和种类。石屑不应太小,否则不久会埋入表面下层；要是太大,车辆会把它们从路面挤脱。石屑应有足够的强度和抗磨光能力,适宜于道路的表面处治。

④黏结料。它的功能是填实裂缝并把石屑同下层表面结合起来。黏结料须有适当的黏度,以使它在摊铺时将石屑充分湿润,道路开放行车后可以防止石屑脱落,并在长期低温时不致脆化。

⑤黏结料的撒布率。黏结料必须有足够的撒布率在表面处治施工后牢固地黏住石屑,在表面处治使用期内要有足够的表面纹理深度,撒布时不应过量,但要考虑部分黏结料应用手工填补孔隙。

⑥环境条件。环境条件可能与当时的位置、气候或特殊的交通情况有关,表面处治的黏结料凝结速度与铺筑的地点（空旷或有遮盖场地）有关,进行表面处治的季节和处治后初期使用的气候对其性能有重要的影响；车辆在交叉口或环道处因制动、加速或转弯而增加的应力会加速石屑被剥落。

2. 材料规格和用量

沥青表面处治可采用道路石油沥青、乳化沥青、煤沥青铺筑,沥青标号应按照现行相关规定选用。沥青表面处治的集料最大粒径应与处置层的厚相等。沥青表面处治施工后,应在路侧另备碎石或石屑、粗砂或小砾石作为初期养护用料。

3. 施工方法

（1）沥青表面处治

沥青表面处治宜选择在干燥和较热的季节施工,并在最高温度低于15℃时期到来之前半个月及雨季前结束,施工方法可采用拌和法和层铺法,沥青表面处置材料规格和用量要符合规范规定。

①拌和法。拌和法施工时可采用热拌热铺法，也可采用冷拌冷铺法。热拌热铺可按照热拌沥青混合料路面的施工方法进行；冷拌冷铺时可按照乳化沥青碎石混合料路面的施工方法进行。

②层铺法。层铺法施工前应做好路用材料的准备及质量检验工作，调试沥青洒布车、集料撒布车及压实等机械，使其处于正常工作状态。沥青表面处置层的下承层上应浇洒透层、黏层或铺筑封层。三层式沥青表面处治的施工工艺应按下列步骤进行。

a. 清扫基层，撒布第一层沥青。沥青的撒布温度根据气温及沥青标号选择，石油沥青宜为130℃～170℃，煤沥青宜为80℃～120℃，乳化沥青在常温下撒布，加温撒布的乳液温度不得超过60℃。前后两车喷洒的接茬处用铁板或建筑纸铺1～1.5cm，使搭接良好。分几幅浇洒时，纵向搭接宽度宜为100～150cm。撒布第二、第三层沥青的搭接缝应错开。浇洒应均匀，若出现空白或缺边，应立即用人工补洒，沥青过分积聚时应予刮除。

b. 撒布主层沥青后应立即用集料撒布机或人工撒布第一层主集料。撒布集料后应及时扫匀，达到全面覆盖、厚度一致、集料不重叠，也不露出沥青。局部有缺料时适当找补，积料过多的要将多余集料扫出。两幅搭接处，第一幅撒布沥青应暂留100～150mm宽度不撒布石料，待第二幅一起撒布。

c. 撒布主集料后，不必等全段撒布完就立即用6～8t钢轮双轮压路机从路边向路中心碾压3～4遍，每次轮迹重叠约30cm。碾压速度开始不宜超过2km/h，以后可适当增加。

第二、第三层的施工方法和要求与第一层相同，但可以采用8t以上的压路机碾压。沥青表面处治应注意初期养护。当发现有泛油时，应在泛油处补撒与最后一层石料规格相同的嵌缝料并扫匀，过多的浮料应扫出路外。

（2）封层

封层是为封闭表面空隙、防止水分浸入面层或基层而铺筑的沥青混合料薄层。铺筑在面层表面的称为上封层；铺筑在面层下面的称为下封层。一般当面层空隙较大、渗水严重、有裂缝或已修补的旧沥青路面和需要铺筑抗滑磨耗层或保护层的旧沥青路面，往往需要在沥青面层上铺筑上封层；当位于多雨地区且沥青面层空隙较大、渗水严重的路面或基层铺筑后不能及时铺沥青面层而又需要开放交通的路面，宜在喷洒透层油后铺筑下封层。

①上封层根据情况可选用乳化沥青稀浆封层、改性沥青集料封层等。铺设上封层的下承层必须彻底清扫干净，对车辙、坑槽、裂缝进行处理或挖补。上封层的类型根据使用目的、路面的破损程度选用。

裂缝较细、较密的可采用涂洒类密封剂、软化再生剂等涂刷罩面。

对二级及二级以下公路的旧沥青路面可以采用普通的乳化沥青稀浆封层，也可在喷洒道路石油沥青后撒布石屑（砂）后碾压作封层。

对高速公路、一级公路有轻微损坏的宜铺筑微表处。

对用于改善抗滑性能的上封层可采用稀浆封层、微表处或改性沥青集料封层。

②下封层宜采用层铺法表面处治或稀浆封层法施工。下封层的厚度不宜小于6mm，且做到完全密水。

③稀浆封层和微表处。稀浆封层是用适当的石屑或砂、填料（水泥、石灰、粉煤灰、石粉等）与乳化沥青、外加剂和水按一定比例拌和成流态的乳化沥青稀浆，然后用稀浆封层摊铺机均匀摊铺在需设置封层的结构层上，厚度为3～6mm。稀浆封层可采用普通乳化沥青或改性沥青（慢裂或中裂拌和型），其品种和质量均应符合要求。其一般适用于二级及二级以下公路的预防性养护，也适用于新建公路的下封层。

稀浆封层是用适当的石屑或砂、填料（水泥、石灰、粉煤灰、石粉等）与聚合物改性乳化沥青、外加剂和水按一定比例拌和而成的流动状态的沥青混合料，将其均匀地摊铺在路面上可形成沥青封层。微表处主要用于高速公路及一级公路的预防性养护及填补轻度车辙，也适用于新建公路的抗滑磨耗层。摊铺时必须采用专用的摊铺机进行摊铺，单层微表处适用于旧路面车辙深度不大于15mm的情况；超过15mm时必须分两层铺筑，或先用V字形车辙摊铺箱摊铺；深度大于40mm时不宜进行微表处处理。

稀浆封层和微表处应选择坚硬、粗糙、耐磨、洁净的集料，各项性能应符合规定要求。

其中稀浆封层用通过4.75mm筛的合成矿料的砂当量不得低于50%；微表处用通过4.75mm筛的合成矿料的砂当量不得低于65%。细集料宜采用碱性石料生产的机制砂或洁净的石屑。对于集料中超尺寸的颗粒必须筛除。

根据铺筑厚度、处治目的、公路等级等条件，选用合适的矿料级配。

稀浆封层和微表处的混合料中乳化沥青及改性沥青的用量应通过配合比设计确定。

稀浆封层和微表处施工前，应彻底清除原路面的泥土、杂物、修补坑槽、凹陷，较宽的裂缝宜清理灌缝。在水泥混凝土路面上铺筑微表处时宜洒布黏层油，过于光滑的表面需拉毛处理。施工时最低施工温度不得低于10℃，严禁在雨天施工，摊铺后尚未成型混合料遇雨时应予以铲除。稀浆封层和微表处两幅纵缝搭接的宽度不宜超过80mm，横向接缝宜做成对接缝。分两层摊铺时，第一层摊铺后至少应开放交通 24h 后方可进行第二层摊铺。

（三）沥青贯入式路面

1. 使用条件

沥青贯入式路面是在初步压实的碎石（砾石）层上，分层浇洒沥青、撒布嵌缝料后经压实而成的路面。沥青贯入式路面适用于三级及三级以下公路，也可作为沥青路面的联结层或基层。其厚度一般为 4~8cm，但乳化沥青不宜超过 5cm。当贯入层上部加铺拌和的沥青混合料面层成为上拌下贯式路面时，拌和层的厚度不宜小于 1.5cm。沥青贯入式路面宜选择在干燥和较热的季节施工，并宜在日最高温度降低至 15℃ 以前半个月结束，使贯入式结构层通过开放交通碾压成型。

2. 材料规格和用量

沥青贯入式路面可选用黏稠石油沥青、煤沥青或乳化沥青作为结合料，沥青用量选用时应根据当地气温和施工季节及沥青标号等在规定的范围内选用。沥青贯入式路面的集料应选择有棱角、嵌挤性好的坚硬石料。沥青贯入层集料中大于粒径范围中值的数量不宜少于 50%。表面不加铺拌和层的贯入式路面在施工结束后每 1 000m² 铺撒主层集料。采用碎石摊铺机、平地机或人工摊铺主层集料。应避免颗粒大小不均匀，松铺系数为 1.25~1.30，具体应经试铺实测确定。撒布集料的同时要检查路拱和平整度，并严禁车辆通行。除此之外，宜另备 2~3m³ 碾压主层集料。主层集料撒布后，应采用 6~8t 的轻型钢筒式压路机自路侧向路中心碾压，碾压速度宜为 2km/h，每次轮迹重叠约 30cm，碾压一遍后检查路拱和纵向坡度，当不符合要求时，应调整找平后再压，然后用重型的钢轮压路机碾压，每次轮迹重叠 1/2 左右与最后一层嵌缝料规格相同的细集料，以供初期养护使用。沥青贯入式主层集料的最大粒径宜与贯入层厚度相当。当采用乳化沥青时，主层集料的最大粒径可采用厚度的 0.8~0.85 倍，数量宜按压实系数 1.25~1.30 计算。

3. 施工方法

①施工准备。沥青贯入式路面施工前，基层必须清扫干净。需要安装路缘石时，应在安装后进行施工。采用乳化沥青贯入式路面必须先浇洒透层或黏层沥青。沥青贯入式路面厚度小于或等于 5cm 时，也应浇洒透层或黏层沥青。

②铺撒主层集料。采用碎石摊铺机、平地机或人工摊铺主层集料，应避免颗粒大小不均匀，松铺系数为 1.25~1.30，具体应经试铺实测确定。摊铺

集料的同时，检查路拱和平整度，并严禁车辆通行。

③碾压主层集料。主层集料撒布后，应采用6～8t的轻型钢筒式压路机自路侧向路中心碾压，碾压速度宜为2km/h，每次轮迹重叠约30cm，碾压一遍后检查路拱和纵向坡度，当不符合要求时，应调整找平后再压。然后用重型的钢轮压路机碾压，每次轮迹重叠1/2左右，宜碾压4～6遍，直至主层集料嵌挤稳定，无显著轮迹为止。

④浇洒第一层沥青。主层集料碾压完毕后应立即用沥青撒布车浇洒沥青，浇洒方法与沥青表面处置层施工相同。浇洒时沥青的温度应根据沥青标号、施工环境及气温状况确定。当采用乳化沥青时，为避免乳液下渗过多，可在主层集料碾压稳定后，先撒一部分嵌缝料，再洒主层乳化沥青。

⑤撒布第一层嵌缝料。主层沥青浇洒后，应立即用集料撒布机或人工撒布第一层嵌缝料。撒布应均匀，不足之处应找补。当使用乳化沥青时，石料撒布必须在乳液破乳前完成。

⑥碾压嵌缝料。撒布嵌缝料后应立即用8～12t钢筒式压路机碾压嵌缝料，轮迹重叠轮宽的1/2左右，宜碾压4～6遍，直至稳定为止。碾压时应随压随扫，使嵌缝料均匀嵌入。当气温较高使碾压过程中发生较大推移现象时，应立即停止碾压，待气温稍低时再继续碾压。

⑦按上述方法浇洒第二层沥青、撒布第二层嵌缝料，然后碾压，再浇洒第三层沥青。

⑧撒布封层料。按照撒布嵌缝料的方法撒布封层料。

⑨终压。用6～8t压路机做最后碾压，宜碾压2～4遍，然后开放交通并进行交通管制，尽可能使路面全宽受到行车的均匀碾压。

当铺筑上拌下贯式路面时，贯入层不撒布封层料，拌和层应紧跟贯入层施工，使上下层成为一整体。贯入部分采用乳化沥青时应待其破乳、水分蒸发且成型稳定后方可铺筑拌和层。当拌和层与贯入部分不能连续施工，且要在短期内通行施工车辆时，贯入部分的第二遍嵌缝料应增加2～3m³/1 000m²，在摊铺拌和层沥青混合料前，应进行补充碾压。

（四）透层、黏层

1. 透层

透层是为了使路面沥青层与非沥青材料层结合良好而在非沥青材料层上浇洒乳化沥青、煤沥青或液体石油沥青后形成的透入基层表面的薄沥青层。沥青路面各类基层都必须喷洒透油层，沥青层必须在透油层完全渗入基层后方可铺筑。基层上设置下封层时，透层不宜省略。透层沥青宜采用慢裂洒布型乳化沥青，也可使用中、慢裂液体石油沥青或煤沥青。表面致密、平整的半刚性基层上宜采用较稀的透层沥青，粒料类基层宜采用较稠的透层沥青。根据基层类型，透层沥青的用量可通过试洒确定。

透层沥青应紧跟在基层施工结束，表面稍干（半刚性基层尚未硬化）后浇洒。当基层完工后时间较长时，应对表面进行清扫；若表面过于干燥时，应在基层表面适当洒水并待其稍干后浇洒透层沥青，高速公路和一级公路的透层沥青宜采用沥青洒布车一次喷洒均匀，沥青洒布车喷洒不均匀时宜改用手工沥青洒布机喷洒；其他公路可采用手工沥青洒布机喷洒。

浇洒透层沥青应符合以下要求：浇洒的透层沥青应渗入基层的深度不小于 5mm，但又不致流淌在表面形成油膜；气温低于 10℃ 及大风、降雨时不得浇洒透层沥青；浇洒后，禁止车辆、行人通行；未渗入基层的多余透层沥青应刮除，有遗漏的部位应补洒。

透层沥青洒布后的养生时间随透层沥青的品质和气候条件由试验确定，确保液体沥青中的稀释剂全部挥发，乳化沥青渗透且水分蒸发，然后尽早铺筑沥青面层，防止工程车辆损坏透层。在半刚性基层上浇洒透层沥青后，立即以 $2 \sim 3m^3/1\,000m^2$ 的用量将石屑或粗砂撒布在基层上，然后用 $6 \sim 8t$ 的钢筒压路机稳压一遍，压路机应行驶平稳，并不得刹车或调头。当通行车辆时，应控制车速。在铺筑沥青面层前如发现局部地方透层沥青剥落，应予修补，当有多余的浮动石屑或砂时也应予扫除。

透层洒布后应尽早铺筑沥青面层。当用乳化沥青作透层时，洒布后应待其充分渗透、水分蒸发后方可铺筑沥青面层，此段时间不宜少于 24h。

碾压完毕后原则上封闭交通 7 天，必须行驶的施工车辆最少在 12h 后才可上路，并保证车速低于 5km/h，不得刹车或调头，7 天至一个月内亦要控制车辆行驶，一个月后可开放正常交通 7 天后若摊铺下面层，只需将下封层上的多余石屑扫去即可进行下面层摊铺。从养生期间到后一层铺筑完之前，洒过透层油的表面，应采用路帚拖扫的办法养护，并防止产生车辙。

2. 黏层

黏层是为了加强沥青层之间、沥青层与水泥混凝土面板之间的黏结而洒布的薄沥青层。黏层沥青宜采用快裂或中裂乳化沥青、改性乳化沥青，也可采用快、中凝液体石油沥青。其规格和质量应符合规范要求，并且施工所使用的基质沥青标号宜与主层沥青混合料相同，黏层沥青的品种和用量应根据下承层的类型通过试洒确定。

一般符合下列情况之一时，必须喷洒黏层沥青。

①双层式或三层式热拌热铺沥青混合料路面的沥青层之间。

②水泥混凝土路面、沥青稳定碎石基层或旧沥青路面层上加铺沥青层。

③路缘石、雨水口、检查井等构造物与新铺沥青混合料接触的侧面。

黏层沥青宜采用沥青洒布车喷洒,并选择适宜的喷嘴,洒布速度和喷洒量保持稳定。当采用机动或手摇的手工沥青洒布机喷洒时,必须由熟练的技术工人操作,均匀洒布。气温低于10℃时不得喷洒黏层沥青,寒冷季节施工不得不喷洒时可分成两次喷洒。路面潮湿时不得喷洒黏层沥青,用水洗刷后需待表面干燥后喷洒。

喷洒的黏层沥青必须呈均匀雾状,在路面全宽范围内均匀分布成一薄层,不得有洒花漏空或成条状,也不得有堆积。喷洒不足的要补洒,喷洒过量处应予以刮除。喷洒黏层沥青后,严禁除运料车外的其他车辆和行人通过。黏层沥青宜在当天洒布,待乳化沥青破乳、水分蒸发完成,或稀释沥青中的稀释剂基本挥发完成后,紧跟着铺筑沥青层,确保黏层不受污染。

五、沥青面层施工质量控制与验收

沥青路面的施工质量必须达到设计和规范要求。施工过程中应进行全面质量管理,建立健全行之有效的质量保证体系,实行严格目标管理、工序管理及岗位质量责任制度,对各施工阶段的工程质量进行检查、控制、评定,从制度上确保沥青路面的施工质量。

(一)质量控制的基本内容

沥青路面的施工质量控制包括所用材料的质量检验、修筑试验路段、施工过程中的质量控制和工序间的检查验收。

1. 材料的质量检验

沥青路面施工前应按规定的技术要求对原材料的质量进行检验或试验。在施工过程中逐班抽样检验时,对于沥青材料可根据实际情况只做针入度、软化点、延度试验;对石料的检测项目有抗压强度、磨耗率、磨光值、压碎值、级配组成、相对密实度(比重)、含水量、吸水率、土及杂质含量、扁平细长颗粒含量、与沥青黏结力、松方单位等指标;对于砂和石屑测定其相对密度、级配组成、含水量、含土量等;对矿粉测定其相对密度和含水量并进行筛析试验。材料的质量以同一料源、同一次购入并运至生产现场为一批进行检查。

2. 施工过程中的质量管理与检查

在沥青路面施工过程中,施工单位应随时对施工质量进行抽检,工序间实行交接验收，前一工序质量符合要求后方可进入下一工序施工。施工过程中应对沥青混合料性能要做抽样检查，其项目主要有马歇尔稳定度、流值、空隙率、饱和度、沥青抽提试验、抽提后矿料级配组成等。

3. 质量控制标准

施工中沥青混凝土、沥青碎石路面、沥青表面处治、沥青灌入式及公路稀浆封层、微表处的工程质量控制标准应符合设计要求。

（二）交工验收阶段的工程质量检查与验收

沥青路面施工完毕，施工单位应将全线以 1～3km 作为一评定路段，随机选取测点进行检测；对沥青面层进行全线自检，将单个测定值与表中的质量要求或允许偏差进行比较，计算合格率，然后计算一个评定路段的平均值、极差、标准差及偏差系数。施工单位应在规定时间内提交全线检测结果及施工总结报告，申请交工验收。施工质量监理单位在检查工程质量时，应随机抽取检查段，总长度不少于施工里程的30%，且不少于3个检查段。路面弯沉测定应在基层设计龄期或第二年不利季节进行。

竣工检查的检验数据应真实、准确，能客观反映沥青路面施工质量，为准确评价路面的施工质量提供可靠依据。

正确进行工程项目质量评定和验收，是保证工程质量的重要手段。公路工程验收分为交工验收和竣工验收两个阶段，交工验收由建设单位或业主主持，主要是检查施工合同的执行和监理工作情况，并对工程质量进行评分，提出工程质量等级建议。竣工验收由交通主管部门主持，主要是全面考核建设成果，总结经验教训，对建设项目进行综合评价，确定工程质量等级。在验收时，需按照《公路工程质量检验评定标准》（JTG F80/1—2017）进行质量评定。该标准也是公路工程质量监督部门对工程质量的检查鉴定、监理工程师对工程质量的抽查认定、施工单位自检和分项工程交接验收的质量标准，是公路工程交工验收和竣工验收的质量评定依据。

（三）工程施工总结及质量保证期管理

工程结束后，施工企业应根据国家竣工文件编制的规定，提出施工总结报告及若干个专项报告，连同竣工图表，形成了完整的施工资料档案。施工总结报告应包括工程概况（包括设计及变更情况）、工程基础资料、材料、施工组织、机械及人员配备、施工方法、施工进度、试验研究、工程质量评价、工程决算、工程服务计划等。

施工管理与质量检查报告应包括施工管理体系、质量保证体系、施工质量目标、试验段铺筑报告、施工前及施工中材料质量检查结果、施工过程中工程质量检查结果、工程交工验收质量自检结果、工程质量评价，还有原始记录、相册、录像等各种附件。

施工企业在质保期内，应进行路面使用情况观测、局部损坏的原因分析和维修保养等。

第二节 水泥混凝土路面施工

一、概述

水泥混凝土路面俗称白色路面，它是以水泥与水拌和成的水泥浆为结合料，以碎（砾）石、砂等矿质集料为骨料和填充料，经过拌和、摊铺、振捣、整平和养生后修筑的以水泥混凝土板作为面层的路面。其总体由面层、基层、垫层（底基层）、路基、路肩和排水设施等组成，是高等级重交通公路路面的主要类型之一，属于刚性路面。

（一）水泥混凝土路面类型

按组成材料和施工方法不同，水泥混凝土路面有以下几种类型。

1. 普通混凝土路面

普通混凝土路面亦称无筋混凝土或素混凝土路面，是指除接缝处和边角外，板内不配筋的水泥混凝土路面。这是目前在公路、城市道路及机场道路中应用最为广泛的一种类型，通常采用常规的振捣方法进行铺筑。

2. 碾压混凝土路面

碾压混凝土路面指水泥和水的用量较普通混凝土显著减少的水泥混凝土混合料经摊铺、碾压成型的无筋混凝土路面，这是近年来出现的新的施工工艺。

3. 钢筋混凝土路面

钢筋混凝土路面为防止混凝土板产生的裂缝缝隙张开而在板内配置纵、横向钢筋或钢筋网的水泥混凝土路面。

4. 连续配筋混凝土路面

连续配筋混凝土路面指沿纵向配置连续的钢筋，除了在与其他路面交接处或邻近构造物处设置胀缝及视施工需要设置施工缝外，不设横向缩缝的水泥混凝土路面。由于钢筋用量大，造价较高，目前在我国仅铺筑了试验路。

5. 预应力混凝土路面

预应力混凝土路面对混凝土和钢筋施加预应力的无筋或钢筋混凝土路面。在我国曾修建过试验路，尚未推广应用。

6. 钢纤维混凝土路面

钢纤维混凝土路面指在混凝土中掺入一些低碳钢或不锈钢纤维，形成一种均匀多向配筋的水泥混凝土路面，我国已铺筑过试验路。

7. 复合式混凝土路面

复合式混凝土路面指由两层或两层以上不同强度或不同类型的混凝土复合而成的水泥混凝土路面。

（二）水泥混凝土路面特点

与其他类型路面相比，水泥混凝土路面具有以下优点。

①刚度大、强度高、板体性好。

水泥混凝土具有较高的刚度，弹性模量范围为 $(25 \sim 40) \times 10^3$ MPa。路面用混凝土的抗弯拉强度范围为 $4.0 \sim 5.5$ MPa，抗压强度范围为 $30 \sim 40$ MPa。因而，混凝土路面具有较高的承载能力和扩散荷载的能力。

②稳定性好。水泥混凝土路面的水稳性、热稳性均较好，特别是它的强度能随着时间延长而逐渐提高，不存在沥青路面的那种"老化"现象，也不易出现沥青路面的某些稳定性不足损坏（如车辙等）。

③耐久性好。由于水泥混凝土路面的强度和稳定性好，所以它经久耐用，在保证设计和施工质量的情况下，可使用 $20 \sim 40$ 年。

④抗侵蚀能力强。水泥混凝土对油、大多数化学物质不敏感，有较强的抗侵蚀能力。

⑤养护费用少。在正常设计、施工和养护条件下，水泥混凝土路面的养护工作量和养护费用均比沥青路面小，通常约为后者的 $1/3 \sim 1/4$。因此，从长远角度来看，选用混凝土路面，其经济效益是比较显著的。

⑥有利于夜间行车。混凝土路面色泽鲜明，能见度好，对夜间行车有利。

但是，混凝土路面也存在一些缺点，主要有以下几个方面。

①对水泥和水的需要量大。修筑 0.2m 厚、7m 宽的混凝土路面，每 1km 要耗费水泥约 $400 \sim 500$ t 和水约 250t，尚不包括养生用水在内，这对水泥供应不足和缺水地区带来说施工有较大困难。

②有接缝。由于混凝土的硬化收缩和热胀冷缩影响，水泥混凝土路面设有许多纵向和横向接缝。这些接缝一方面增加了施工的难度，另一方面又形

成了路面的薄弱处,当施工和养护不当时,易于导致唧泥、错台和断裂等损坏。同时,接缝也容易引起行车跳动,影响行驶的舒适性。

③开放交通较迟。除碾压混凝土外,其他混凝土路面需要一定的养生期,以获得足够强度。因而,铺筑完工后需要隔一定时期(14～21天以上)才能开放交通。

④修补困难。水泥混凝土路面出现损坏后,修补工作较沥青路面困难得多,且修补的整体强度稍差。

⑤噪声大。混凝土路面使用的中后期,由于接缝变形,而会使平整度降低,车辆行驶的噪声较大。

(三)水泥混凝土路面适用场合

由于水泥混凝土路面具有上述的特点,使其适用的场合与沥青路面有所不同。国内外技术人员对水泥混凝土路面的修筑技术一直在进行不懈研究和总结,使水泥混凝土路面在技术上日臻完善,得到了广泛应用。总的概括来说,水泥混凝土路面适用于交通繁重和重载交通道路、天气炎热和严重冰冻、路基承载能力低、且无不均匀沉降、缺乏优质集料,而水泥和其他水硬性结合料资源充足、建设资金筹集无困难等情况。

(四)水泥混凝土路面原材料的要求

组成混凝土的原材料包括水泥、细集料(砂)、粗集料(碎石或砾石)、水及外加剂。除此之外,混凝土路面所需材料还有接缝材料和钢材。

1.水泥

水泥是混凝土路面的重要组成材料,混凝土的性能(强度、收缩性、温度徐变等)很大程度上取决于水泥质量和用量。水泥品种及强度等级的选用,必须根据公路等级、工期、铺筑时间和方法及经济性等因素综合考虑决定。通常情况下,应采用强度高、收缩性小、耐磨性强、抗冻性好的水泥。公路城市道路、厂矿道路应采用硅酸盐水泥或普通硅酸盐水泥(简称普通水泥),水泥强度等级不应低于32.5级。当条件受到限制时,亦可采用矿渣水泥,但其强度等级不应低于32.5级,并应严格控制用水量,适当延长搅拌时间,加强养护工作。民航机场道面和高速公路,必须采用强度等级不低于32.5级的硅酸盐水泥。

水泥进场时,应有产品合格证及化验单,并且工作人员应对品种、强度等级、包装、数量、出厂日期等进行检查验收。不同强度等级、厂牌、品种、出厂日期的水泥,不得混合堆放,严禁混合使用。出厂期超过三个月或受潮的水泥，必须经过试验，按其试验结果决定是正常使用还是降级使用，已经结块变质的水泥不得使用。

2. 细集料

混凝土中粒径在 0.16～5mm 的集料称为细集料。细集料一般宜采用天然砂与人工砂或石屑，其质地应坚硬、耐久、洁净，并具有良好的级配，其细度模数宜在 2.5 以上。

3. 粗集料

集料粒径大于 5mm 的叫作粗集料。普通混凝土常用的粗集料有砾（卵）石与碎石两种。为满足混凝土高强、抗滑、耐磨及耐久性等方面的要求，施工所用粗集料（碎石或卵石）必须坚硬、耐磨耗、洁净，并符合一定级配。颗粒应接近立方体，最大粒径不应超过 40mm。

4. 水

一般饮用水均可用于水泥混凝土拌制和养护；对非饮用水，使用时应经化验并符合下列要求。

①硫酸盐含量不得超过 $2.7mg/cm^3$。

②含盐量不得超过 $5mg/cm^3$。

③pH 值不得小于 4。

5. 外加剂

为改善混凝土的技术性质，如早强、大流动度、高耐久性、缓凝、速凝、降低水化热等，可以在混凝土的制备过程中加入适量的外掺剂。修建路面常用的外加剂有以下四类。

①改善混凝土拌和物流动性能的外加剂有减水剂、引气剂、泵送剂等。

②调节水泥凝结时间、硬化性能的外加剂有缓凝剂、速凝剂、早强剂。

③改善混凝土耐久性的外加剂有引气剂、防水剂、阻锈剂。

④改善混凝土其他性能的外加剂有加气剂、膨胀剂、防冻剂、着色剂等。

施工所选用的外加剂的质量应符合现行的国家标准，并应在充分调查、试验和实地试用后，再决定其是否适用。

6. 接缝材料

接缝材料主要包括填缝料和接缝板。

①填缝料。填缝料是指为防止雨水及砂、石等杂物进入水泥混凝土路面面板各种接缝内部，在其上部灌入的材料。填缝料应具有与混凝土面板缝壁黏结能力强、弹性好、拉伸量大、不溶于水、不渗水、高温时不流淌、低温

时不脆裂和耐久性好等性能。常用的填缝料按施工温度分为两种,一种是加热施工式填缝料,另一种是常温施工式填缝料。加热施工式填缝料的品种主要有聚氯乙烯胶泥、沥青橡胶类和沥青玛蹄脂等;常温施工式填缝料的品种主要有聚氨酯焦油类、氯丁橡胶类、乳化沥青橡胶类等。

②接缝板。接缝板是指为防止水泥混凝土路面面板膨胀压屈,置放在胀缝板中的预制板。混凝土面层的各种伸缩缝均应设置接缝板。接缝板的品种主要有杉木板、泡沫橡胶板、泡沫树脂板和纤维板等。

7. 钢材

水泥混凝土路面所用的钢筋有传力杆、拉杆及补强钢筋等。各种钢筋必须符合现行国家标准规定。但不作为加强混凝土板构造强度用的钢筋,如支架等所用的钢筋,不受此限制。

二、接缝的构造与布置

混凝土面层是由一定厚度的混凝土板所组成,它具有热胀冷缩的性质。由于一年四季气温的变化,混凝土板会产生不同程度的膨胀和收缩。而一昼夜中,白天气温升高,混凝土板顶面温度比底面高,这种温度坡差会造成板的中部隆起。夜间气温降低,板顶面温度比底面低,会使板的周边和边角翘起。这些变形会受到板与基础之间的摩阻力和黏结力及板的自重与车轮荷载等的约束,致使板内产生过大的应力,造成板的断裂或拱胀等破坏。

混凝土板由于温度变化而产生的伸缩变形和翘曲变形会因板的尺寸过大而产生较大的内应力。为了避免混凝土板损坏,混凝土路面不得不在纵横两个方向设置许多接缝,把整个路面分割成若干较小尺寸的板块。

水泥混凝土路面的接缝按方向分为垂直于行车方向的横向接缝和平行于行车方向的纵向接缝。按它所起的作用又可分为缩缝、胀缝和施工缝。缩缝保证板因温度和湿度的降低而收缩时沿该薄弱断面断裂,从而使路表面不产生不规则裂缝。胀缝保证板在温度升高时能部分伸长,从而避免产生路面板在热天的拱胀和折断破坏,同时也能起到缩缝作用。混凝土施工时,摊铺和振捣等机具有一定的操作宽度限制,每天的工作量有一定限度而必须中断及因雨天或其他原因不能继续施工时,需要设置施工缝。

(一)横缝的构造与布置

横缝分为横向缩缝、横向胀缝和横向施工缝。

1. 横向缩缝

横向缩缝间距即为混凝土板块的长度。随着板长增加,混凝土的收缩应力增大，特别是温度翘曲应力迅速增大。对现有路面的大量使用调查表明，当板长控制在 5～6m 以上时，出现横向断裂的坏板比例急剧增高。同时，板长越短，温度变化引起的板长伸缩量越小，因而缝隙的变化量也越小。这对于保证接缝的传荷能力可以起重要作用，特别是对于靠集料嵌锁作用传荷的假缝作用更大。因此，目前施工都倾向于采用短板，其长度为 4～5m。横向缩缝通常都等间距布置。为改善行驶质量，国外也有采用变间距布置，并倾斜于行车方向的布置方案。

横向缩缝一般采用假缝形式，不设传力杆。但在特重交通公路上或地基水文条件不良的公路上，宜在板中央设置传力杆。其他各级交通的公路上，在邻近胀缝或路面自由端部的 3 条缩缝内，均宜加设传力杆。横向缩缝的槽口可采用锯切或压入的方式形成。

2. 横向胀缝

由于横向胀缝处混凝土板完全断开，因而也称之为真缝。缝宽为 2.0～2.5cm，一般在缝隙上部 3～4cm 深度内浇灌填缝料，下部则设置富有弹性的嵌缝板，它可由油浸或沥青浸制的软木板制成。在板厚的中央设置传力杆，传力杆的一半以上应涂沥青或加塑料套，并加长 10cm 的小套子，套底和传力杆头之间留 3cm 的空隙（用纱头填），在同一条胀缝上的传力杆，设有套筒的活动端最好在缝的两边交错布置。在与建筑物衔接处或其他公路交叉处的胀缝，当无法设置传力杆时，可采用边缘钢筋型或厚边型。

3. 横向施工缝

每日工作结束或因临时原因而中断施工时，需设置横向施工缝。原则上，横向施工缝应尽量少设，如需设置，其位置宜在胀缝或缩缝处。

在桥涵两端及小半径平、竖曲线处应设置胀缝。胀缝是混凝土路面的薄弱环节，它不仅给施工带来不便，同时由于施工传力杆设置不当（未能准确定位），使胀缝处的混凝土常出现裂碎等病害；当雨水通过胀缝渗入地基后，易使地基软化，引起唧泥、错台等破坏。

当砂石进入胀缝后，易造成胀缝处边板挤碎、拱胀等破坏。同时，胀缝容易引起行车跳动，其中的填缝料又要经常补充或更换，增加了养护难度。因此，近年来国内外修筑的混凝土路面均有减少胀缝使用的趋势。我国现行混凝土路面设计规范规定，胀缝应尽量少设或不设；但在临近桥梁或固定建筑物处，或与其他类型路面相连接处、板厚变化处、隧道口、小半径曲线和纵坡变换处，均应设置胀缝。在其他位置，当板厚等于或大于 20cm 并在夏季施工时，也可不设胀缝。但是，采用长间距胀缝或无胀缝路面结构时，需注意采取一些相应的措施，如增大基层表面的摩阻力以约束板在高温或潮湿时伸长的趋势；在气温较高时施工，应尽量减小水泥混凝土板的胀缩幅度；相对缩短缩缝间距，以便减少板的温度翘曲应力，缩小缩缝缝隙的宽度以提高传荷能力，并增进板对地基变形的适应性。

（二）纵缝的构造与布置

纵缝分为纵向缩缝和纵向施工缝。纵缝间距为板宽，可按路面宽度和每个车道宽度而定，一般按 3～4.5m 设置，其最大间距不得超过 4.5m，这对行车和施工都较方便。

1. 纵向缩缝

当双车道路面按全幅宽度施工时，应增设纵向缩缝。纵向缩缝可做成假缝加拉杆形式。

2. 纵向施工缝

当一次铺筑宽度小于路面宽度时，需设置纵向施工缝。纵向施工缝可采用设拉杆的企口缝或设拉杆的平缝形式。根据国内外的实践经验，企口缝易产生破坏。因此，纵向施工缝一般采用平缝。

对多车道路面，应每隔 3～4 个车道设一条纵向胀缝，其构造与横向胀缝相同。当路旁有路缘石时，缘石与路面板之间也应设胀缝，但不必设置传力杆。

纵缝与横缝一般做成垂直正交，使混凝土板具有 90° 的角隅。纵缝两旁的横缝一般成一条直线。实践证明，如横缝在纵缝两旁错开，将导致板产生从横缝延伸出来的裂缝。

（三）拉杆和传力杆

1. 拉杆

拉杆是设在纵缝板厚中央的螺纹钢筋，其目的是为了防止板块横向位移。拉杆中部 10cm 范围内应进行防锈处理。其最外边的拉杆距接缝或自由边的距离一般为 25～35cm。

2. 传力杆

传力杆主要用于横向接缝，一般采用光圆钢筋，传力杆长度的一半再加 5cm 范围内应涂沥青或加塑料套。胀缝处的传力杆应在涂沥青一端加一套子，内留 3cm 孔隙并填纱头或泡沫塑料，套子端宜在相邻板中交错布置。其最外边的传力杆距接缝或自由边的距离一般为 15～25cm。

(四)水泥混凝土路面与其他构造物的衔接

1. 混凝土路面与沥青路面相接

在混凝土路面和沥青路面相接处,常出现沉陷、错台或沥青路面受顶推而拥起等破坏现象,因此在相接处要采取合理技术措施进行处理。对高速公路和一级公路,应在沥青路面面层下埋设长度为3m的混凝土板,此板在混凝土路面相接一端的厚度与混凝土面板相同,另一端不小于15cm。埋设的混凝土板与混凝土路面相接处的拉杆,应采用螺纹钢筋,直径一般为25mm,长为70cm,间距为40cm。对于其他各等级公路,由于汽车行驶速度低,交通量不大,可采用径向连接或混凝土预制块过渡,过渡长度一般不小于3m。

2. 混凝土路面与桥梁相接

在各等级的公路上,特别是在高等级的公路上,应设置桥头搭板。搭板与混凝土路面之间采用钢筋混凝土面板过渡,其长度不小于5m。搭板与钢筋混凝土面板之间的接缝应设置传力杆,钢筋混凝土面板与混凝土面板之间应设置胀缝。当桥梁为斜交时,在钢筋混凝土搭板与混凝土面板之间要设钢筋混凝土渐变板,渐变板的块数根据与桥梁斜交的角度而定:大于70°时设1块;70~45°时设2块;小于45°时设3块以上。渐变板的短边不得小于5m,长边最大为10m。搭板和渐变板角隅部分用发针钢筋或钢筋网补强。

3. 构造物横穿公路

为了防止横穿公路的涵洞、管线等构造物不因行车荷载下传的力而造成破坏,引起路面出现裂缝、错台和跳车现象,应对构造物顶部及两侧适当范围内的混凝土板采用钢筋网补强或用钢筋混凝土板。

(五)补强钢筋

混凝土面板的边缘和角隅很薄弱,容易在行车荷载作用下因应力过大而断裂破坏。当采用板中计算厚度的等厚式板时,或混凝土板纵、横向自由边缘下的基础有可能产生较大的塑性变形时,应在其纵横向自由边缘加设补强钢筋,角隅处加设发针形钢筋或钢筋网补强。

1. 边缘钢筋布置

边缘钢筋一般用两根直径12~16mm的螺纹钢筋或圆钢筋,设在板的下部板厚1/4处,且距边缘和板底均不小于5cm,间距一般为10cm。纵向边缘钢筋一般只做在一块板内,不得穿过缩缝,以免妨碍板的翘曲,但有时亦可将其穿过缩缝,但不得穿过胀缝。为加强锚固能力,钢筋两端应向上弯起。

在横向胀缝两侧板边缘及混凝土路面的起终端处,为加强板的横向边缘,亦可设置横向边缘钢筋。

2. 角隅钢筋布置

角隅钢筋设置在胀缝两侧板的角隅处,一般可用两根直径 12～16mm 的螺纹钢筋,布置在板的上部,距板边一般为 10cm。

绊脚呈锐角时,亦可采用双层钢筋网补强。可选用直径为 6mm 的钢筋,布置在板的上、下部,距板顶和板底以 5～10cm 为宜。

三、小型机具施工

水泥混凝土路面的小型机具施工是指由机器拌和,人工摊铺,辅助配备一些小型机具(如插入式振捣器、平板振动器、振动梁、真空吸水设备、切缝机等)进行混凝土路面施工的方式。

(一)施工前的准备工作

施工准备工作是路面施工质量保证体系的重要一环,是保证路面施工顺利进行,按期完成任务的关键。因此,必须做好施工前的一切准备工作。

1. 编制施工组织设计

施工单位根据设计文件及施工条件,确定施工方案,编制施工组织设计,包括施工工艺、材料使用计划、劳动计划、机械选型及使用计划、临时设施、现场组织管理计划、安全措施等。

2. 选择混凝土拌和场地

拌和场地选择既要考虑交通便利、运距最短,又要考虑水电供应方便,并且有足够的场地堆放材料,搭建办公生活用房、工棚仓库和消防等设施,一般情况下宜设置在施工路段的中部。

3. 进行材料试验和混凝土配合比检验及调整

按公路等级的要求及工地的具体情况在现场建立工地试验室,并依据相应的试验规程和检测频率对混凝土面层所用的各种原材料进行检验,然后根据检验结果调整混凝土的配合比,改善施工工艺。

4. 基层检查与整修

检查基层的宽度、高程、横坡、弯沉、平整度等是否符合要求。在混凝土摊铺施工前,应清理基层表面,并充分洒水湿润,以防混凝土底部的水分被干燥基层吸去,使混凝土变得疏松以致产生细小裂缝。

5. 模板安装

常用模板有木模和钢模。模板应平直，装、拆方便，而且加载后挠度小。同时其高度应与混凝土板厚相同。高速公路、一级公路混凝土路面施工，应采用钢模板，这样不仅保证工程质量，而且可多次重复使用。钢模板可用 4~5mm 厚钢板冲压制作，或用 3~4mm 厚钢板与边宽 40~50mm 的角（槽）钢组合构成。模板一般长为 3m，接头处应设置牢固的拼装配件。

安装模板前，应根据设计图纸定出路面中心及路面边缘线，模板顶面应与路面设计高程一致。如果因基层局部低洼而造成模板下出现空隙，可在空隙处模板两边填入砂浆等材料。

模板两侧用铁钎打入基层以固定位置，接头处拼装应牢固紧密。安装完毕后，工作人员应再检查一次模板相接处的高差和模板内侧是否有错位和不平整等情况，高度差大于 3mm 或有错位和不平整的模板应拆掉重新安装。确认安装合格的模板其内侧表面应刷涂隔离剂，以利于拆模。两侧模板安装就位后，应横跨路面拉线，用直尺检测拉线至基层表面的距离是否满足混凝土板厚的要求，基层局部高出部分应予以铲除。

模板准确定位是保证混凝土路面质量的重要因素，因此施工时必须经常检查，严格控制。

（二）混凝土的制备和运输

1. 混凝土的制备

混凝土混合料应采用机械搅拌，搅拌站位置应根据施工和运输工具选定，容量由工程量大小和施工进度确定。进行拌和时，掌握好混凝土施工配合比，严格控制加水量，应根据砂、石料的实测含水量，调整拌和时的实际用水量。混合料组成材料的计量允许误差为水泥 ±1%；粗、细骨料 ±5%；水 ±1%；外加剂 ±2%。搅拌机装料顺序宜为砂、水泥、碎（砾）石，进料后，边搅拌边加水。每锅混合料的搅拌时间取决于搅拌机的性能和混合料的和易性，一般为 1.5~3.0min，干硬性混凝土搅拌时间略长一点，一般为 2.0~4.0min。

常用的搅拌机械有自落式搅拌机和强制式搅拌机两大类。

自落式搅拌机是通过搅拌鼓的转动，将混合料提到一定高度后自由落下而达到拌和目的。其优点是能耗小，价格较便宜。但其仅适用于搅拌塑性和半塑性混凝土。而对于干硬性混凝土，由于坍落度小，粒料容易黏附在叶片上，难以拌和均匀，出料也有困难，因而不宜使用。

强制式搅拌机是在固定不动的搅拌筒内，用高速旋转的多组搅拌叶片对筒内材料进行强制搅拌。它的优点是搅拌时间短、效率高、操纵系统灵活、卸料干净；缺点是需要较大的动力，搅拌叶片及搅拌筒磨耗大。它适用于搅拌干硬性混凝土及细粒料混凝土。强制式搅拌机从构造上分为立轴式和卧轴式，立轴强制式搅拌机由于其叶片、衬板磨耗量较大，其使用受到一定限制。双卧轴强制式搅拌机拌和均匀，轴和叶片更换方便、省电，有较好的技术经济指标。因此，水泥混凝土搅拌设备选型时应尽可能选用双卧轴强制式搅拌机。

2. 混凝土运输

混合料宜采用翻斗车或自卸车运输，当运距较远时，宜采用水泥混凝土搅拌运输车运输。混合料从搅拌机出料后，运至铺筑施工现场进行摊铺、振捣、整平，直至铺筑结束的允许时间，可根据水泥初凝时间及施工气温确定。装运混合料，应防漏浆和离析，夏季和冬季施工，应有遮盖或保温设备，卸料高度不宜超过 1.5m。若出现明显离析时，铺筑时应重新拌匀。

（三）混凝土的摊铺和振捣

1. 混凝土的摊铺

摊铺混凝土前，应对模板位置、高度、支承情况及拉杆放置再进行一次全面检查，确认满足要求后，即可进行混凝土摊铺。

混凝土混合料由运输车辆直接卸在基层上，卸料时应不使混合料离析，且应尽可能将其卸成几小堆，以便于摊铺。如发现离析现象，应在铺筑时用铁锹拌均匀，但严禁第二次加水。

混凝土板厚度不大于 24cm 时可一次摊铺。大于 24cm 时宜分两次摊铺，下层厚度宜为总厚的 3/5。摊铺时应考虑混凝土振捣后的下落高度，而预留一定厚度，松铺厚度通过现场试验确定，一般为设计厚度的 1.1～1.15 倍。

人工用铁锹摊铺时，应采用"扣锹"的方法，严禁抛掷和搂耙，以防止混合料离析。

2. 钢筋设置

当混凝土板中根据设计要求需要设置钢筋时，其应配合摊铺工作一起进行。

安放单层钢筋网片时，应在其底部先摊铺一层混凝土，其高度按钢筋网片设计位置可预加一定的下落高度。待钢筋网片就位后，再继续浇注混凝土。

安放双层钢筋网时，对厚度不大于 25cm 的板，上、下两层钢筋网可事先用架立筋扎成骨架后，一次安放就位，厚度大于 25cm 的，按单层网片的方法，上、下两层网片分两次安放。

钢筋网的接头应搭接，其搭接长度应为一个网格或者20cm，搭接处应用细铁丝绑扎。

安放角隅钢筋时，先在角隅处摊铺一层混凝土拌和物，摊铺厚度应按钢筋设计位置预加一定的下落度，角隅钢筋就位后，用混凝土拌和物压住。

安放边缘钢筋时，先沿边缘铺筑一条混凝土拌和物，拍实至钢筋位置，然后放置边缘钢筋，在钢筋两端弯起，用混凝土拌和物压住。

3. 混凝土的振捣

混合料摊铺后，应迅速振捣密实。常用振捣器有插入式振捣器、平板式振捣器和振动梁。对厚度不大于24cm的铺层，应先用插入式振捣器对边角及安置钢筋的部位依顺序振捣，然后再用不小于2.2kW的平板式振捣器纵横交错全面振捣。振捣器在每一位置振捣的持续时间以混合料停止下沉，不再冒气泡并泛出水泥浆为准，不宜过振，一般为10～15s。水灰比小于0.45时，用平板振捣器，不宜少于30s；用插入式振捣器时，不宜少于20s。

平板式振捣器作业完成后，再用带有振动器且底面平直的振动梁进一步拖拉振实并初步整平。振动梁移动的速度要缓慢均匀，一般以每分钟1.2～1.5m为宜，不允许中途停留。拖振过程中，多余的混合料会随着振动梁的拖移而刮去。其中，低陷处应及时人工填补，填补时应用较细的混合料，但严禁用纯砂浆。最后再用直径130～150mm的平直无缝钢管滚杠进一步滚揉表面，使表面进一步提浆并整平。滚杠既可滚拉又可平推提浆赶浆，使混凝土表面均匀保持5～6mm的砂浆层，以利于密封和作面。

对采用两次摊铺的混凝土板（厚度大于24cm），应特别注意上层混凝土拌和料的振捣必须在下层拌和料初凝之前完成。另外，在振捣上层拌和料时，插入式振捣器应插入下层拌和料5cm，以使两层很好融合。

在整个振捣过程中，要随时注意检查模板，如发现问题，应及时处理。

（四）接缝施工

接缝是混凝土路面施工的难点，接缝施工质量的好坏直接影响到混凝土路面的使用寿命和行车舒适性，因此需特别认真加以对待。

1. 胀缝施工

胀缝应与混凝土路面中心线垂直，缝壁垂直于板面，宽度均匀一致，缝中不得有黏浆或坚硬杂物，相邻板的胀缝应设在同一横断面上。胀缝传力杆准确定位是胀缝施工成败的关键。为了保证传力杆位置的正确（平行于混凝土板面及路面中心线，其误差不得大于5mm），可采用两种固定方式，即顶头木模固定法和支架固定法。

①顶头木模固定法。其适用于混凝土一天施工终了时设置的胀缝。传力杆长度的一半穿过端头挡板，固定于外侧定位模板中。在混凝土拌和料浇筑前应先检查传力杆位置，浇筑时先摊铺下层拌和料，用插入式振捣器振实，并在校正传力杆位置后，再浇筑上层拌和料。第二天浇筑邻板前，拆去顶头木模，并及时设置胀缝板、木制嵌条和传力杆套管等。

②支架固定法。其适用于混凝土板连续浇铸过程中设置的胀缝。传力杆长度的一半穿过胀缝板和端头挡板，并用钢筋支架固定就位。浇筑时先检查传力杆位置，再在胀缝两侧摊铺混凝土拌和料至板面，振捣密实后，抽出端头挡板，空隙部分填补混凝土拌和料，并用插入式振捣器振实，然后整平。

胀缝中嵌条的尺寸及拆除时间应把握好。嵌条尺寸应比设计接缝稍宽些，稍低些，最好做成上宽下窄的楔形，以便拔出。嵌条拆除时间以混凝土初凝前、泌水后为宜。嵌条取出后，再将缝槽抹平整。

2.横向缩缝施工

横向缩缝一般采用锯切缝或压入缝。与压入缝相比，切缝法做出的缩缝质量较好，接缝处质量均匀。因此，缩缝施工应尽量采用切缝法。为防止切缝不及时可能出现的早期裂缝，也可每隔几条切缝做一条压缝。

（1）切缝

混凝土结硬后应及时用金刚石或碳化硅锯片切缝。

切缝时间的早晚一定要控制好，切得过早（混凝土抗压强度小于10MPa），粗骨料容易从砂浆中脱落，不能切出整齐的缝；切得过迟，不但会造成切缝困难，增加切缝刀片消耗，而且会使因混凝土的温度下降和水分减少而产生的收缩因板较长而受到阻碍，导致收缩应力超出其抗拉强度而在非预定位置出现不规则的早期裂缝。目前施工中较多采用"温度—小时"法来控制切缝的合适时间，即混凝土浇筑到切割开始的间隔小时与气温的乘积一般控制在250～300"温度—小时"。当然，这只是一种粗略估算的方法。最佳切缝时间除与施工温度有关外，还与混凝土质量，特别是集料质量、水泥类型及水灰比等因素有关，施工时应通过试切后确定。

切缝可采用一次切割成型或两次切割成型的方法。一次切割成型的槽口窄而深，进行嵌缝料施工不易填实，且当缝隙因板的伸缩稍有变化时，嵌缝料便会在深度上出现较大起落，使嵌缝料被挤出槽口外或槽口内嵌缝料不足。两次切割成型即先用薄锯片进行深锯切再用厚锯片进行浅锯切以加宽上部槽口。这种两次切割成型的槽口工作性能比前种好。

（2）压缝

为防止出现早期裂缝，每隔 3～4 条切缝要做一条压缝。

压缝的做法是当混凝土拌和料做面后，立即用振动压缝刀压缝，当压至规定深度后提出压缝刀，用原浆修平缝槽，然后放入铁制或木制的嵌条，再次修平缝槽，待混凝土初凝前、泌水后，取出嵌条，便形成了缝槽。施工时应特别小心，尽量避免接缝两边的混凝土结构受到扰动，并应保证两边平整。如难以做到这一点，缩缝也可仅由切缝形成，但应保证不出现早期裂缝。

缩缝传力杆的安装一般采用支架固定法，传力杆长度的一半再加 5cm 范围内要涂上沥青，保证其在混凝土中可自由滑动。

3. 纵缝施工

纵缝一般为平缝加拉杆形式。纵缝施工应符合设计规定的构造，保持顺直、美观。拉杆可采用三种方式设置。施工时应注意使拉杆螺纹接头端面紧靠板侧面，且套节的螺纹部分不能进入混凝土或砂浆（用黄油等材料封填），以免另一半拉杆无法接上。此方法在日本广泛使用，效果良好。

4. 施工缝

施工缝宜设于胀缝或缩缝处，多车道路面及民航机场道面的施工缝应避免设在同一横断面上。传力杆一半锚固于混凝土中，另一半应涂上沥青，传力杆必须平行于板面，垂直于缝壁。

5. 灌注嵌缝料

混凝土养护期满即可灌注嵌缝料，嵌缝料必须清洁、干燥，并与缝壁黏附紧密、不渗水，灌注高度一般比板面低 2mm 左右。当使用加热施工型嵌缝料时，应将其加热到规定的温度并搅匀，采用灌缝机或灌缝枪灌缝；气温较低时应用喷灯加热缝壁，使嵌缝料与缝壁结合良好。

四、真空作业施工

（一）概述

在混凝土施工工艺中，密实成型是保证质量的一个重要环节。目前运用最广泛的是振动成型，其设备简单，操作方便、效果良好，但它的缺点是噪声大、能耗多、机械磨损严重。混凝土真空作业法，既避免了振动成型的缺点，又能有效排除混凝土中多余的水分，使混凝土拌和物得到密实，是一项很有发展前途的技术。

真空作业法是借助于真空负压，将水从刚成型的混凝土拌和物中排出，同时又能使混凝土密实的一种成型方法。

按真空作业的方式，其分为表面真空作业与内部真空作业两种。

表面真空作业是在混凝土构件的上下表面及侧表面布置真空腔进行作业。上表面真空作业适用于水泥混凝土路面、机场道面、楼面及预制混凝土平板施工；下表面真空作业适用于薄壳、隧道顶板等结构。对于水池、桥墩、水坝等可采用侧表面真空作业。有时，可将上述几种方法结合使用。

内部真空作业是利用插入混凝土内部的真空管进行的，在不能实现表面作业情况下可采用此法。对于一些没有预留孔道的构件或构筑物，如能直接利用结构的预留孔道，布置真空管进行内部真空作业则尤为适宜。一般来说，内部真空作业比较复杂，实际工程中应用较少。

（二）真空混凝土路面的施工设备和注意事项

1. 施工设备

混凝土真空作业的主要设备有真空吸水机组、真空腔及吸水软管三部分。辅助设备有清洗槽、抹面机及振动机等。

真空吸水机组由真空泵、电动机、真空室、集水室、排水管及滤网等组成。真空泵启动后，在真空腔内会形成一定真空度，水便被挤压吸出，经吸水软管引入真空室，再由真空室进入集水室，最后从排水管排出。泵的吸口处设有滤网，可以防止水泥颗粒进入泵内。这种轻型真空吸水机组十分轻巧，其质量一般只有100kg左右，安装在手推车上，移动灵活。

2. 注意事项

为了保证真空作业顺利进行，特别应防止真空系统的漏气及空腔底部过滤层的堵塞，对于柔性吸垫，在真空系统处理将近完毕时，要掀开吸垫边缘，然后继续做一段时间的真空处理，以除去吸垫底层的残余水分，不使其回渗到混凝土拌和物内。

（三）真空作业

1. 真空度的选择

由真空脱水密实的原理可知，真空作业采用的真空度越高，混凝土拌和物受到的附加作用力越大，其脱水密实的效果也越好。实际上，要达到较高的真空度，对设备的要求也要相应提高，因而采用过高的真空度是十分不经济的。

对于不同厚度的构件，可采用不同的真空度，构件厚度越大，真空度也越高，对薄壁构件可采用较小的真空度。

2. 真空作业时间

真空作业时间与构件厚度、所采用的真空度、环境温度、水泥品种及混凝土的配合比（主是水泥用量、水灰比）等因素有关。

构件厚度越大，作业时间越长，构件厚度小于15cm时，两者关系近似线形。一般情况下，水泥用量越大，水灰比越大，真空作业的时间就越长。

3. 真空—振动作业方式

在真空作业过程中，附加适当的振动，可促使混凝土拌和物液化，减小脱水阻力，并有利于固相颗粒位置调整和气泡排出。采用合理的真空—振动得到的真空混凝土强度比普通振动成型的混凝土高60%左右。

进行真空—振动作业时，应采用周期性的短时振动，振动的频率要高，而振幅要低，这可防止混凝土的分层离析和提高脱水密实效率。

（四）真空作业施工中常见问题及对策

1. "弹簧层"现象

真空吸水作业完成后，人踩在板面上就像踩在弹簧上一样，这就是"弹簧层"现象。出现此现象可能是由于板体上、下层脱水不匀所造成，也可能是吸垫搭接处理不当造成漏吸所致。因此，在真空吸水过程中要经常检查密封情况，随时补漏，并应在两块吸垫之间搭接20cm。

2. 裂缝

开始阶段真空度提得过高，混凝土负压差过大则会产生收缩裂缝，因此开泵吸水时，真空度应缓慢升高。除此之外，真空吸垫搭接宽度不够或出现空位，则会造成混凝土在干湿交界处出现收缩裂缝，故吸垫严禁留有空位，并至少保证搭接20cm吸水完成后，若偶有裂缝，可用抹光机多抹一会，在混凝土有塑性时将缝抹平即可。

五、轨道式摊铺机施工

轨道式摊铺机施工是由支撑在平底型轨道上的摊铺机将混凝土拌和物摊铺在基层上。摊铺机的轨道与模板是连在一起的，安装时同步进行。轨道式摊铺机施工混凝土路面包括施工准备、拌和与运输混凝土、摊铺与振捣、表面整修及养护等工作。

（一）施工准备

1. 材料准备及其性能检验

混凝土路面施工前的准备工作包括材料准备及质量检验、混合料配合比检验与调整、基层检验与整修、施工放样及机械准备等。

根据混凝土路面施工进度计划，施工前应分批备好所需的各种材料，并在使用前进行核对、调整，各种材料应符合规定质量要求。新出厂的水泥应至少存放一周后方可使用。路面在浇筑前必须对混凝土拌和物的工作性进行检验并进行必要调整。

2. 基层检查与整修

混凝土路面施工前应对混凝土路面板下的基层进行强度、密实度及几何尺寸等方面的质量检验。基层质量检查项目及其标准应符合基层施工规范要求。基层宽度应比混凝土路面板宽 30～35cm 或与路基同宽。

3. 施工放样

施工放样是用轨道式摊铺机施工混凝土路面的重要准备工作。首先根据设计图纸恢复路中心线和混凝土路面边线，在中心线上每隔 20m 设一中桩，同时布设曲线主点桩及纵坡变坡点、路面板胀缝等施工控制点，并在路边设置相应的边桩，重要的中心桩要进行拴桩。每隔 100m 左右应设置一临时水准点，以便复核路面高程。由于混凝土路面一旦浇筑成功就很难拆除，因此测量放样必须经常复核，在浇捣过程中也要进行复核，做到勤测、勤核、勤纠偏，确保混凝土路面的平面位置和高程符合设计要求。

4. 机械配套及检修

混凝土路面施工前必须做好各种机械的检修工作，以便施工时能正常运行。用轨道式摊铺机施工时，主要工序是混凝土的拌和与摊铺成型，因此应把混凝土摊铺机作为第一主导机械，搅拌机作为第二主导机械。选择主导机械时其应能满足施工质量和工程进度要求。搅拌机与摊铺机应互相匹配，拌和质量、拌和能力、技术可靠性及工作效率等应能满足要求。在保证主导机械发挥最大效率的前提下，选用的配套机械要尽可能少。

（二）拌和与运输

1. 混凝土拌和

确保混凝土拌和质量的关键是选用质量符合规定的原材料、搅拌机技术性能满足要求、拌和时配合比计量准确。采用轨道式摊铺机施工时，拌和设备应附有可自动准确计量的供料系统；无此条件时，可采用集料箱底加地磅的方法进行计量。各种组成材料的计量精度应不超过下列范围：水和水泥 ±1%；粗、细集料 ±3%；外加剂 ±2%。拌和过程中加入外加剂时，外加剂应单独计量。最佳拌和时间应控制为立轴式强制搅拌机为 90～180s；双卧轴强制式搅拌机为 60～90s，最短拌和时间不低于低限，最长拌和时间不超过高限的 3 倍。

2. 混凝土运输

通常采用自卸汽车运输混凝土拌和物，拌和物坍落度大于 5cm 时应采用搅拌车运输。从开始拌和到浇筑的时间应满足下列要求：用自卸汽车运输时，不得超过 1h；用搅拌车运输时，不得超过 1.5h。若运输时间超过上述时间限制或在夏季浇筑时，拌和过程中应加入适量缓凝剂。运输时间过长，混凝土拌和物的水分蒸发和离析现象会增加，因此应尽量缩短混凝土拌和物运输时间，并采取措施防止水分损失和混合料离析。拌和物运到摊铺现场后倾卸于摊铺机的卸料机内，摊铺机卸料机械有侧向和纵向两种。侧向卸料机在路面摊铺范围外操作，自卸汽车不进入路面铺摊范围卸料，场地中要设有供卸料机和汽车行驶的通道；纵向卸料机在摊铺范围内操作，自卸汽车后退供料，施工时不能像侧向卸料机那样在基层上预先安设传力杆。

（三）摊铺与振捣

1. 轨道与模板（轨模）安装

轨道式摊铺机的整套机械可在轨道上前后移动，并以轨道为基准控制路面高程。摊铺机的轨道与模板同时进行安装，固定在模板上，然后统一调整定位，形成的轨模既是路面边模又是摊铺机行走轨道。模板应能承受机组质量，横向要有足够的刚度。轨模数量应根据施工进度配备并能满足周转要求，连续施工时至少需配备三个全工作量的轨模。

轨模安装时必须精确控制高程，做到轨模平直、接头平顺，否则将影响路面的外观质量和摊铺机的行驶性能。

2. 摊铺

轨道式摊铺机有刮板式、箱式或螺旋式三种类型，摊铺时其可将卸在基层上或摊铺箱内的混凝土拌和物按摊铺厚度均匀充满轨模范围内。刮板式摊铺机本身能在轨道上前后自由移动，刮板旋转时可将卸在基层上的混凝土拌和物向任意方向摊铺，这种摊铺机质量轻，容易操作，易于掌握，使用较普遍，但摊铺能力较小。箱式摊铺机摊铺时，先将混凝土拌和物通过卸料机一次卸在钢制料箱内，摊铺机向前行驶时料箱内的混合料摊铺于基层上，通过料箱横向移动按松铺厚度准确、均匀地刮平拌和物。螺旋式摊铺机由可以正向和反向旋转的螺旋布料器将拌和物摊平，螺旋布料器的刮板能准确调整高度。螺旋式摊铺机的摊铺质量优于前述两种摊铺机，摊铺能力较大。

摊铺过程中应严格控制混凝土拌和物的松铺厚度，确保混凝土路面的厚度和高程符合设计要求。一般应通过试铺来确定拌和物的松铺厚度。

3. 振捣

摊铺机摊铺时，振捣机跟在摊铺机后面对拌和物进行进一步整平和捣实。振捣梁前方要设置一道长度与铺筑宽度相同的复平梁，用于纠正摊铺机初平的缺陷并使松铺的拌和物在全宽范围内达到正确高度，复平梁的工作质量对振捣密实度和路面平整度影响很大。复平梁后面是一道弧面振动梁，以表面平板式振动将振动力传到全宽范围内。拌和物的坍落度及集料粒径对振动效果有很大影响，拌和物的坍落度通常不大于 2.5cm，集料最大粒径应控制在 40mm 以下。当混凝土拌和物的坍落度小于 2cm 时，应采用插入式振捣器对路面板边部进行振捣，以达到其应有的密实度和均匀性。振捣机械的工作行走速度一般应控制在 0.8m/min，但随拌和物坍落度的增减可适当变化，混凝土拌和物坍落度较小时可适当放慢速度。

（四）表面整修

振捣密实的混凝土表面应进行整平、精光、纹理制作等工序的作业，使竣工后的混凝土路面具有良好的路用性能。

1. 表面整平

振捣密实的混凝土表面用能纵向移动或斜向移动的表面整修机整平。纵向表面整修机工作时，整平梁在混凝土表面可纵向往返移动，通过机身的移动将混凝土表面整平。斜向表面整修机通过一对与机械行走轴线成 10°左右的整平梁做相对运动来完成整平作业，其中一根整平梁为振动梁。机械整平的速度取决于混凝土的易整修性和机械特性。机械行走的轨模顶面应保持平顺，以便整修机械能顺畅通行。整平时应使整平机械前保持高度为 10～15cm 的壅料，并使壅料向较高的一侧移动，以保证路面板平整，防止出现麻面及空洞等缺陷。

2. 精光及纹理制作

精光是对混凝土路面进行最后的精平，使混凝土表面更加致密、平整、美观，此工序是提高混凝土路面外观质量的关键工序之一。混凝土路面整修机配置有完善的精光机械，只要在施工过程中加强质量检查和校核，便可保证精光质量。

在混凝土表面制作纹理，是提高路面抗滑性能的有效措施之一。制作纹理时用纹理制作机在路面上拉毛、压槽或刻纹，纹理深度应控制在 1～2mm 范围内；在不影响平整度的前提下提高混凝土路面的构造深度，可提高路面的抗滑性能。纹理应与路面前进方向垂直，相邻板的纹理应相互沟通以利排水。纹理制作从混凝土表面无波纹水迹开始，过早或过晚均会影响纹理质量。

（五）养护

混凝土表面整修完毕，应立即进行湿治养护，使混凝土在开放交通时具有规定的强度，尤其在气温较高时，必须保持已浇筑的混凝土表面湿润，以免混凝土表面干裂。在养护初期，可用活动三角形罩棚遮盖混凝土，以减少水分蒸发，避免阳光照晒，防止风吹、雨淋等。混凝土泌水消失后，在表面要均匀喷洒薄膜养护剂。喷洒时在纵横方向各喷一次，养护剂用量应足够，一般为20.33kg/m 左右。在高温、干燥、大风时，喷洒后应及时用草帘、麻袋、塑料薄膜、湿砂等遮盖混凝土表面并适时均匀洒水。养护时间由试验确定，以混凝土达到28天强度的80%以上为准。在养护期间禁止车辆通行以保护混凝土路面。

（六）接缝施工

1. 纵缝施工

纵缝施工应符合设计规定的构造，保持顺直、美观。纵缝为平缝带拉杆时，应根据设计要求，预先在模板上制作拉杆置放孔，模板内侧涂刷隔离剂，拉杆采用螺纹钢筋制作。缝槽顶面采用锯缝机切割，深度为 3～4cm，并用填缝料灌缝。不切割顶面缝槽时，应及时清除面板上的黏浆。假缝型纵缝的施工应预先用门形支架将拉杆固定在基层上或用拉杆置放机在施工时置入。假缝顶面的缝槽采用锯缝机切割，深 6～7cm，使混凝土在收缩时能从切缝处规则开裂。

2. 横缝施工

混凝土面板的横向缩缝一般采用锯缝的办法形成。混凝土结硬后应适时锯缝，合适的锯缝时间应控制在混凝土已达到足够的强度，而收缩变形受到约束时产生的拉应力仍未在将混凝土面板拉断的时间范围内。经验表明，锯缝时间以施工温度与施工后时间的乘积为200～300个温度小时或混凝土抗压强度为 5～10MPa 时较为合适。切缝的方法以调深、调速的切缝机锯切效果较好。为减少早期裂缝，切缝可采用"跳仓法"，即每隔几块板切一缝，然后再逐块锯。切缝深度一般为板厚的 1/4～1/3，切缝太浅会引起不规则断板。

3. 胀缝施工

胀缝应与混凝土路面中心线垂直，缝壁垂直于板面，宽度均匀一致，缝中不得有黏浆或坚硬杂物，相邻板的胀缝应设在同一横断面上。胀缝传力杆准确定位是胀缝施工成败的关键，传力杆固定端可设在缝的一侧或交错布置。施工过程中固定传力杆位置的支架应准确、可靠地固定在基层上，使固定后的传力杆平行于板面和路中线，误差不大于 5mm。铺筑混凝土拌和物时严禁造成传力杆位移，否则将导致混凝土路面接缝区破坏。在传力杆滑动端可安装长度为 10cm 的套筒，套筒内底与传力杆的间隙为 1～1.5cm，空隙内用沥青麻絮填塞，滑动端涂二度沥青。

机械化施工混凝土路面时，胀缝可在连续铺筑混凝土拌和物的过程中完成，也可在施工终了时完成。

4. 施工缝

施工中断形成的横向施工缝应尽可能设置在胀缝或缩缝处，多车道路面的施工缝应避免设在同一横断面上。施工缝设在缩缝处应增设一半锚固，另一半涂刷沥青的传力杆，传力杆必须垂直于缝壁、平行于板面。

5. 接缝填封

混凝土养护期满即可填封接缝，填封时接缝必须清洁、干燥。填缝料应与缝壁黏附紧密、不渗水，其灌注高度一般比板面低 2mm 左右。当使用加热施工型填缝料时，应将其加热到规定温度并搅匀，采用灌缝机或灌缝枪灌缝，气温较低时应用喷灯加热缝壁，使填缝料与缝壁结合良好。

（七）提高表面功能的技术措施

水泥混凝土路面表面功能包括抗滑、耐磨、平整等方面的内容。

①提高表面抗滑能力的技术途径有确保粗、细集料的抗磨光和抗磨耗性能；采用不同的表面处理工艺形成粗糙耐久的表面构造，通常可采用拉槽、压槽、裸露、嵌屑等法。

②提高耐磨性的主要措施有：采用抗压强度较高的混凝土；采用优质材料；严格控制砂、石中的含泥量。

③提高表面平整度的措施：减少各种构造缝，采取优质填缝料；严格控制模板安装质量，防止模板变形；混凝土拌和及摊铺要均匀；混凝土振捣适

当，提浆均匀，加强抹平；表面拉槽和压纹时采用平直导梁；减少工作缝，缩缝尽量不用压缝。

六、滑模式摊铺机施工

滑模式摊铺机施工是采用基线导向装置的摊铺机，沿混凝土的整个断面进行摊铺，通过挤压或找平完成振捣成型。滑模摊铺机上的短模板可随摊铺机连续移动，因而不必安装模板。滑模摊铺要求混凝土在新拌条件下具有稳定的、垂直的边缘。滑模摊铺是大规模生产的施工工艺，对生产和供料的要求都很高。为达到最佳效果，必须尽可能保持摊铺机匀速前进，避免走走停停。

（一）施工工艺

滑模式摊铺机施工混凝土路面不需要轨模，摊铺机支承在4个液压缸上，两侧设置有随机移动的固定滑模，摊铺厚度通过摊铺机上下移动来调整。滑模式摊铺机一次通过即可完成摊铺、振捣、整平等多道工序。铺筑混凝土时，首先由螺旋式布料器将堆积在基层上的混凝土拌和物横向铺开，刮平器进行初步刮平，然后振捣器进行捣实，随后刮平板进行振捣后的整平，形成密实而平整的表面，再使用搓动式振捣板对拌和物进行振实和整平，最后用光面带进行光面。整面作业与轨道式摊铺机施工基本相同，但滑模摊铺机的整面装置均由电子液压系统控制，精度较高。

滑模式摊铺机比轨道式摊铺机集成化更高，整机性能好，操纵方便，生产效率高，但对原材料混凝土拌和物的要求更严格，设备费用较高。

（二）施工过程

1. 准备工作

滑模式摊铺机施工水泥混凝土路面的准备工作包括以下内容。

①基层质量检查与验收。对基层的检验项目及质量验收标准其与轨模式摊铺机施工相同。一般情况下滑模式摊铺机施工的长度不少于4km。基层应留有供摊铺机施工行走的位置，因此基层应比混凝土面层宽出50～80cm。

②测量放样，悬挂基准绳。滑模式摊铺机的摊铺高度和厚度可实现自动控制。该摊铺机一侧有导向传感器，另一侧有高程传感器。导向传感器接触导向绳，导向绳的位置沿路面的前进方向安装。高程传感器接触高程导向绳，导向绳的空间位置根据路线高程的相对位置来安装。摊铺机摊铺的方向和高程准确与否，取决于导向绳的准确程度，因此导向绳经准确定位后可固定在打入基层的钢钎上。

③混凝土配合比与外加剂。滑模式摊铺机对混凝土拌和物的品质要求十分严格,集料最大粒径应小于40mm,拌和物摊铺时的坍落度应控制在4～6cm。为了增加混凝土拌和物的施工和易性,以达到所需要的坍落度,常需要使用外加剂。所掺外加剂品种、数量应先通过试验确定。

④选择摊铺机类型。高速公路、一级公路宜选配一次能摊铺2～3个车道宽度(7.5～12.5m)的滑模摊铺机;二级及二级以下公路路面最小摊铺宽度不得小于单车道设计宽度。硬路肩的摊铺宜选配中、小型多功能滑模摊铺机,并宜连体一次摊铺路缘石。

2.施工过程

滑模式摊铺机摊铺混凝土拌和物时,用自卸汽车将拌和物运至现场,并加在摊铺机料箱内;螺旋布料器前拌和物的高度保持在螺旋布料器高度的1/2～2/3,过低会形成拌和物供应不足,过高摊铺机会因阻力过大而造成机身上翘。滑模式摊铺机工作速度应根据拌和物稠度、供料多少和设备性能控制在0.8～3.0m/min,一般宜在1m/min左右。拌和物稠度发生变化时,应先调整振捣频率,后改变摊铺速度。混凝土强度初步形成后要用刻纹机或拉毛机制作表面纹理。混凝土路面的养护、锯缝、灌缝等施工方法与轨道式摊铺机施工相同。

摊铺完成后使用纹理养生机对新铺水泥混凝土路面拉毛,并随后进行养生薄膜液体的洒布。纹理养生要在30min之内摊铺段完成。刷子应调整到低于水泥混凝土路面表面8～10mm。新铺水泥混凝土路面表面还发亮时,就应进行薄膜液体的喷洒。喷嘴应调整到距路表面40～50cm高度。

用洒布机在新铺路面喷洒薄膜材料应分两层进行。第一层是在混凝土路面精整并除去水泥浆后,当湿润的路面表面逐渐变得无光泽时进行;第二层是在第一次喷洒之后,过30～60min后进行。养生膜的总厚度应为0.4～0.7mm。

为了避免热天阳光直接照射,在第二层养生膜喷洒之后要给路面铺上一层厚度2～4cm的砂子,或洒布一层石灰浆。石灰浆装在洒布机的料罐里,由洒布机进行喷洒。

滑模式摊铺机摊铺混凝土路面板时,可能会出现板边塌陷、麻面、气泡等问题,应及时采取措施进行处理。塌陷的主要形式为边缘坍落、松散无边或倒边,造成塌边的主要原因是模板边缘调整角度不正确,摊铺速度过慢。边缘坍落会影响路面的平整度,横坡达不到设计要求;双幅施工时,会造成路面排水不畅。因此,工作人员应根据混凝土拌和物的坍落度调整出一定的预抛高,使混凝土坍落变形后恰好符合设计要求。造成倒边和松散无边的主要原因是集料针片状或圆状颗粒含量较多而造成拌和物成型性差、离析严重。此外,混凝土配合比不当、摊铺机的布料器将混凝土稀浆分到两侧也会导致倒边。为防止各种原因造成的倒边,应采用拌和质量好的搅拌机;施工过程中出现集料集中时,应将集料分散、除去或进行二次布料。麻面主要是由于混凝土拌和物坍落值过低造成的,混合料拌和不均匀也是原因之一。因此,应严格控制混凝土拌和物的坍落度,使用计量准确且拌和效果好的搅拌机,同时对混凝土的配合比进行适当调整。

(三)钢筋混凝土路面滑模施工工艺

以人工或轨道式摊铺机摊铺钢筋混凝土结构时,采用分层摊铺方法,即先铺下层混凝土,再在下层混凝土上布设钢筋网,然后进行上层铺筑。这种方法若用于滑模摊铺,不但影响摊铺速度,而且布设的钢筋网往往不均匀,质量差。在大规模滑模摊铺施工时,分层布设钢筋网是不可能的,因为钢筋网的布设时间较长,特别是布设双层钢筋网会影响施工正常进行。此时,采用侧边布料可解决这一问题。

施工前一天在所需之处布设钢筋网,钢筋网要托在支架上,要保证支架在摊铺过程中保持一定水平度。在摊铺前,安装好传力杆及其支座,紧接着铺设好横向的钢筋骨架,然后在现场捆扎纵向钢筋。采用机械布设钢筋网一般使用标准化网格。在布料机后,工作人员要迅速把钢筋网压放在预定位置。钢筋网是从布料机牵引的一台小车上放下,铰接在摊铺机前面的压板将钢筋网压入混凝土混合料中,再由摊铺机上的螺旋分料器和计量闸门进行二次分料和刮平。

施工时,卸料汽车从摊铺带外侧车道倒车、卸料。布料机传送带架推动卸料汽车前进,实现边卸料边摊铺的施工。

受外侧送料皮带高度的影响,施工样线应设置在合理高度。在实际施工时为便于卸料,有时要将样线放开。这时,让摊铺机停止摊铺,布料机传送带一侧的找平系统置于"手动"位置,人工控制布料厚度,在钢筋网上布料。布料过后收回传送带,架起样线再进行摊铺机摊铺。摊铺机在接近钢筋网时要适当将计量闸门和振捣棒提升到高于钢筋网 3~5cm 的位置,使其不致在刮平、振捣时碰到钢筋网。

七、施工质量检查与竣工验收

混凝土路面施工质量应符合设计和施工规范要求,为此应加强施工前的原材料质量检验，施工过程中应对每一道工序进行严格质量检查和控制。对已完成的混凝土路面进行外观检查，测量其几何尺寸，并根据设计文件进行校核。此外，还要查阅施工记录，包括原材料试验和试件强度资料、配合比及隐蔽构造（各种钢筋位置）等，以检查结果作为评定工程质量的依据。

（一）施工质量控制

1. 原材料质量检验

施工前应对各种原材料进行质量检验，以检验结果作为判定材料质量是否符合要求的依据。在施工过程中，当材料规格和来源发生变化时应及时对材料进行质量检验。材料质量检验的内容包括材料质量是否满足设计和规范要求；数量供应能否满足工程进度；材料来源是否稳定可靠；材料堆放和储存是否满足要求等。质量检查时以"批"为单位进行，通常将同一料源、同一次购进的同品种材料作为一批，取样方法按试验规程进行。混凝土所用的水泥、粗细集料、水、外加剂、钢材、接缝材料等原材料的质量检查项目和标准应符合有关要求。

2. 施工过程中的质量控制

在混凝土路面施工过程中，工作人员应检查混凝土拌和物的配合比是否符合设计要求，对拌和、摊铺、振捣的质量等进行检查，并做好记录。混凝土的抗折强度以养护 28 天龄期的小梁试件来测定，以试验结果计算的抗折强度作为评定混凝土质量的依据。强度试验应按下列规定进行。

①用正在摊铺的混凝土拌和物制作试件；若施工时采用真空脱水工艺，则试件亦采用真空脱水工艺成型。

②每台班或每铺筑 200m^3 混凝土，应同时制作两组试件，龄期分别采用标准养生 7 天和 28 天。每铺筑 1 000～2 000m^3 混凝土拌和物需增制一组试件，用于检查后期强度，龄期不少于 90 天。

③当普通硅酸盐水泥混凝土在标准养护条件下养生 7 天的强度达不到 28 天强度的 60% 时，应分析原因，并对混凝土的配合比做适当调整。

④铺筑完毕的混凝土路面，应抽检实际强度、厚度。可采用现场钻取圆柱试件测定，并进行圆柱劈裂强度试验，以此推算小梁抗折强度。

（二）竣工验收

混凝土路面施工完毕，施工单位应将全线以 1km 作为一个检查段，按随机取样的方法选择对每一检查段的测点，按混凝土面层质量验收和允许偏差的规定进行自检，并向监理部门和建设单位提供全线检测结果及施工总结报告。施工质量监理单位应会同施工单位一起按随机抽样的办法选择一定数量的检查段进行抽样检查，抽样总长度不宜少于全程的30%，检查的内容和频度应符合规范规定。

　　混凝土路面完工后，应根据设计文件、交工资料和施工单位提出的交工验收报告，按国家建设工程竣工验收的办法组织验收。验收时应提交设计文件和交工资料、交工验收报告、混凝土强度试验报告、材料检查及材料试验记录、基层检查记录、工程重大问题处理文件、施工总结报告、工程监理总结报告等。

第六章 路面养护技术

第一节 概　述

一、路面养护的目的

公路路面在使用过程中,由于行车荷载作用和自然因素影响,将使路面逐渐产生各种破损。路面破损对车辆的行驶速度、载荷能力、燃料消耗、机械磨损、行车舒适,还有对交通安全、环境保护等都会造成有害影响。因此,对路面必须采取预防性、经常性的保养和维修措施,使路面保持良好的技术状况,以保证路面的服务水平,并有计划地对原有路面进行改善、提高,以适应运输发展需要。

路面的损坏,可以分为两类:一类是结构性损坏,包括路面结构整体或其中某一个或几个组成部分的破坏,使路面不能支承预定的车辆荷载;另一类是功能性损坏,它也有可能并不伴随结构性损坏而发生,但由于平整性和抗滑能力等的下降,使其不再具有预定功能,从而影响行车质量。对于功能性损坏,可以通过整修、养护或罩面使面层的功能得到恢复;对于结构性损坏,通常则需对路面进行彻底翻修。因此,区分这两类不同的损坏是十分重要的,工程师必须具备这种区别的能力。

二、路面养护的基本要求

①及时、经常地对路面进行保养和修理,防止路面松散、裂缝和壅包等各种病害产生和发展。

②通过对路面的保养和修理,保持甚至提高路面的平整度与抗滑能力,确保路面的行驶性能。

③通过对路面的修理和改善,保持甚至提高路面的强度,确保路面的耐久性。

④防止因路面的破损和养护操作污染沿线环境。

三、路面养护工程的分类及主要内容

1. 小修保养工程

小修保养工程主要包括如下几种。

①清除路面上的泥土、杂物,保持路面整洁。

②排除路面上的积水、积雪、积冰、积沙,铺防滑料、灭尘剂或压实积雪,维持交通。

③沙土路面刮平,修理车辙。

④碎(砾)石路面扫匀、添加面砂,洒水润湿,刮平波浪,修补磨耗层。

⑤处理黑色路面的泛油、拥包、裂缝、松散等病害。

⑥混凝土路面修理板边接缝及堵塞裂缝等。

⑦局部处理沙土路的翻浆、变形,添加稳定料。

⑧碎(砾)石路面局部加宽、修补坑槽、整段修理磨耗层或扫浆铺砂。

⑨黑色路面修补坑槽、沉陷,处理波浪、啃边等病害。

⑩混凝土路面面板的局部修理和调整平整度。

2. 路面中修工程

路面中修工程主要包括以下几类。

①沙土路面大面积处理翻浆,修理横断面。

②碎(砾)石路面局部地段加厚、加宽,调整路拱,加铺磨耗层、保护层,处理严重病害。

③黑色路面整段封层罩面。

④黑色路面严重病害处理。

⑤水泥混凝土路面个别面板更换、浇筑或加铺沥青磨耗层。

3. 路面养护大修工程

路面养护大修工程主要包括如下几类。

①整线整段用稳定材料改善土路。

②整段加宽、加厚或翻修重铺碎(砾)石路面。

③翻修或补强重铺,或加宽高级、次高级路面。

4. 路面养护改善工程

路面养护改善工程如下。

①分段提高公路技术等级,铺筑高级、次高级路面。

②新铺碎(砾)石路面等。

第二节　沥青类路面的养护与维修

一、沥青路面病害类型及产生的原因

（一）沥青路面病害类型

《公路技术状况评定标准》（JTG 5210—2018）将沥青路面病害划分为 11 类 21 项。

（二）沥青路面主要病害产生的原因

1. 横向裂缝

实际工作中，在外观表现形式上沥青路面的损坏类型及原因主要有以下 16 种。

①施工缝未处理好，接缝不紧密，结合不良。

②沥青标号未达到使用要求的质量标准或不适合本地区气候条件。

③半刚性基层收缩裂缝的反射缝。

④桥梁、涵洞或通道两侧的填土产生固结或地基沉降。

2. 纵向裂缝

①先后摊铺幅相接处的冷接缝，未按有关规范要求认真处理，结合不紧密而脱开。

②纵向沟槽回填土压实度不足而发生沉陷。

③拓宽路段的新老路面交界处沉降不一。

3. 反射裂缝

①半刚性基层收缩裂缝的反射裂缝。

②在旧路面上做沥青罩面前原路面已有裂缝，反射到新沥青面层表面。

③在水泥混凝土路面上做沥青面层，水泥混凝土路面的接缝或裂缝反射到沥青面层表面。

4. 网裂

①路面结构中夹有软弱隔层或泥灰层，粒料层松动，水稳性差。

②沥青与沥青混合料质量差，延度低、抗裂性差；石料含泥量大，油石比不当。

③沥青层厚度不足，层间黏结差，水分渗入，加速裂缝形成。

5. 龟裂

①土基和路面基层的病害或强度不足，在行车作用下产生龟裂现象。

②沥青性能不好或路龄较长，产生较大面积龟裂。

6. 翻浆

①基层用料不当或拌和不匀，细料过多，由于水稳性差，遇水后软化，在行车作用下，浆水上冒。

②低温季节施工的半刚性基层，强度增长缓慢，而路面开放交通过早，在行车与水作用下，使基层表面粉化，形成浆水。

③冰冻地区的基层，冬季水分积聚成冰，春天解冻时翻浆。

④沥青面层厚度较薄，空隙率较大，未设置下封层和没有采取结构层内排水措施，雨水下渗，形成翻浆。

⑤沥青表面处置和贯入式面层竣工初期，由于行车作用次数不多，结构层尚未达到应有密实度就遇到降雨，渗入水增多，基层翻浆。

7. 沉陷

①沥青混合料在摊铺时厚度不均或粗细料不匀引起的面层轻微下沉。

②土基或基层局部强度薄弱，经雨水侵蚀或行车作用使其结构遭到破坏，引起路面沉陷。

③桥头路面沉陷是因土质不好或含水量大或桥涵施工与路基开挖未同步进行。

8. 拥包

①沥青混合料的油石比油量偏高或细料偏多，热稳性不好，夏季气温较高时，路面不足以抵抗行车引起的水平力。

②沥青面层摊铺时，底层未清扫或未喷洒黏层沥青，致使路面上下层黏结不好；沥青混合料摊铺不匀，局部细料集中。

③基层或下面层未经充分压实，强度不足，发生变形位移。

④路面在日常养护时，如局部路段罩面，挖补用油量偏大，集料偏细或摊铺不匀，或者是混合料碾压后未充分冷却，行车在上面制动、起步等。

⑤陡坡或平整度较差路段，沥青面层混合料易在行车作用下向低处聚积而形成拥包。

9. 波浪（搓板）

①沥青混合料的矿料级配偏细，沥青用量偏高，高温季节时，面层在车辆水平力作用下，发生位移变形。

②铺筑沥青面层前，未将下层表面清扫干净或未喷洒黏层沥青，致使上下层黏结不良，产生滑移。

③旧路面上原有的波浪（搓板）病害未彻底处理，即在其上铺筑面层。

10. 泛油

①沥青表面处置、贯入式等施工，使用沥青标号不当，针入度过大。

②混合料级配不当，油量过大，集料过少。

③冬季施工，面层成型慢，集料散失过多。

11. 啃边

①路边缘积水，使集料与沥青剥离、松散。

②路面边缘碾压不足，而密实度较差。

③路面边缘基层松软，强度不足，承载力差。

④土路肩长时间积水，水浸入基层，减弱其强度。

12. 脱皮

①摊铺时，下层表面潮湿或有泥土、灰尘等。

②旧路面上加罩沥青面层时，原路表面未凿毛，未喷洒黏层沥青，使新面层与原路面黏结不良。

③面层偏薄，厚度小于混合料集料最大粒径两倍，难以碾压成型。

④摊铺时，混合料温度过低，未及时碾压，雨水渗入下层，上下层黏结不好。

13. 松散

①沥青混合料低于摊铺和碾压温度，或碾压不及时，沥青结合料失去黏结力。

②沥青混合料炒制过火，即沥青老化，其结合料失去黏结力。

③沥青混合料潮湿，矿料与沥青黏结不牢，或冒雨摊铺，沥青黏结力下降，造成松散。

④沥青混合料油石比偏大，细料少，人工摊铺整平时粗集料集中，造成黏结力下降。

⑤低温施工，路面成型慢，在行车作用下，嵌缝料脱落，重者造成松散。

14. 渗水

①沥青路面的结构渗水分为两种，一种是面层结构采用开级配或半开级配型时，空隙率较大，其面层结构始终处于渗水状态；另一种面层结构尽管是密集级配型，但在刚建成通车三个月内，因面层材料的不均匀性和施工过

程中局部地方的轻微离析，面层仍存在上下贯通的空隙，雨水会乘空而入。

②沥青路面裂缝处漏水。

③施工期间的局部积水。施工期间，对于纵坡接近或等于零的路段，由于路槽挡水或基层不平的低洼处，雨水汇集无法排出，使该处的基层表面和沥青面层长期处于浸水或潮湿状态。

④路面通车后由于局部不均匀沉降而造成面层与基层凹陷，同时伴随着沥青路面开裂使雨水渗入。

15. 坑槽

①路面在水和车辆荷载的作用下，出现小面积松散或裂缝等病害，未能及时修补。

②基层强度不够，稳定性不好，面层裂缝，水浸入基层，在车辆荷载作用下使病害扩大，出现坑槽。

③路面尚未成型时受到机动车紧急制动影响出现坑槽或受外力冲击，如机械碰撞，路面遭到破坏。

④沥青混合料级配不佳、拌和不均匀、局部离析、沥青用量少，在行车作用下，主骨料散失等。

16. 车辙

①施工技术和质量控制差，使混合料压实不足。

②混合料组成材料和组成设计差，使混合料稳定性不足。

③轮迹带处的路面材料和路基，在荷载的反复作用下出现固结变形和侧向剪切位移。

二、沥青路面预防性养护技术

（一）预防性养护技术的内涵

沥青路面的质量和使用寿命很大程度上与日常养护有关，通过及时的、良好的日常养护可有效减缓路面损坏状况发展，延长路面寿命（结构和使用功能方面）。对于沥青路面养护管理，应加强经常性、预防性小修保养，对局部轻微的初始破损必须及时进行修理。我国公路养护技术规范把清扫保洁、处理泛油、壅包、裂缝、松散等病害作为保养作业；修补坑槽、沉陷、处理波浪、啃边等病害作为小修作业。小修保养分初期保养、日常养护和预防性季节保养修理，其统称为预防性养护措施。

沥青路面经一段时间的使用后，可能出现松散、坑槽、壅包、裂缝、沉陷、泛油、骨料外露、搓板、车辙等损坏现象。及时进行养护和维修，可使路面的强度和使用性能保持良好状态，确保行车安全和畅通，延长道路使用年限。

近些年来，国外广泛采用薄层路面修补方法来处理早期轻度病害，措施上可用热沥青混合料罩面，也可用表面处置或改性稀浆封层等多种薄层路面修补养护方法。因为采取这种薄层路面，费用不多，能及时消除路面早期病害，能使开始老化的路面返老还新，延长路面使用寿命。

石屑封层与表面处置可以用乳化沥青，也可用改性乳化沥青，也可用热沥青，但是用热沥青时骨料必须烘干或加热，而使用乳化沥青或改性乳化沥青时，骨料不需烘干或加热，即使在低温与阴湿的气候下（未降雨），也可以快速地、及时地修复路面病害。而且用改性乳化沥青与热沥青相比，能显著降低工程造价，因此在国际上颇受欢迎。近些年来，由于慢裂快凝改性乳化沥青的发展，特别是改性稀浆封层开发与应用，在大交通量高等级路面的早期修补率已由5%降低到1%。采用改性乳化沥青养护公路，基本上摆脱了南方的雨季与北方寒冷等气候的限制，只要天不降雨，地不结冰，一般都可以做到及时养护，能有效防止路面上病害蔓延与扩大。据统计，发现路面有坑槽，雨季里40天不能进行修补，坑槽的面积可以扩大5倍，旱季里可以扩大1～3倍。在多雨的南方地区（持续4～5个月），坑槽面积扩大8～10倍，严重影响车与路面的寿命。采用改性乳化沥青与改性稀浆封层，可以及时治愈裂缝与消除病害，有的省一年内可减少坑槽面积4万 m^2，有的省及时治愈路面裂缝，路面的寿命可平均延长3～5年，这都说明做好预防性养护带来的直接工程效益。

（二）预防性养护技术的类别与要求

1. 沥青路面预防性养护措施

（1）各类沥青路面初期养护技术

①热拌沥青混合料路面。

a. 热拌沥青混合料面层必须充分压实，待摊铺层完全自然冷却、混合料表面温度低于50℃方可开放交通。

b. 横向的施工接缝是路面的薄弱点，尤应加强初期养护，铲高补低，烙平压实，消灭缝空隙，保持平整密实。

②沥青贯入式路面。

a. 开放交通初期，应控制车速不超过20km/h，直至路面完全成型。

b. 应设专人指挥交通或设锥形交通路标，按先边、后中控制车辆行驶，达到全面碾压密实。

c.应随时将行车驱散的嵌缝料回扫、布匀、压实,以形成平整密实的上封层。如有泛油现象,应在泛油处补撒与最后一层石料规格相同的嵌缝料,并仔细扫匀。

③沥青表面处置路面。

a.层铺法施工的沥青表面处置路面的初期保养与贯入式路面的要求基本相同,因表面处置路面较薄,更应加强初期维修。

b.拌和法施工的沥青表面处置路面的初期保养与热拌沥青混合料路面的要求基本相同,更应重视早期病害的及时修理。

④乳化沥青路面。

a.对于贯入式路面、乳化沥青碎石混合料路面,由于其初期稳定性差,压实后的路面应做好初期保养,要设专人管理,封闭交通 $2\sim6h$。

b.在未破乳成形的路段上,严禁一切车辆、人、畜通过;开放交通初期,应控制车速不超过20km/h,并不得制动和掉头。

c.当有损坏时,应及时修理。

(2)沥青路面日常养护要点

①加强路况巡查,及时发现病害,研究分析病害产生的原因,并有针对性地及时对病害进行维修处理。

②巡查过程中,发现路面上有杂物,要及时清扫,保持路面清洁。

③沥青路面的日常清扫,应根据实际情况,采用机械或人工方法进行清扫。

④沥青路面的清扫作业频率应根据路面污染程度、交通量的大小及其组成、气候及环境条件等因素而定;长隧道与大隧道内、桥梁上沥青路面的清扫频率应适当增加。

⑤为了防止清扫路面时产生扬尘而污染环境,危及行车安全,机械清扫时宜配备洒水装置,并根据路面扬尘程度,确定适当的洒水量。

⑥严禁履带车和铁轮车在沥青路面上直接行驶,如必须行驶,应采取相应措施。

⑦雨后路面有积水的地方要及时排除,以免下渗,破坏路面。

(3)预防性季节性养护。

①春季。春季应做好沥青路面温缩裂缝和其他裂缝的灌、封修理,并及时快速修补坑槽、松散和翻浆等病害。

②夏季。夏季气温较高,是沥青路面养护工程施工的有利季节,应抓住高温期处置泛油,铲除壅包、波浪,及时修复冬寒、春雨期临时修补的破损,恢复路面使用质量。

③秋季。秋季由高温逐步降温，东南沿海地区易遭台风、暴雨袭击，东北、西北地区将受北方冷空气活动影响，沥青路面修理必须密切注意天气预报，抓紧完成养护工程年度计划项目，适时做好冬季病害的预防性保养修理，如裂缝灌、封修理，冻胀、松散的防治，及时修补坑槽和乳化沥青稀浆封层等。

④冬季。冬季做好冬季病害的防治包括防雪、防冰、防滑、疏阻、抢险及养路材料采备等工作。

2. 高速公路沥青路面日常养护

（1）一般规定

①对高速公路沥青路面应进行经常性、及时性和预防性的日常养护，保证高速公路沥青路面经常处于良好的技术状态，确保在大交通量和各种条件下，为行驶车辆提供快速、畅通、安全、舒适、经济的行车环境。

②高速公路路面的日常养护在大交通量和高速运行的开放条件下进行，工作程序应符合以下要求。

a. 建立完善的巡视检查和技术检测系统，建立完整的信息网络。及时、准确地掌握路面状况及相关信息，科学地、客观地评定路面使用品质，有依据、有计划、有针对性地安排养护项目。

b. 树立高度的交通服务意识和安全意识，在路面养护作业中，应满足正常行车需要，避免完全封闭式交通作业和夜间作业。

c. 严格按照有关技术规范和标准进行养护作业，宜采用机械化养护作业方式，迅速、优质、高效地处理各类路面损害和障碍，确保运营质量。

d. 不断探索和应用新材料、新设备、新技术、新工艺，提高养护作业的时效性、机动性、安全性和可靠性。

③对于高速公路沥青路面上出现的各类病害，必须及时、快速地随挖随补。当发现直接危及正常交通和行车安全的病害时，应立即修复或采取临时过渡措施，再按有关要求进行修复。

④高速公路沥青路面一般以 50km 左右为一个养护单元，日常养护的机械设备配置，除必要的手用工具及检测用具外，应以中轻型常用设备为主，大型养护设备、大型排障机具和技术检测仪器设备，根据实际需要，可用同一线路或相近线路的若干养护单元统一配置、协调使用。

⑤高速公路沥青路面的日常养护应根据实际需要建立适当的材料储备，并组织可靠的养护材料供应网络，以确保路面养护作业正常进行。

⑥在高速公路上进行路面养护作业的人员，必须事前接受专门的安全教育和养护作业规程培训。

(2) 巡查和检测

①高速公路沥青路面的日常养护中，工作人员应坚持巡视检查制度，及时发现路面及其附属设施的损坏情况和可能影响交通路障，以便养护部门及时、合理地安排维修和清理，尽快恢复路面正常使用状态。

a. 高速公路沥青路面的巡视检查分为日常巡查、专项巡查、特殊巡查和定期巡查，各类巡查的内容、频率、方法、装备按有关规定执行。

b. 巡查作业中，巡查人员应强化自身保护意识，按规定穿着安全标志服。巡查车速一般控制在 40～50km/h，并按规定开启黄色警示灯。如遇到需要停车检查的情况，应停在紧急停车带上。

c. 巡查作业中应由专人记录巡查情况，巡查结束后应尽快整理、汇总巡查记录，并通知有关部门采取相应养护措施。

②高速公路路面的日常养护中，应注意采集、利用气象信息和交通信息等相关信息。

a. 应由专人每天记录当地的天气预报和实际天气情况。在多风、多雨、多雾、多雪、多冰冻季节，应随时注意天气变化，必要时应与当地气象台、站保持联系，随时获得最新气象信息，以便及时采取相应措施。

b. 应按规定进行交通量调查。

③高速公路沥青路面应根据本地区的特点，可选择典型路段进行路面破损、强度、平整度和抗滑能力检测，进行必要的专项技术检测。

④各项巡视检查、专项检查和技术检测的结果，工作人员均应及时进行整理和初步分析，并输入公路路面管理系统，由该系统每年一次对管养路段沥青路面的技术状况和使用品质进行综合评价，作为制定下一年度养护工作计划的依据。当在各类巡查或专项检测中发现沥青路面某一方面的技术状况和使用品质明显下降时，工作人员应及时通过该系统作出阶段性评价，以及时采取相应的养护对策。当桥头沉陷高差超过 4m 时，应及时修复，以免影响行车安全。

(3) 清扫和排水

①高速公路沥青路面应根据尘土、落叶、杂物等造成的污染程度，进行日常清扫，保持高速公路良好的运行环境。

a. 高速公路沥青路面的日常清扫应以机械作业为主，机械清扫沿路面右侧或左侧进行，右侧清扫的次数应多于左侧，并应尽量避免在中间行车道进行清扫作业及变换车道进行清扫作业。在机械清扫路面时留下的死角，可人工进行辅助清扫。

b. 高速公路沥青路面日常清扫的作业频率应根据路面污染程度、交通量的大小及组成、气候及条件等因素而定，一般为每日一次全程清扫，节假日可适当减少清扫次数。清扫作业一般在日间进行，清扫时间尽量避开流量高峰时段。

c. 为了防止清扫路面时产生扬尘而污染环境、危及行车安全，清扫机械必须配备洒水装置，机械清扫作业时应根据路面扬尘程度确定适当的洒水量。

d. 在进行机械清扫作业之前，作业人员检查道路清扫车的机械状态和清扫工作装置的完好程度，并按清扫作业量的需要加水，以确保机械清扫作业正常进行。

e. 路面清扫后的垃圾不得随意倾倒，应运至指定地点或垃圾场妥善处理。

f. 桥面、隧道内沥青路面及收费广场的日常清扫作业按相关规范要求进行，但应适当加大隧道内沥青路面及收费广场的清扫频率。

②高速公路沥青路面除了定期的日常清扫作业外，还应根据路面污染的特殊情况，及时进行不定期的特殊清扫保洁作业。

a. 当发现路面上有妨碍正常交通的杂物时，应立即清除，以确保行车安全。

b. 当因意外事件、事故等因素造成路面污染时，应及时清扫，以保持路面整洁。

c. 当沥青路面被油类物质或化学物品污染时，应先撒砂、撒木屑或用化学中和剂处理，然后进行清扫，必要时再用水冲洗干净。

③高速公路沥青路面应保持排水畅通，路面无积水。

a. 应经常对中央分隔带集水井、横向排水管、路侧拦水缘石及泄水孔等路面排水系统进行清理和疏通，发现损坏部位应及时修复。

b. 应经常检查沥青路面排水情况，检查时间一般以在雨间或雨后 $1 \sim 2h$ 为宜。发现路面明显积水的部位，应分析原因，分别采取不同措施。

c. 对虽未破损，但造成雨后明显积水的行车道路路面局部沉陷部位，应及时清扫并予以整平；对设置路侧拦水缘石及泄水槽的路段，如发现拦水缘石开口及泄水通道的位置不妥而造成路面积水时，应及时调整；对因横坡不适而造成积水的路段，应采取临时措施，尽量减少行车道部位积水。

三、沥青路面病害处置技术

（一）基本要求

①对各种路面病害应分析其产生的原因，并根据路面结构类型、设计使用年限、维修季节、气温等实际情况，采取相应维修措施。

②防止病害发展和破损面积扩大，对病害应及时进行处置。

③高速公路和一级公路路面病害的维修应采用机械作业，其所使用的沥青混合应集中厂拌，并采取保温措施。其他等级的公路也应逐步提高维修作业的机械化水平。

④对病害的维修事先应有周密计划，做好材料准备，保证工序之间的衔接，坑槽、沉陷、车辙等需将原路面面层挖除后进行机械修补作业的病害，宜当日开挖当日修补，并设置警示标志以保证行车安全。

⑤修补面积应大于病害的实际面积，修补范围的轮廓线应与路面中心线平行或垂直并在病害面积范围以外 10～15cm。

（二）病害损坏的维修方法

1. 裂缝

裂缝在沥青路面病害表现形式中是最常见的类型，规范建议的修补方法主要是以下三点。

①高温季节全部或大部分可愈合的轻微裂缝，可不加处理。

②在高温季节不能愈合的轻微裂缝，可采用以下两种方法进行。

a. 将有裂缝的路段清扫干净并均匀喷洒少量沥青（在低温、潮湿季节宜喷洒乳化沥青），再匀撒一层 2～5mm 的干燥洁净石屑或粗砂，最后用轻型压路机将矿料碾压。

b. 沿裂缝涂少量稠度较低的沥青。

③对于路面的纵向或横向的裂缝，应按裂缝的宽度按以下步骤分别予以处置。

a. 缝宽在 5mm 以内：清除缝中杂物及尘土；将稠度较低的热沥青（缝内潮湿时应采用乳化沥青）灌入缝内，灌入深度约为缝深的 2/3；填入干净石屑或粗砂，并捣实；将溢出缝外的沥青及石屑、砂清除。

b. 缝宽在 5mm 以上：除去已松动的裂缝边缘；用热拌沥青混合料填入缝中，捣实。缝内潮湿时应采用乳化沥青混合料。

c. 因沥青性能不好或路面设计使用年限较长、油层老化等原因出现的大面积裂缝（包括网裂）时，如基层强度尚好时，通过技术经济比较，可选用下列维修方法：乳化沥青稀浆封层，封层厚度宜为 3～6mm；加铺沥青混合料上封层，或先铺设土工合成材料后其上加铺沥青混合料上封层；改性沥青薄层罩面；单层沥青表处。

d. 由于土基、基层强度不足或路基翻浆等引起的严重龟裂，应先处置好基层后再重做面层。

国外在研究对裂缝的处理技术上，提出了处置措施主要取决于裂缝的密度和程度。如果裂缝已经钝化或裂缝边缘已损坏，达到了高度损坏，这类路面则最好采用诸如石屑封层、稀浆封层等措施。如果裂缝处于低度到中度损坏状态，开始向边缘损坏发展，裂缝宜采用修补措施。

选择填缝与灌缝的原则如下。

①填缝是一种预防性养护，当工作裂缝已发展到一定程度后就应进行填缝处理，填缝的时间最好安排在天气偏凉的季节（温度在7℃～18℃），如安排在春季和秋季。选择在有点凉的季节填缝出于两方面的考虑：第一，此时裂缝已开始张开（或尚未闭合），可以填充足够的材料；第二，裂缝张开正好在年平均宽度左右，便于选择填缝材料，因为填缝材料能承受的胀缩总是有限的。

②灌缝一年之内任何时间都可以，但比较好的灌缝季节是偏凉的季节，温度在2℃～13℃，在这个温度范围内，裂缝基本上已全部张开，可以灌足够的材料。灌缝措施可以是预防性的，也可是日常养护，这取决于公路管理机构处置裂缝的方法。像填缝一样，非工作裂缝已发展到中等程度就应该进行预防性的灌缝处置。灌缝应使用耐久性的灌缝材料，以减少灌缝次数。裂缝完全形成之后马上灌缝，可以延缓其进一步增长。

目前在填灌缝的材料中多选用热塑性沥青材料，其沥青和液体沥青韧性较小，温度敏感性高，因此用于非工作裂缝的灌缝受到限制。类似地，因为纤维不能增加沥青的弹性，不能显著改进其温度敏感性，所以纤维沥青多数适宜于做灌缝材料。在液体沥青或加热沥青中添加胶类聚合物一般能增加沥青的韧性，改善沥青的野外性能。韧性改善的程度取决于沥青的类型和性质、硫化橡胶的掺量及橡胶与沥青的混合工艺。其他类的聚合物也常与沥青混合使用，单独或与橡胶一起使用。

2. 拥包

①若其属于施工时操作不慎将沥青漏洒在路面上形成的拥包，将拥包除去即可。

②已趋于稳定的轻微拥包，应将拥包用机械刨削后人工挖除。如果除去拥包后，路表不够平整，应予以处置。

③因面层沥青用量过多或细料集中而产生较严重拥包，或路面连续多次出现拥包且面积较大，但路面基层仍属稳定，则应用机械或人工将拥包全部除去，并低于路表面约10mm，扫尽碎屑、杂物及粉尘后用热沥青混合料重做面层。

④因基层局部含水量过大，使面层与基层间结合不良而被推移变形造成的拥包，应把拥包连同面层挖除，将水分晾晒干，或用水稳定性较好的材料更换已变形的基层，再重做面层。

⑤由于基层局部强度不足或水稳性不好，使基层松软而导致的拥包，应将面层和基层完全挖除。如土基中含有淤泥，还应将淤泥彻底挖除，换填新料并夯实。在地下水位较高的潮湿路段，应采取措施引出地下水并在基层下面加铺一层水稳性好的材料，最后重做面层。

3. 沉陷

①因路基不均匀沉降而引起的局部路面沉陷，若土基和基层已经密实稳定，不再继续下沉，可只修补面层。并根据路面的破损状况分别采取下列处置措施。

a. 路面略有下沉，无破损或仅有少量轻微裂缝，可在沉陷处喷洒或涂刷黏层沥青，再用沥青混合料将沉陷部分填补，并压实平整。

b. 路基沉陷导致路面破损严重，矿料已松动、脱落形成坑槽的，应按照坑槽的维修方法予以处置。

②因土基或基层结构遭到破坏而引起的路面沉陷，应参照要求处置好基层后再重做面层。

③桥涵台背因填土不实出现不均匀沉降的，可视情况选择以下处理方法。

a. 挖除沥青面层，在沉陷的部分加铺层后重做面层。对于台背填土密实度不够的，应重新做压实处理，台背死角处的压实宜采用夯实机械。

b. 对含水量和孔隙比均较大的软基或含有有机物质的黏性土层，宜采取换土处理。换土深度应视软层厚度而定。换填材料首先应选择强度高、透水性好的材料，如碎石土、卵砾土、中粗砂及强度较高的工业废渣，且要求级配合理。

c. 采用注浆加固处理。

4. 车辙

①车道表面因车辆行驶推移而产生的车辙，处理时应将出现车辙的面层切削或铣刨清除，然后重铺沥青面层。在高速公路及一级路上可采用沥青玛蹄脂碎石混合料（SMA）或苯乙烯—丁二烯—苯乙烯嵌段共聚物（SBS）改性沥青混合料，或聚乙烯改性沥青混合料来修补车辙。

②路面受横向推挤形成的横向波形车辙，如果已经稳定，可将凸出的部分削除，在波谷部分喷洒或涂刷黏结沥青并填补混合料并找平、压实。

③因面层与基层间有不稳定的夹层而形成的车辙，应将夹层挖除，清除

夹层后,重做面层。

④由于基层强度不足、水稳性能不好,使基层局部下沉而形成的车辙,应先处置基层。

5. 波浪与搓板

①路面仅有轻微波浪或搓板,可在波谷部分喷洒沥青撒适当粒径矿料,找平后压实。

②波浪(搓板)的波峰与波谷高差起伏较大时,应顺行车将凸出部分铣刨削平,并喷洒沥青,再匀撒一层粒径不大于 10mm 的矿料,扫匀,找平,并压实。

③严重的、大面积波浪或搓板,应将面层全部挖除,然后重铺面层。

④若面层与基层之间存在不稳定的夹层,面层在行车荷载的作用下推移变形而形成波浪(搓板)时,应挖除面层。清除不稳定的夹层后,喷洒黏结沥青,重铺面层。

⑤因基层局部强度不足或稳定性差等原因造成的波浪(搓板),应先对基层进行处置,再重做面层。

6. 坑槽

根据路面坑槽的大小、深度,坑槽出现的时间等可采取不同的技术措施。

(1)油面层坑槽修补

油面层坑槽是指路面基层未坏,仅是沥青面层主骨料散失形成深浅不一的坑槽。其修补工艺如下。

①按照"圆洞方补、斜洞正补"的原则,划出所需修补坑槽的轮廓线。

②沿所划轮廓线开凿至坑底稳定部分,其深度不得小于原坑槽的最大深度。清除槽底、槽壁的松动部分及粉尘和杂物,并涂刷黏层沥青。

③填入沥青混合料(在潮湿或低温季节,宜采用乳化沥青拌制的混合料)并整平。

④用小型压实机具将填补好的部分压实。新填补的部分应略高于原路面。如果坑槽较深(7cm 以上),应将沥青混合料分两次或三次摊铺和压实。

⑤热补法修补。该方法采用热修补养护车,用加热板加热坑槽处路面,翻松被加热软化铺装层,喷洒乳化沥青,加入新的沥青混合料,然后搅拌摊铺,使用压路机压实成型。

(2)深层挖补式坑槽修补

深层挖补式坑槽是指沥青面层和基层均受到破坏,须进行基层挖补的坑槽。其修补工艺如下。

①画定修补面、清理坑槽两项工序同油面层坑槽修补一样，所不同的是基层要用液压镐凿除，开挖时从中间向四边开挖，以免损坏边部，并注意槽底面的完好、稳定。

②按原基层材料拌和均匀后，将料填入槽内、摊铺、整平、碾压。当坑槽面积小不能用压路机碾压时，其每层厚度不应超过20cm。

③清扫碾压好的基层表面，保持清洁、干燥，在其表面喷洒透层沥青（宜用乳化沥青）。

④处理沥青面层，在坑槽四周槽壁喷洒黏层沥青，然后填入沥青混合料，整平、压实，若分层修补时应分层填筑，分层碾压，用振动压路机进行压实。对于小坑槽，宜采用振动平板夯进行碾压；使用大坑槽压路机碾压时，先碾压坑槽四周，再依次向中间推进，碾压边缘时，压路机压实面大部分放在旧沥青路面上，压实坑槽内新料的宽度控制应在15～20cm，以保证路面整体的平整度和新旧路面接缝平顺，对接缝处可以适当增加碾压次数，提高密实度，以防渗水。

当坑槽处于较大纵坡路段时（如山区或互通匝道上的路面坑槽），碾压机碾压时应从低处向高处碾压，以减少混合料堆积。碾压后要求修补面压实度达到规范要求。

（3）热烘式坑槽修补

热烘式坑槽是指利用沥青路面热养护修补车自带的加热设备对坑槽的沥青面层进行加热，再视情况添加再生剂及新料，最后碾压成型。这是一种修补沥青面层小而浅的坑槽使用的热再生技术，与其他坑槽修补相比，其根本的区别在于再生技术利用了原沥青碎石或沥青混凝土，并将修补面与原沥青面层接缝由传统的冷接缝变成热接缝，提高了接缝的防水性能。

热烘式坑槽修补工艺如下。

①清理坑槽。清扫坑槽内的杂物，清除槽壁和槽底面的松散粒料，用吹风机将坑槽内的杂物、灰尘吹净，积水用拖把吸干，以提高红外线的吸收效果。

②热烘路面。热烘面积应比坑槽实际面积向四周扩大30cm以上，操作过程是将热养护修补车上加热板放下，距路表面3～4cm，对路面持续加热5～10min，具体时间根据气候及需加热路面厚度确定，最终将路面温度加热到140℃以上，达到表面能用铁耙耙松即可，严禁长时间加热，以免沥青老化。

③表面耙松。移开加热板，用铁耙将加热软化的沥青路面耙松、耙匀，耙松的范围要在热烘范围内周边保留3～10cm的热烘带，同时耙松面应形成矩形，在耙松过程中要剔除松料中大粒径集料及烧焦老化的沥青混合料。

④添加新料。根据耙松沥青混合料的性能和数量，喷洒沥青再生剂，并添加一部分新的沥青混合料，若新料温度不足，可将新料摊在旧料上，用加热板对其再次加热，新旧料用推平板推匀，合理控制松铺系数，并达到合适的横坡度。

⑤碾压密实。在摊铺好材料以后用振动压路机碾压，先碾压边缘、再向中间推进，使修补面与周边已加热但未耙松的路面融为一体，并且压实度达到规范要求。

⑥撒布石粉。在修补表面均匀撒布一层石粉，以加速冷却修补面，并减小新旧路面色差，增加其美观性。

6. 坑槽

①清洁坑槽。利用大容量的鼓风机喷出的高强空气流直接将坑槽内残留的松散粒料、杂物和积水吹出坑槽，形成洁净的坑槽维修面。

②喷洒黏层油。在坑槽底面和四周壁上喷洒乳化沥青或热沥青黏层油，要求喷洒均匀，不留空白，不过多流淌。

③喷洒沥青混合料。通过喷管将沥青混合料持续喷射到坑槽内，喷射时，从底面逐渐喷到表面，通过喷射压力实现混合料压实。为了保证维修效果，沥青混合料采用的黏结料为乳化沥青，集料通常采用的是 6.3～9.5mm 单一粒径的洁净碎石。

④喷射式坑槽修补。喷射式坑槽修补是利用自动坑槽修补车进行路面坑槽机械化修补的新工艺。目前其在美国已被广泛应用，它是利用自动坑槽修补车自带的鼓风机喷出的高强空气流实现坑槽内部的清洁，利用喷管喷射的沥青混合料直接填补坑槽。

7. 麻面与松散

（1）麻面

①因嵌缝料散失出现的轻微麻面，在沥青面层不贫油时，可在高温季节撒适当的嵌缝料，并用扫帚扫匀，使嵌缝料填充到石料的空隙中。

②大面积麻面应喷洒稠度较高的沥青，并撒适当粒径的嵌缝料，并且应使麻面部分中部的嵌缝料稍厚，周围与原路面接口要稍薄，定型要整齐，并碾压成型。

③因沥青用量偏少或因低气温施工造成的沥青面层松散的处理方法：先将路面上已松动了的矿料收集起来—待气温升至 15℃以上时，按 $0.8～1.0 \text{kg/m}^2$ 的用量喷洒沥青—均匀撒上 3～6mm 厚的石屑或粗砂（$5～8\text{m}^3/1\,000\text{m}^2$）—用轻型压路机压实。

（2）松散

①做稀浆封层处置，对松散路面的处理后，再做稀浆封层。

②对于因油温过高，沥青老化失去黏结性而造成的松散，应将松散部分全部挖除后，重做面层。

③因沥青与酸性石料间的黏附性不良而造成的路面松散。在其处理时应将松散部分全部挖除后，重做面层。重做面层的矿料不应再使用酸性石料。在缺乏碱性石料的地区，应在沥青中掺入抗剥离剂和增黏剂或使用干燥的生石灰、消石灰、水泥等表面活性物质作为填料的一部分，或采用石灰浆处理粗骨料等抗剥离措施，以提高沥青与矿料的黏附力，并增加混合料水稳性。

④由于基层或土基软化变形而造成的路面松散，应按规定先处理好基层后，再重做面层。

8. 泛油

①只有轻微泛油的路段，可撒上 3～5mm 粒径的石屑或粗砂，并用压路机碾压。

②泛油较重的路段，可先撒 5～10mm 粒径的碎石，用压路机碾压。待稳定后，再撒 3～5mm 粒径的石屑或粗砂，并用压路机碾压。

③面层含油量高，且已形成软层的严重泛油路段，可视情况采用下述方法之一进行处置。

a. 先撒一层 10～15mm 粒径碎石，用压路机将其强行压入路面，待基本稳定后，再分次撒上 5～10mm 粒径的碎石，并碾压成型。

b. 将含油量过高的软层铣刨清除后，重做面层。

④处置泛油的要点如下。

a. 处置时间应选择在泛油路段已出现全面泛油的高温季节。

b. 撒料应顺行车方向撒，先粗后细，做到少撒、薄撒、匀撒、无堆积、无空白。

c. 禁止使用含有粉粒的细料。

d. 采用压路机碾压，使所撒石料均匀压入路面。

9. 脱皮

①由于沥青面层与上封层之间黏结不好，或初期养护不良引起的脱皮，应清除已脱落和已松动的部分，再重新做上封层，所做封层的沥青用量及矿料粒径规格应视封层的厚度而定。

②如沥青面层层间产生脱皮，应将脱落及松动部分清除，在下层沥青面上涂刷黏结沥青，并重做沥青层。

③面层与基层之间因黏结不良而产生的脱皮,应先清除掉脱落、松动的面层,分析黏结不良的原因。若面层与基层间所含水分较多,应晾晒或烘干;若面层与基层之间夹有泥层,则应将泥沙清除干净,喷洒透层沥青后,重做面层。

10. 啃边

①因路面边缘沥青面层破损而形成的啃边,应将破损的沥青面层挖除,在接茬处涂刷适量的黏结沥青,用沥青混合料进行填补,再整平压实。修补啃边后的路面边缘应与原路面边缘齐顺。

②因基层松软、沉陷而形成的啃边,应先对路面边缘基层局部加强后再恢复面层。

③由路肩原因形成的啃边,应加强路肩的养护工作,保持路肩稳定;随时注意填补路肩上的车辙、坑洼或沟槽;经常保持路肩与路面衔接平顺,并保持路肩应有的横坡,以利排水。

(4) 预防措施

①用砂石碎砖(瓦)、工业废渣等改善和加固路肩或设硬路肩,使路肩平整、坚实。

②可在路面边缘增设路缘石,或将路面基层加宽到其面层宽度外 $20\sim25cm$ 处。

③在平交道口或曲线半径较小的路面内侧,可适当加宽路面。

11. 磨光

(1) 高速公路、一级公路抗滑能力降低时,已磨光的沥青面层可用路面铣刨机直接恢复其表面的粗糙度。

(2) 路面石料棱角被磨掉,路面光滑,抗滑性能低于要求值时,应加铺抗滑层。

(3) 对表面过于光滑,抗滑性能特别差的路段,应进行罩面处理。

12. 桥面铺装层破损

①桥面沥青铺装出现的各种病害,经检查确系不是由桥梁结构破坏而引起的沥青面层损坏,应按上述有关病害的处置方法进行。

②当沥青铺装中的防水层被破坏时,宜采用与原防水层相同的材料与结构予以修复。

13. 冻胀翻浆

①因面层成型不好产生裂缝,受雪雨水浸入引起基层顶面轻度破坏而

形成的轻微翻浆，可待路基水分蒸发且路基稳定后，修理裂缝或挖补后更换面层。

②因路基冻胀使路面局部或大面积隆起影响行车时，应将胀起的沥青路面刨平，待春融后按翻浆处理的方法予以处置。

③因冬季基层中的水结冰引起冻胀，春融季节化冻而引起的翻浆应根据情况采用以下方法之一予以处置.

a.换填砂粒。

b.局部发生翻浆的路段，可采用打石灰梅花桩或水泥砂桩的办法予以改善。

c.加深边沟，并在翻浆路段两侧路肩上交错开挖宽为 30～40cm 的横沟，其间距为 3～5m，沟底纵坡不小于 3%，沟深应根据解冻情况，逐渐加深，直至路面基层以下。横沟的外口应高于边沟沟底。如路面翻浆严重，除挖横沟外，还应顺路面边缘设置纵向小盲沟。交通量较小的路段也可挖成明沟，但翻浆停止后，应将明沟填平恢复原状。

d.因基层水稳定性不良或含水量过大造成的翻浆应挖去面层及基层全部松软的部分，将基层材料晾晒干，并适当增加新的硬粒料（有条件时应换填透水性良好的沙砾或工业废渣等），分层（每层不超过 15cm）填补并压实。最后恢复面层。

14. 路面水损

对于路面水损，在施工方面可采取以下施工方法予以处置。

①严格控制基层材料的级配和水泥用量。

②禁止在摊铺基层过程中出现明显离析现象。

③在施工沥青透层或下封层前，必须将基层表面的浮灰全部清除。

④养护期间严禁车辆通行。

15. 桥头跳车

目前传统的处理桥头跳车的方法有台背干砌片石、设置桥头搭板、铺设土工格栅、提高路基压实度、堆载预压等。下面介绍一种新的处理方法，即 CFG 桩处理桥头跳车。CFG 桩是水泥粉煤灰碎石桩的简称，它是由水泥、粉煤灰、碎石、石屑或砂加水拌和形成的高黏结强度桩。

用 CFG 桩处理台背区路基，不用预先处理天然地基，台背区路基填土按照正常程序施工，待路基施工至设计高程后，在台背区再施工 CFG 桩。CFG 桩可穿越天然地基软土层，进入持力层。同时，由于路基经压实后密实度高，路基土对桩的侧弯阻力很大；而桩顶的路面级配碎石底基层，则作为褥垫层，这样台背区路基填土、CFG桩、路面级配碎石底基层就形成复合地基，其承载力会显著提高，而沉降量大为减少。

四、沥青路面改善技术

（一）罩面

1. 概念

凡旧路面强度指标在符合要求的情况下，在旧沥青路面面层上加铺的沥青混合料薄处理层，统称为沥青路面罩面。目前沥青路面养护中常用的封层、稀浆封层、雾状封层（有的称为封层）、沥青表面处置等均属此范围。但是，由于铺筑厚度、采用的材料、施工工艺不同，其所解决病害的功效程度也存在差别，根据侧重不同罩面大致又分成几个类型，即普通型、防水型、抗滑型。

①普通型。由于铺筑厚度较厚，其对治理破损、恢复平整度、提高抗滑性能的能力就强一些，要求的质量标准应较高一些。

②防水型。其主要指目前在一般公路上使用的封层、稀浆封层。它使用的是稀浆乳液，石料也很细，可以把层做得很薄，因此对减少网裂、防水下渗有较好的作用，而对路面较严重破损及平整度的修复能力显然是很小的。

③抗滑型。各级公路都会存在有抗滑系数满足不了要求的光滑路段，在这些路段就要加铺抗滑型罩面，罩面层的最厚限度为5.0cm，再厚则按补强对待。

2. 适用范围

罩面主要适用于消除破损、完全或部分恢复原有路面平整度、改善路面性能的修复工作；封层主要适用于提高原有路面的防水性能、平整度和抗滑性能的修复工作；抗滑层主要适用于提高路面抗滑能力的修复工作。

3. 材料要求

罩面的结合料宜使用性能较好的黏稠型道路石油沥青、乳化石油沥青改性乳化沥青、改性沥青。矿料的选择宜采用耐磨、强度高的石料。高速公路和一级公路宜采用中粒式、细粒式密级配沥青混凝土或沥青玛蹄脂结构。二级或二级以下公路可采用热拌沥青碎石混合料结构。

罩面的施工按《公路沥青路面施工技术规范》（JTG F 40—2004）的有关规定进行。

（二）翻修

①根据调查分析资料或厚度设计需要翻修部分或全部沥青层时，宜采用

铣刨机进行铣刨作业，按预定翻修厚度正确铣刨，应避免损坏完好的下面层或基层。如局部翻修的面积较小，可采用小型机械或人工翻挖。对铣刨后的旧料应避免泥土或其他杂质混入并及时收集，运送至沥青拌和厂（场）用于再生沥青混合料。

②清扫碎屑、灰尘后，下层表面浇洒 $0.3 \sim 0.6 kg/m^2$ 黏层沥青；与不翻修路段接界的原路侧壁涂刷 $0.3 kg/m^2$ 左右黏层沥青。

③采用与原沥青层相同或按设计要求的材料和厚度进行铺筑。

④用压路机进行碾压密实。如是采用热拌沥青混合料铺筑时，压实后对与不翻修路段的接缝采用热烙铁烫边密封。

⑤开放交通后应根据具体情况做好初期养护工作。

（三）补强

1. 路面补强结构形式的选择

对于高速、一级和二级公路的补强，宜采用半刚性基层加沥青混合料面层结构形式；对于三级公路的补强，在不提高公路等级的情况下，可采用单层或多层补强结构；对于提高公路等级的情况，宜采用半刚性基层加沥青混合料面层的补强结构形式。

2. 原有路面技术状况不良的处理方法

①平整度或路面横坡不符合规定要求时，应加铺整平层，或在加铺补强层时，同时找平或调整路面横坡。对三、四级公路，必要时可将原路面翻松 $6 \sim 8cm$，重新整形后调整。

②对原有路面出现的各种病害，应根据产生的原因，采取有效的处理措施后再铺筑路面基层。

③排水不良路段，应采取加深边沟，设置盲沟、渗井或设隔水层等措施进行处理。

④应采取浇洒透层油或黏层油等措施使新旧结构层联结良好，并保证结构层满足最小厚度要求。

⑤为使路面边缘坚实稳定，基层应比面层宽出 $20 \sim 25cm$ 或埋设路缘石。路肩过窄路段，应先加宽路基达到标准宽度，或采用护肩石的方法，再加宽基层。

⑥用砂石路面作为沥青路面的基层时，在干燥地带可适量掺入粗骨料（应按旧路面的细料含量而定，在中湿、潮湿地带宜将基层翻松，再掺入适量的石灰，碾压密实，并做好排水设施）。

(四)加宽

①基层厚度不小于 25cm 时,宜采用相错搭接法。搭接长度不小于 30cm,搭接部位应首先采用小型机具夯实至设计规定的压实度,然后再对整个加宽基层采用机械全面压实,压实质量应符合设计要求。压实成型的新基层,应与原路面基层平齐。

②基层厚度小于 25cm,宜采用平头接头法,新铺筑的基层成型后,应与原路面基层平齐。

③邻近加宽部位 30cm 的旧面层应挖掉,并使原有路面露出坚硬的边缘,材料不可松动,保持路面面层边缘垂直,基层顶面应平整。旧基层上的松散浮土、浮石渣应清除干净并将顶面拉毛。

五、沥青路面养护技术发展简介

(一)沥青路面养护工作发展方向

目前,在我国公路建设飞速发展的新形势下,对沥青路面的养护技术要深入进行研究,对行之有效的沥青路面养护科技成果要加大推广力度,以使我国的沥青路面养护技术水平迅速提高。在当前的沥青路面养护工作中,就养护技术而言,我们要重视以下几个问题。

1. 重视养护新材料的研究与推产

近年来,我国公路建设的科技水平不断提高,许多新材料如沥青玛蹄脂碎石混合料(SMA 混合料)、改性沥青、改性乳化沥青、土工合成材料等都在公路工程中得到广泛应用,取得了很好的效果。这些新材料也应在养护工程中尽快推广应用。同时还应有针对性地开发一些沥青路面养护专用的新材料,如灌缝材料、再生添加剂、新型沥青乳化剂、快速成型的冷补材料等。

2. 重视养护工艺的开发研究

就修补沥青路面坑槽等病害而言,有热料修补法和冷料修补法;修补裂缝既可用热沥青,也可用乳化沥青,还可以用聚合物改性沥青。而修补材料不同,修补工艺也不同,修补用机械也不同。因此,应加强养护工艺研究,针对路面不同的病害,结合本地路面使用特点,选用最佳的养护工艺。

3. 重视旧沥青路面再生技术的开发研究

许多发达国家公路建设的发展过程都表明,在公路网建设发展到一定阶段时,必然要提出废旧沥青混合料的回收和再生问题。尽管我国的公路网目前还处于大规模建设和使用的初期,但大规模维修和重建的时期终将到来,旧沥青路面的再生技术从现在起就应进行开发研究，以适应将来大规模维修的需要。

4. 重视养护机械开发研究

要想提高我国沥青路面的养护水平，通过养护手段延长路面的使用寿命，必须要有相应的养护机械做保证。我国目前公路机械产品的结构还不尽合理，大型、特种产品少，中小型普通产品多；高技术、高效率产品少，技术含量低的产品多；很多产品还没有形成系列化和批量生产。当前沥青路面养护急需的机械有多功能综合养护车、路面铣削机、路面加热机、移动式沥青混合料拌和机、改性乳化沥青稀浆封层机、就地热再生机组、就地冷再生机组、沥青混合料厂拌再生机、高效除冰雪机、湿式撒盐机、干式药剂撒布车等。

5. 重视高等级公路预防性养护技术开发研究

系统地实行预防性养护，是延长路面使用寿命、降低公路使用费用行之有效的方法。据了解，有些发达国家由于在高等级公路使用前期投入的预防性养护工程的资金不足，导致了在使用后期花在维修重建工程上的费用特别高，这是我们要引以为戒的教训。我国目前在高速公路沥青路面预防性养护的专门技术方面基本上还处于空白阶段，至今仍未引起公路养护工作者的重视。发达国家对高速公路的养护已经形成了成套技术，包括沥青路面使用性能水平的测试与评定、使用性能与残余寿命的预测、路面补强设计与维修养护方法的确定、维修养护安全作业方法、大交通量路段不影响正常通车的夜间施工技术等。而我国目前还是习惯于等到路面出现病害后再进行维修，而且维修方法仍然采用普通中、低级公路的维修养护方法，施工过程通常都是中断交通或改道行驶，维修养护方法都是铺筑沥青混凝土罩面层，十分落后。要保证养护效果，我们应该采用比较先进的改性乳化沥青稀浆封层、表面处理保护层等技术对高速公路进行预防性养护。因此，研究开发高速公路预防性养护技术是我国高速公路发展的需要，是高速公路发展到一定程度后的必然的产物。

（二）沥青路面养护技术发展类型

1. 乳化沥青稀浆封层

乳化沥青稀浆封层技术是以级配的砂石材料为集料，选用满足某种技术要求的乳化沥青材料作为结合料，加入适量的水、填料和必要的外加剂，在专用的稀浆封层机具内，在行驶中按设计比例配制成具有一定技术性能且达到某种功能要求的封层。由于该种稀浆混合料的稠度较小，形态似浆状，铺筑厚度一般为 3～10mm，主要起防水或改善恢复路面功能的作用，故称乳化沥青稀浆封层。

（1）稀浆封层混合料的基本组成

稀浆封层混合料由乳化沥青、外加剂、填料、骨料和水等基本原材料组成。混合料的施工配比应通过试验来确定。

（2）稀浆封层原材料的基本要求

①乳化沥青。应尽可能选用改性乳化沥青材料，若在低等级道路的砂石路面上加铺稀浆封层，选用普通乳化沥青材料，若在低等级道路面上加铺稀浆封层，可选用普通乳化沥青更合理。乳化剂、改性剂、沥青三者各自的性能和相互匹配是决定稀浆封层路用性能的关键。

②外加剂。外加剂又称为添加剂，外加剂的主要功能是改善稀浆混合料的施工和易性，调节破乳时间。外加剂的选择应与乳化沥青材料相匹配，掺量和掺配工艺根据施工现场具体条件通过试验确定。

③填料。稀浆封层中的填料，不仅填充混合料的空隙，还可以调节混合料稠度，提高封层强度与耐久性。因此，稀浆封层的填料最好选用普通硅酸盐水泥，也可用磨细粉煤灰代替。

④集料。集料的级配、坚固性、抗压碎能力和清洁度是选择骨料的重要参数。采用符合级配要求的骨料，才能形成密实的稀浆混合料，稀浆封层厚度超过10mm时，建议采用特粗级配或双层摊铺工艺。铺筑厚度大于20mm时，骨料级配有待于进一步研究。

⑤水。水的作用是用控制加水量来保证混合料的稠度、摊铺效果及破乳时间。

（3）稀浆封层施工技术要点

①稀浆封层施工工序流程。一般稀浆封层不需碾压，可由行车进行压实。但在某种特定条件下或在低交通量的路段，要用小吨位压路机碾压，也可以采用轮胎压路机碾压。对于大面积的施工宜在常温状态下进行，一般气温在10℃以下，并有逐渐下降的趋势时，不能进行稀浆封层的施工；气温在7℃以上，并有上升趋势时，可以进行稀浆封层的施工。但在上述低温情况下施工时，需要特别注意封层初期养护。

②施工中可能出现的问题及相应的技术措施。

a. 稀浆封层固化过慢，可以采取的措施有改变乳液类型，采用破乳速度较快的乳液；适当减少拌和用水量；适当增加水泥用量；改变矿料配合比例；采用外掺剂。

b. 稀浆封层产生剥落，可以采取如下措施适当增加乳液用量；改善骨料的级配比例；适当减少拌和用水量；加强原路面的清扫工作。

c. 稀浆封层起泡或出现海绵状，采取的措施有适当减少水泥用量；适当减少稀浆混合料的拌和时间；改善乳液性能。

d. 摊铺箱内稀浆混合料出现硬化现象，可以采用的措施有适当减少摊铺箱内的稀浆混合料数量；适当减少水泥用量；适当增加拌和用水量。

③施工质量检验标准及方法。

原路面（或基层）质量标准：施工前应对原路面或基层厚度、平整度、路拱度、强度和稳定性等进行检查，原路面或基层质量符合要求后，方可铺筑稀浆封层。

乳化沥青稀浆封层是应公路养护技术发展及生产发展之急需而产生的一项新技术。工程实践证明，稀浆封层技术既可以节省材料与资金，又可加快维修养护的速度，提高工作效率。

稀浆封层技术无论是对旧沥青路面或新建路面，无论是对低等级道路或高等级公路，无论是对城市道路或乡村地方公路，都可以适用，并产生显著的经济效益和社会效益。稀浆封层可以使路面磨损、老化、裂缝、光滑、松散等病害迅速得到修复，起到防水、防滑、耐磨等作用。对于新建的路面表层上加铺稀浆封层处理后，可以作为保护层与磨耗层，显著提高路面质量。在新建的路面面层加铺稀浆封层，可以起到防水作用，延长路面的耐久性。在桥梁的表层上用稀浆封层处理后，可以起到防水作用，延长路面的耐久性。在桥梁的表层上用稀浆封层处理后，可以起到罩面和防水作用，但很少增加桥身自重。在隧道中的路面上加铺稀浆封层，可以不影响隧道的净空高度。因此，稀浆封层技术在道路工程有着广阔的发展前景。

2. 沥青路面微表处技术

在国外，随着聚合物改性沥青的普遍应用，聚合物改性乳化沥青也在迅猛发展。从20世纪20年代末到20世纪70年代初，德国首先展开对聚合物改性乳化沥青稀浆封层的研究。科学家们从常规的乳化沥青稀浆混合料配方着手，加入特殊的高分子聚合物和添加剂，制成聚合物改性乳化沥青稀浆封层混合料，摊铺厚度较大的封层用以修复路面上的车辙，而不破坏昂贵的道路标线。封层的固化时间加快，与原路面黏附得十分牢固，聚合物改性乳化沥青稀浆封层技术也就从此问世。美国、澳大利亚于20世纪80年代初开始采用这项技术。

微表处是功能最完善的道路养护方法之一，它是一种采用高分子聚合物使乳化沥青改性的铺筑技术，以出现在城市干道、高速公路和机场道路上的各种病害的修复最为有效。

目前,世界上稀浆封层技术已被广泛应用,它不仅能延长道路寿命,同时也很经济。普通稀浆封层技术与微表处技术都是利用由级配集料、乳化沥青、填料和水所组成的混合料进行施工的,不同的是后者所采用的材料是经过严格检测筛选出来的,其中还包括高分子聚合料和其他添加剂,因而相比之下微表处技术具有更多的优点。

目前,我国还没有有关微表处的试验规程和施工技术规范,聚合物改性乳化沥青稀浆封层在我国目前还处于试用阶段。

(1) 微表处技术应用特点

①施工速度快。连续式稀浆封层机 1 天之内能摊铺 500m^3 微表处混合料,折合为一条 10.6km 长的标准车道,摊铺厚度最小可达 9.5mm,施工后 1h 即可通车,适用于大交通量的高等级公路及城市干道。

②微表处可提高路面的防滑能力,增加路面色彩对比度,改善路面性能,延长路面使用寿命。

③它具有成型快、工期短、施工季节长、可以夜间作业的优点,尤其适于交通繁忙的公路、街道和机场道路。

④常温条件下作业,降低能耗,不释放有毒物质,符合环保要求。

⑤在面层不发生塑性变形的条件下,可修复深达 38mm 的车辙而无须碾压。

⑥因为微表层很薄,所以在城市主干道和立交桥上应用不会影响排水,用于桥面也不会增加多少重量。

⑦在机场,密级配的微表处能做防滑而不会产生破坏飞机发动机的散石。

⑧由于它能填补深达 38mm 的车辙,而且十分稳定,也不产生塑性变形,所以它是不用铣刨解决车辙问题的独特方法。

微表处填补了普通稀浆封层和热拌沥青混凝土摊铺各自存在的缺陷,确切地说,微表处是一种完善的道路养护方法。

(2) 微表处技术对原材料的基本要求

①集料的基本要求。用于微表处的集料,必须坚硬、耐磨,不含泥土杂质,其砂当量大于 65%,并且级配组成必须符合一定的级配标准。

②改性乳化沥青材料的基本要求。改性乳化沥青是微表处的黏结材料,其质量的好坏对封层质量的影响最直接、最明显。改性乳化沥青的特性主要与乳化剂和改性剂的选择有关,为了达到快开放交通的要求,乳化剂必须是慢裂快凝的阳离子乳化剂,且所用乳化剂不能对沥青性能造成影响;对各种沥青的适应性要好,与改性剂要有良好的配伍性。改性剂的选择应根据不同

地区的气候、交通特点进行试验后确定。

③填料、水和添加剂的基本要求。微表处混合料中填料、水、添加剂的作用，规格与普通稀浆封层混合料所要求的基本一样。

(3) 微表处施工技术和工程应用

①设备要求。

a. 有比较准确的计量。由于微表处施工时对各种物料的配比要求较严，所以，要有准确的计量。

b. 有双轴强制式搅拌箱。因为要达到微表处施工，混合料搅拌时间不能过长，而又要必须在短时间内搅拌均匀，传统的螺旋式搅拌箱就不能满足要求。

c. 用于填补车辙的摊铺箱是特殊设计的。它能将粒料最大的部分送到车辙的深处，从而使稳定性最好，其边缘能自动变薄铺开。

d. 要有添加剂系统，这样就能方便地把缓凝剂或促凝剂加入混合料中。

②设备标定。在施工之前，每台封层机都要进行标定。在标定已经完成并且合格后，封层机才能投入使用。

③气候要求。ISSA（国际稀浆封层协会）规定，在路面或空气温度达到10℃并且持续下降时，不允许进行微表处施工。但是在路面或空气温度达到7℃并且持续上升时，允许进行微表处施工。

④施工前路面清理。

a. 在进行微表处施工前，必须把路面上所有遗留的材料、泥土、杂草和其他有害东西都清理干净。如果使用水冲洗路面，则要使所有的路面裂缝完全干燥后，才能进行微表处施工。

b. 一般不要求洒黏层油。对于路面光滑、松散及水泥路面，可以采用洒黏层油的方法。

⑤施工基本要点。

a. 使用搅拌箱前的喷水管将路面进行预先湿润，喷水量可根据当天施工期间的气温、湿度、表面纹理和干燥情况进行调节。

b. 封层机起动前，摊铺箱中必须有一定量的混合料，而且稠度要适当，分布均匀，封层机才能匀速前进。

c. 在已完成的微表处路面上不得存在由超大集料所引起的拖痕，如果出现拖痕，应立即采取措施。

d. 在纵向或横向接缝不允许出现接缝不平、局部漏铺或过厚，纵向接缝尽可能设置在车道标线上，并尽可能减少纵向接缝。

e. 在拌和与摊铺过程中，混合料不得出现水分过多和离析现象，任何情况下都不能在摊铺过程中直接向摊铺箱内注水。

f. 在摊铺箱不能到达的地方必须采用人工施工，通过人工用橡胶辊碾压封层达到均匀和平整。

g. 固化成型前禁止一切车辆驶入，行人不得踏入，严格管制交通。

3. 沥青路面再生技术

（1）沥青路面再生技术类别

第一，沥青路面现场冷再生。沥青路面的现场冷再生是指利用旧沥青路面材料及部分基层材料进行现场破碎加工，并根据级配需要加入一定量的新骨料或细集料，同时加入一定剂量的添加剂和适量的水，根据基层材料的试验方法确定出最佳的添加剂用量和含水量，从而得到混合料现场配合比，在自然的环境温度下连续完成材料的铣刨、破碎、添加、拌和、摊铺及压实成型的作业过程，重新形成结构层的一种工艺方法。

其特点如下。

①简化施工工序，不存在旧路材料的运输和弃置问题。

②可以修补各种类型的路面损坏。

③可以改善原有路面的几何形状及横断面坡度。

④可以通过基层承载力提高，提高路面等级。

⑤铣刨、破碎、添加、拌和、摊铺、压实可一次完成，大大提高了生产率，施工工序的简化使工期缩短。

⑥可以延长施工季节，不受特殊气候条件的影响。

⑦现场无须加热沥青等，减少了环境污染，满足了环保要求。

⑧可以同时对面层和基层进行破碎，保证结构的整体性，对旧路路基的影响和破坏很小。

⑨利用旧路面和基层材料，大大减少了新材料的用量，节约了资源。

⑩再生后只需要在上面加铺薄的罩面，就可以恢复路面强度。

⑪大大降低了工程费用。

但现场冷再生质量不能达到沥青面层的质量标准，只能用于基层，在国外多用于乡村道路的翻修。而对于高速公路来讲，原先的优质旧沥青混合料如果仅仅用来作为基层的骨料，其利用效率是比较低的。只有对原有的等级较低的沥青路面进行升级时，采用这种方法才能带来比较好的效益。

现场冷再生可以用来修复原有路面的车辙、养护时的补丁及荷载导致的路面块状开裂等。由于其不需要对沥青混凝土进行加热，从而不会对环境质量造成大的影响，适用于对环境要求比较高的地方。由于其工序比较简单，缩短了施工时间，完成以后只需要在其上进行薄的罩面就可以恢复原有路面等级，因而尤其适用于交通比较繁忙的路段，可以尽量缩短交通的延误。

第二，沥青路面现场热再生。沥青路面的现场热再生是采用特殊的加热装置在短时间内将沥青路面加热至施工温度，然后利用一定的工具将路面面层刨削25cm左右，再根据混合料性能要求掺加新骨料、再生剂等，搅拌摊铺，最后压实完成的一整套工艺。

其特点如下。

①可以对旧路面上已经剥落的集料重新进行混合，保证沥青的裹覆。

②通过对旧沥青路面的重新加工，可以使得已经老化变脆的沥青路面重新恢复其柔性。

③增加了路面的抗滑性从而提高了路面行车安全性。

④与传统常温修补工艺相比，采用现场热再生方法可以使得施工工艺大大简化，只需要进行热软化、补充新料、混合整平和碾压成型等四道工序。

⑤施工配套设备大大减少，可以减少传统常温修补工艺所需要的空气压缩机、挖切机具、装运新混合料和废旧料的车辆等配套设备，因此不但减少了设备投资，而且减少了施工人员和路面施工时的封闭区域，保证车辆畅通。

⑥废料可以就地再生使用，通过对旧料进行加热后与一定量的新料掺配后再生利用，从而保护了环境，节约了成本。

⑦与其他修复方法相比，其可以大大减少对交通的影响。

⑧由于现场热再生工艺使得新旧料互相融合，没有明显的接缝，因此结合强度高，平整度好，可完全避免车道接缝所产生的纵向开裂。

所有上述优点都可以归结为维修成本的降低，与传统路面维修方法相比，可以节约20%～25%。这种方法虽然将旧沥青层全部利用，但加上新骨料搅拌重铺后会改变原路面的高程，不符合原高速公路的纵断面标准。此外，旧沥青混合料的再生质量往往难以达到高速公路沥青面层的要求。因此，现场热再生路面主要用于路基完好、路面破损深度小于6cm的沥青混凝土路面的维修，并且要求原有沥青材料经再生处理后，能恢复其原有的性能和寿命。

采用现场热再生可以修复路面产生的波浪、纵向开裂和表面车辙等，因此比较适合于以较快的速度修补沥青路面的严重表面损坏。由于施工工序简化，缩短了施工时间，因此适用于交通繁忙、不能中断交通太久的路段。

第三，沥青路面工厂热再生。旧路面就地翻松以后，就地打碎然后运到再生处理厂或运至厂内打碎。利用一种可以添加沥青混合料的沥青混凝土搅拌设备，根据高速公路路面不同层次质量要求，进行配合比设计，确定旧沥青混合料的添加比例，并添加新骨料、稳定处理材料或再生剂等，从而得到满足路面性能要求的新的沥青混合料。

其特点如下。

①由于是将原有旧沥青路面直接回收处理后重新铺筑,所以对于所有的路面损害,这种方法均适用。

②将新旧沥青混合料采用集中厂拌法生产,沥青混合料的质量可以得到较好保证。

③由于是重新摊铺路面,所以可以保证路面的各项性能,如平整性、抗滑性等,与传统的热拌沥青混凝土路面的使用性能类似。

工厂热法再生的沥青路面可以修复所有的路面损坏情况,并且可以充分保证路面的使用性能。但由于对旧沥青混合料的掺加比例有一定限制,一般在15%～30%,不超过50%的旧料掺加量,因此不能充分利用回收的旧料,该方法适合于要求完全达到原有高等级沥青路面的使用性能的修复。

（2）再生沥青混合料施工技术

第一,工厂热再生施工技术。工厂热再生施工包括现场旧料的回收、集中加热拌和、运输、摊铺、碾压等几个步骤。与常规的沥青混合料施工相比,其主要增加了旧料回收,还有集中拌和时的冷料加热装置和输送装置。

需注意的技术环节如下。

①旧料回收。沥青路面再生利用的第一步必须进行旧料的有效回收,包括旧料的铣刨、破碎和筛分储存等步骤。通过铣刨装置可以回收一定厚度的路面材料,同时保证其下的路面结构具有一定的横坡度。旧料回收以后,可以就地或运到工厂内,对旧料进行破碎,要求将旧料破碎成（孔径）25mm筛的通过率为100%。在现场铣刨旧料时,由于旧沥青面层和基层有一定的黏结力,可能会将基层的少部分混合料带上来,此时必须对基层的混合料进行区分,剔除其中的杂质,保证再生沥青混凝土质量。

②混合料的加热拌和。目前较多采用的有直接加热拌和方式、新集料高温加热方式和间接加热方式三种形式。比较这三种加热拌和方式,前面两种都是将旧沥青混合料与高温的新集料直接接触。与拌和普通沥青混合料相比,在再生沥青混合料生产过程中,新集料温度应提高10℃左右,控制在180℃～190℃。如此高的新集料温度,会使得旧沥青混合料中的旧沥青挥发或者严重老化,从而影响沥青用量计量的准确性和沥青再生的效果。因此推荐采用第三种间接加热方式,该方法通过热套管以及热风对混合料进行间接加热,避免了过热现象。

③运输、摊铺和碾压。由于铣刨旧沥青路面时,可能会对基层的平整性有一定的破坏,并且基层上的杂质比较多,因此必须将基层重新整平压实并

清扫干净,然后洒一层透层油,以保证再生的沥青面层与基层间的黏结力。

由于不能对旧料进行过高的加热,使得出厂的再生沥青混合料温度可能偏低,所以要确保在运输的过程中,料温不致有较大的降低,以保证摊铺时的温度。

第二,现场热再生施工技术。

①现场热再生施工技术工艺流程。现场热再生施工是将再生混合料的生产、拌和和摊铺压实等都集中在路面现场进行,减少了工序,提高了效率,是较有发展前景的一种再生路面施工方法。

②现场热再生施工工艺分类。现场热再生施工一般有三种具体的处理方法,可针对不同的路面损坏状况面处理要求选取。

a. 表面整形法。该方法首先采用加热机对有车辙变形和其他破坏的路表面进行加热,然后由再生重铺机再加热整形滚压完成。这种方法一般用来消除路面表面损坏,包括车辙、开裂等,使路面恢复到原有状况。在该过程中没有加入新集料,该方法主要用于减少原有路面的损坏对其上面新铺层的影响。

b. 复铺法。该方法首先对旧沥青路面表面加热耙松,然后进行旋转粉碎,再加入再生剂,将再生剂与已耙松破碎的旧料混合,使用再生重铺机重新铺筑,最后在上面再加铺一小层新混合料(不与旧料混合)后碾压完成。与表面整形法相比,复铺法加热耙松的旧路面厚度可以达到 3～4cm,而表面整形法一般不超过 2.5cm。

c. 复拌法。该方法首先将破碎路面以加热机加热后,由再生翻铺机再加热、耙松进入机器内捣散与新拌和粒料充分混拌后再摊铺碾压完成。当单独使用复铺法不能使再生沥青混合料获得所需性能,或者需要再添加新集料以使得路面达到足够的强度和稳定性时可以采用这种方法。采用该方法完成的路面厚度一般可以达到 4～5cm。

施工注意事项如下。

(a) 施工前,应先对路面进行清扫,以保证基层表面平整、干净。

(b) 应该控制旧沥青路面的过度加热,防止旧沥青被烧焦。

(c) 应该严格按照再生沥青混合料设计的用量添加再生剂、新集料和新沥青。

(d) 再生材料摊铺后立即进行压实,保证碾压温度。

(e) 应采取必要措施保证附近环境免受加热的影响。

第三节　水泥混凝土路面的养护与维修

一、水泥混凝土路面病害类型

《公路技术状况评定标准》（JTG 5210—2018）将水泥混凝土路面的病害分为 11 类 20 项。

二、水泥混凝土路面主要病害产生的原因

1. 裂缝

①重复荷载应力、翘曲应力及收缩应力等综合作用。
②水的浸入及过大的竖向位移的重复作用，使基层受到侵蚀产生脱空。
③土基和基层强度不够。
④接缝拉开后，丧失传荷能力，在板的周边产生过大的荷载应力。
⑤水泥质量差、不稳定，粗细集料质量差。
⑥施工操作不当，养生不好。

2. 沉陷

①路面基层稳定性不够，强度不均匀，造成混凝土板不均匀下沉。
②排水设施不完善，地面水渗入基层，导致基层强度减弱，唧泥、混凝土板严重破碎造成面板沉陷。

3. 胀起

①公路路基排水不畅通，在冬季由寒冷而引起的冻胀胀起。
②路基土质不良，由于排水设施不完善引起地表水渗入或浸泡，造成路基土膨胀。

4. 接缝填缝料损坏

①接缝材料的老化、脱落、软化和溢出。
②灌缝材料质量欠佳及漏灌。灌缝材料质量欠佳会造成温度高时被车轮撕裂或带出，温度低时发生脆裂；漏灌及灌缝不良会造成雨水下渗，影响路面质量。
③灌缝不及时、切缝深度不足及灌缝时缝内湿度太大。灌缝不及时会使泥沙等杂质进入缝内，切缝深度不足及灌缝时缝内湿度太大，都会影响灌缝质量。

5. 纵向接缝张开

①混凝土路面施工时，没有按照设计要求设置横向拉杆。

②路基填料在横向不均匀沉降，从而引起路面在横向不均匀沉降，造成纵缝张开。

三、水泥混凝土路面预防性养护技术

（一）清扫保洁

①水泥混凝土路面必须定期清扫泥土和污物；与其他不同类型路面平面连接处及平交道口污染应勤加清扫；路面上出现的小石块等坚硬物在行车碾压下容易破坏路面和嵌入路面接缝，同时还会造成飞石伤人，应予以清除；中央分隔带内的杂物应定期清除，保持路容整洁。

②路面清扫频率应根据公路状况、交通量大小及其组成、环境条件等确定，路面清扫宜采用机械作业，机械清扫留下的死角，应人工清除干净。

③路面清扫时，应尽量减少清扫作业产生的灰尘，以免污染环境，危及行车安全，清扫作业宜避开交通量高峰时段进行。

④路面清扫后的垃圾应运至指定地点进行处理，不得随意倾倒。

⑤当路面被油类物质或化学药品污染后，可能对路面混凝土造成破坏，还会降低路面摩擦系数，危害交通安全，因此应清洗干净，必要时用中和剂或其他材料处理后再用水冲洗。

⑥交通标志标牌、标线、轮廓标及防撞栏等交通安全设施是整个公路景观的组成部分，也是交通安全的必要保障，应定期擦拭。交通标志及标线受到污染后应及时清扫（洗），保持整洁、醒目。对于反光标志应注意观察和清洗，防止因污染而降低其反光性能。

⑦应保持交通标志标牌、标线、示警桩、轮廓标的完整，发生局部脱落、破损时应用原材料进行修复或更换。

（二）接缝保养及填缝料更换

1. 接缝的保养

保持接缝完好，表面平顺。

①填缝料凸出板面，高速公路、一级公路超出3mm，其他等级公路超过5mm时应铲平。

②气温较高时混凝土板膨胀，如填缝料本身压缩性能及热稳定性差，就容易发生填缝料外溢甚至流淌到接缝两侧面板，当其影响路面平整度和路容时应予清除。

③杂物嵌入接缝中，会使接缝失去胀缩作用，从而使面板产生拱胀及断

裂,应予清除。尤其是石子嵌入时,使接缝处板端应力集中,以致接缝附近的混凝土板挤碎,应将其及时剔除。

2. 填缝料定期更换

①填缝料的更换周期主要取决于填缝料自身的寿命与施工质量及路面条件,一般为2~3年。

②填缝料局部脱落时应进行灌缝填补;填缝料脱落缺失大于1/3缝长或填缝料老化、接缝渗水严重时应立即进行整条接缝的填缝料更换。

③填缝料的更换应做到饱满、密实、黏接牢固。

④更换填缝料前应将原填缝料及掉入缝槽内的砂石杂物清除干净,并保持缝槽干燥、清洁。灌注深度宜为3~4cm。

当缝深过大时,缝的下部可填2.5~3.0cm高的多孔柔性垫底材料或泡沫塑料支撑条。填缝料的灌注高度夏天宜与面板平齐,冬天宜稍低于面板2mm。多余的或溅到面板上的填缝料应予以清除。填缝料更换宜选在春、秋两季,或宜在当地年气温居中且材料较干燥的季节进行。

(三) 排水设施养护

①对路面排水设施,应采取经常性的巡查并与重点检查相结合,发现损坏应及时安排修复,发现堵塞必须立即疏通,路段积水应及时排出。

②雨天应重点检查超高路段的中央分隔带纵向排水沟、横向排水管、雨水井、集水井等的排水状况,出现堵塞、积水应及时排出。排水构造物及路肩修复宜采用与原构造物相同的材料。

③保持路面横坡及路面平整度。当快车道是水泥混凝土路面,慢车道或非机动车道是沥青路面时,应保持沥青路面横坡大于水泥混凝土路面横坡,以利于排水。

④保持路肩横坡大于路面横坡,路肩横坡应顺适,并及时修复路肩缺口。路面接缝、路肩接缝及路缘石与路面接缝出现接缝变宽渗水时应进行填缝处理。

⑤定期修整路肩植物、清除路肩杂物,疏通路肩排水设施和中央分隔带排水设施,常年保持路面排水顺畅。

第四节 粒料路面的养护与维修

粒料路面是用碎石、砾石、沙砾、碎砖、矿渣等粗粒料为主要材料,以黏土或灰土为结合料铺筑的一类路面,如泥结(泥灰结)碎石、碎砖路面和级配碎（砾）石路面等。这类路面均属中级路面，其保养、修理与改善的要求是经常保持路面平整、坚实，防止和修复路面的破损与变形，保持路面排水良好，加铺磨耗层和保护层，以及对路面进行必要的加宽、加厚等，以改善路面的技术状况。路面的养护应做到勤预防、勤检查、勤修补，并根据各地季节特点确定和做好各季度的养路中心工作。其所用材料应尽量利用当地可能采集或供应的价廉质好的天然材料和工业废渣，以降低养护成本。

一、路面的保养

粒料路面的保养工作主要是保护层的养护、磨耗层的小面积修补、排除路面积水、保持路面清洁。路面保养工作的主要要求如下。

①加强雨季不利季节的日常保养工作。做到雨前抓扫砂匀砂，保持路面平整；雨中抓排水，不使路面、路肩积水；雨后抓刮（铲）补，及时刮（铲）波浪和修补坑洞。

②松散保护层的保养应做到勤添砂、勤扫砂、勤匀砂、勤除细粉。

③稳定保护层应视具体情况采用以下方法保养。

b. 洒水法。在干旱季节，为防止稳定保护层松散，应洒水保养，洒水要均匀，洒水后经行车碾压可形成硬层。有条件的可就地取材，浇洒吸湿盐类的溶液或利用咸水（海水）养护。

a. 加浆法。稳定保护层使用较长时间后，表面易磨损，应采用加浆法使其表面稳定、平整、密实。其方法是在保护层上先撒一薄层过筛的黏土，然后均匀洒水，再用扫浆器或竹扫帚扫匀拖平，加砂后引导车辆压实，或把黏土搅拌成泥浆，泼洒在保护层上，扫匀、拖平、加砂引导车辆碾压。

④路面出现轻微的坑槽、车辙、波浪、沉陷等破损现象，应及时进行修补。

⑤保持路面一定的路拱横坡度。在雨量较多及干湿分明的半干旱地区，路拱控制在3%～4%；在干旱、少雨地区，路拱控制在2%～3%。路肩横坡度相应增加1%，与路面连接处应保持平顺坚实。弯道上加宽和超高的横坡度应合乎规定。

⑥清除冬、春季节的路面积雪，尤其在陡坡急弯、窄路、高填土桥头路堤等处还有容易发生翻浆路段的积雪，应做到及时清除，并将积雪尽可能清除到路基边沟以外。在连续降雪清除有困难的情况下，当不影响通车时，允许将雪压实，但在危险路段上须撒铺砂、小砾石、炉渣等防滑材料。

⑦路面与桥梁、明涵衔接应平顺，不得产生跳车。

⑧在进行扫砂、匀砂和扫雪除冰等保养工作时，必须注意防止损坏路面结构。

⑨保养维修使用的材料必须符合原有材料的要求,并经常储备一定数量的路面养护材料,整齐堆放在沿线规定地点或路边堆料台上。

⑩岩盐路面的养护。岩盐路面是盛产岩盐地区使用岩盐铺筑的一类路面。一般可分为三种:一是采用最大粒径不大于路面厚度 0.9 倍的岩盐块料铺筑成的岩盐块路面;二是以盐块为骨料,盐砂、盐粒或角砾为填充料,掺配成级配材料铺筑的级配盐块路面;三是铺一层粒径为 1～5cm、厚为 15～20cm 的盐盖,用盐粒与盐粉填充缝隙,进行整平后薄洒饱和盐水形成的纯盐路面。

岩盐路面日常养护工作主要是在夏季应勤洒盐水,一般每半月浇洒一次,并补充砂粒材料,使其形成一磨耗层,以保护路面主结构层,维持路面平整度。每次浓盐水的浇洒量为 $3kg/m^2$;撒砂或撒盐量为 $5m^3/1\,000m^2$。切忌浇洒淡水,以免产生淋溶坑洞,造成路面坎坷不平。

路面坑槽、松散、沉陷等的修理应采用路面相同材料按施工操作方法修补。车辙的整平宜在雨后抓紧进行。为防止路面产生盐胀,应避免使用含有硫酸盐的盐粒或盐渍土。为改善雨季行车条件,可用沙砾或石灰对岩盐路面进行处置,沙砾用量以 30% 左右、石灰用量以不超过 10% 为宜。

二、磨耗层、保护层的铺筑与养护

在粒料路面上铺筑养护磨耗层和保护层是粒料路面养护的一项主要工作。

1. 磨耗层的铺筑

磨耗层主要是用以抵抗车轮水平力和真空吸力对路面产生的磨损和松散,还有大气温湿变化等因素的破坏作用,提高路面的平整度,以延长路面的使用年限和改善行车条件。

磨耗层的厚度视所用粒料的大小、硬度、原有路面的结构组合形式、路面强度、地区干湿条件和交通量而定。太薄则磨损过快,引起过早损坏;过厚则浪费材料并易产生车辙。采用坚硬的小砾石或石屑为骨料时,以 2～3cm 厚为宜;采用砂、土混合料时,以 1～2cm 厚为宜;在低级路面和土路上采用软质粒料时,以 3～4cm 厚为宜。

三、路面的修理

1. 泥泞及其处置

路面泥泞表现为雨后表层发软,行车时泥浆飞溅打滑,其多是由于材料中黏土过多、粒料过细、碾压不实、路面排水不良等因素所引起的。处置的方法是在雨后刮去泥浆，撒上粗砂、石屑或小砾石等材料，整平压实，并做好路拱，防止路面积水。

2. 松散及其处置

路面松散多出现于干旱地区或干燥季节，主要是由于材料中黏土用量过少，或黏土塑性指数偏低，拌和不匀，碾压不实和日常养护不及时等原因所造成的。松散使行车颠簸，尘土飞扬，并可造成路面进一步破损。处置的办法：当松散层厚度小于3cm时，可将松散材料扫集起来，整平路面表层，扫除泥土，洒水润湿，把扫集起来的砂石料进行筛分，添加新的粒料和黏土，加水重新拌和并整平压实；如松散层厚度大于3cm，应进行挖槽修补，在挖除所有松散材料后，按修补坑槽和车辙的方法处理。

3. 坑槽、车辙及其处置

路面发生坑槽或车辙后，为避免积水，进一步恶化而扩大其损坏范围，应按其破坏面积的大小及其深度采取不同方法及时修补，修补时尽量采用与原路面相同的材料。

对于面积较小、深度小于3cm的较浅的坑槽和车辙，可先将坑槽和车辙内及其周围的尘土杂物清除，洒水润湿，再用与原路面相同的材料拌和后填补压实。

对面积较大、深度大于3cm的较深的坑槽或车辙，应按以下方法进行挖槽修理。

①将坑槽或车辙按规则形状划出修补的轮廓范围，所划轮廓应比损坏边缘扩大5～10cm并清除尘土杂物。

②沿轮廓挖槽，槽壁应垂直整齐，深度应大于坑槽或车辙的最大深度，并不得小于修理所用材料的最大粒径1.5倍。

③挖出槽内材料，并筛选出可利用部分。

④清理挖槽时，尽量避免挖动槽底下面的材料，如有松动应予挖除，并整平槽底。

⑤坑槽较多，坑槽之间距离很近时，为便于修补并使修补部分更加平整，可将邻近的坑槽划为一片，而后逐片挖除重新进行修补。

填补材料压实系数采用1.3，压实后应稍高于原有路面，以便行车碾压密实后与原路面齐平。如坑槽、车辙较深则应分两层夯压修补。

4. 波浪、搓板及其处置

波浪、搓板是粒料路面最常见的一种病害现象。其产生原因比较复杂，有的由磨耗层所引起,如磨耗层太厚,细料太多,黏土用量少,塑性指数低,压实不足,发生松散后的材料在车轮水平力作用下产生移动、积聚而逐步形成砂垄,雨后变成波浪、搓板;有的因松散保护层铺筑太厚,或粒料质地松软,颗粒不匀,粉料较多及养护不及时等所引起。另外,路基路面强度不足,平整度差也可引起波浪、搓板的产生。

路面的波浪、搓板应分情况加以修理。对于轻微且已稳定的波浪、搓板,可予以铲高补凹,保持平整。如波浪、搓板严重,其波峰与波谷高差达 5cm 以上时,可作局部翻修或彻底翻修,必要时还须处理路基土或改善排水设施。如系路面强度不足而造成的,应进行补强重铺。

对于由磨耗层原因产生的波浪、搓板,比较轻微的路段可在雨后(或晴天洒水)当磨耗层处于湿润状态时,用镐、路刮或拉毛器把高出部分刮松铲除,并将凹陷处填补整平。刮出的材料如黏性不足,可适当添加黏土拌和后使用。对于比较严重的路段,必须彻底铲除高凸部分,重铺磨耗层。

对于因松散保护层引起的搓板、波浪,应改善保护层质量,并通过勤扫砂、勤匀砂、定期清除粉料等办法予以预防。

四、路面的翻修

当路面强度不足,出现坑槽、车辙既深且多,或破坏面积很大,且深达基层及路面沉陷过大和路基翻浆严重,基层不能利用时,须进行局部或整段翻修。在翻修前应先分析破坏原因,调查基层和路基的稳定程度,通过弯沉测定,确定其是否需要补强。

翻修路面时应注意的问题如下。

①路面破坏原因在于路基的,必须先处理好路基,如采取更换路基土或改善排水设施等措施。

②应充分利用原有路面的材料,在可能的条件下,适当添加粒料等材料后重复使用。

③翻修碎石路面与级配砾(碎)石路面,应分别符合有关施工规范的各项要求。

④对局部翻修路段的路面强度,应与相邻的原有完好的路面保持一致。

第五节 土路面的改善与养护

土路在目前我国公路运输里程中仍占有较大的比重。随着公路交通运输事业发展,通过养护的手段改善土路的交通运输条件,达到晴天能提高车速,雨后能缩短阻车时间，以达到晴雨通车的要求，并为今后铺筑路面结构创造条件，是地方公路养护部门的一项重要任务。

一、改善土路面

土路经过使用当地的粒料或其他材料，采取一次按程序铺筑或按设计厚度分几次铺筑而构成的改善层，称为改善土路面。

下面介绍目前常用的几种改善土路的方法。

1. 用坚硬粗粒料改善土路

一般用天然砾（碎）石、砂和黏土三种材料，或用砾（碎）石或粗砂和黏土两种材料铺筑。用三种材料的重量比是砾石为55%～60%，砂为25%～30%，黏土为10%～25%；用两种材料时，黏土的体积不超过砾（碎）石或粗砂体积的30%。砾（碎）石改善土路压实厚度一般为6～8cm，粗砂改善土路压实厚度一般为10cm以上。

铺筑方法一般采用拌和法，即将各种配比的材料干拌两遍后再湿拌两遍，然后摊铺碾压。用粗砂改善也可采用层铺法，即先把所需用的黏土和砂干拌均匀，堆置在路肩上，每次雨后撒铺一薄层，厚2cm，通过行车压实，在每次雨后逐层撒铺使之达到所要求的改善厚度。

2. 用软质材料改善土路

①用碎砖（瓦）改善土路，改善层的压实厚度一般为10～15cm，用作结合料的黏土塑性指数宜不低于1.2，用量为碎砖（瓦）体积的20%～30%，采用拌和法铺筑。

②用礓石改善土路，改善层的压实厚度一般为8～12cm。如选用较软的并带有一定黏性的礓石，可直接铺撒在土路上，用轻型压路机碾压4～5遍后，将压碎的礓石碎渣和粉末扫进缝隙并充分洒水，再碾压三遍；如选用较硬的礓石，可在摊铺压实后，用稠泥浆灌浆，或掺加黏土后拌和均匀，摊铺压实。

③用风化石改善土路，改善层的压实厚度一般为8～12cm。铺筑方法视石料强度而定，当风化石的强度较高时，应按混合料最佳级配范围的要求掺入适量的黏土和砂料，采用拌和法铺筑，但如果石料颗粒尺寸大于级配最大允许尺寸，则可将风化石按粒径分成大、中、小三类，采用分层摊铺、嵌挤压实的办法铺筑；当风化石强度较低且有良好黏结性时，可直接将其铺筑路面，经适量洒水，并充分碾压使其密实。

④用贝壳改善土路，改善层厚度应视路基土性质而定，一般为10～15cm，最小压实厚度不得小于6cm。采用与黏土掺拌制成混合料铺筑，

混合料塑性指数一般为 8～12，其配合比按体积计，贝壳为 60%～70%，黏土为 30%～40%。

3. 用工业废渣改善土路

①用炉（煤）渣改善土路，改善层厚度一般为 10～15cm，在土质特别松软路段，应酌量增加厚度。采用与黏土拌和铺筑，拌和前应先将炉渣洒水湿润。混合料的塑性指数一般为 8～12，其配合比按体积计，炉（煤）渣为 60%～70%，黏土为 30%～40%。

②用矿渣改善土路，改善层厚度一般为 10～15cm，采用与黏土拌和铺筑，黏土的塑性指数应不低于 15。矿渣应破碎在 5cm 以下，夹杂的渣灰不得超过 25%，多的要筛除。混合料的配合比按体积计，工业废渣为 60%～70%，黏土为 30%～40%。

③用石灰渣、电石渣改善土路，先将石灰渣和电石渣充分消解，然后与路基土拌和或另用黏土拌和铺筑。施工方法基本与石灰土路面相同。

土路改善后，均需进行路面的初期养护。

二、土路面的养护

1. 养护的基本要求

①要经常观察路面，对于可能产生损坏的因素及其发展过程，进行记录，积累资料，以便采取必要的、切实可行的防护措施，及时将路面的破损消除。

②在出现暴雨、融雪、冻胀等灾害性的天气时，应进行特别巡回检查，以便及时处理。

③保持路面平整、坚实、整洁和有适度的路拱，排水良好，并逐步改善、提高其使用质量。

2. 经常性养护要点

①平时的巡回检查，主要检查路面有无破损以及路边与路肩部分排水设施的状况是否良好等，以确定对路面养护的对策。

②定期清扫路面，如积土过厚，应予清除，以保持路容整洁和减少尘土飞扬。

③保持路面平整和应有的路拱以利排水，发现坑槽、车辙、积水或路拱消失等现象，应及时修理。在雨后路表湿润时，及时用平地机或路刮进行路面整修，干燥时可先洒水湿润后进行拖刮。对被行车滚碾散失至路边的粒料，要及时扫回，压入路面。

④保持路面含水量适度。如路面积存雨水，必须及时排除，在干燥季节，

则需洒泼适量水分，以保持其良好稳定状态。

3. 旱季养护要求

干旱季节，改善土路面的磨耗加大，风天尘土飞扬，影响行车，污染环境，为此要勤洒水灭尘。洒水必须掌握用量，做到量少、次多、洒水均匀，防止行车粘轮和泥泞阻车。

在不致造成环境污染的条件下，可使用氯盐做减尘处置。氯盐包括氯化钠、氯化钙及氯化镁。固体氯化物用量一般在 $0.5 \sim 0.8 kg/m^2$，氯化物溶液的用量一般为 $3.6 kg/m^2$。

4. 雨季养护要求

在雨前应整修好路拱，补好坑槽，做好防水排水工作。在雨季，工作人员实行雨中上岗制，冒雨巡查路况，及时消除水害，并为今后改善积累资料，对泥泞、车辙、坑槽应及时刮除或添加粒料整平后在雨停的间隙中压实，并适当控制行车，以保持路面平整。

第六节 路面基层的改善

路面基层在使用过程中，由于交通量的急剧增长和自然因素的作用，或原先施工中遗留的缺陷及路基失稳等原因，致使基层强度降低，破损严重，或路面的几何尺寸不能适应交通量增长的需要时，必须改善基层的技术状况，以提高其适应能力。

路面基层的改善包括基层的加宽、补强加厚及翻修与重铺。在进行路面基层改善时，必须按就地取材的原则，结合原有路面基层材料的利用，合理应用旧结构，进行设计。

一、基层的加宽与补强

1. 设计要求

在进行基层加宽与补强设计前，应对原有路面进行详细调查和检测，其内容如下：

①调查该公路不利季节的交通量、交通组成和年平均增长率。

②调查原有公路的路况，如路基宽度、纵坡、平曲线半径；路面宽度、厚度、结构和材料；路拱与平整度；桥涵构造物类型与构造尺寸；路基路面排水、积水状况及积雪（沙）状况对路面的影响；路面坑槽、搓板、翻浆等破损程度及路肩采取的加固措施等。

③调查原有路面设计、施工、养护技术资料及使用开始至改建的年限、使用效果等。

④测定路基的干湿类型,规定每500m取一断面,每个断面如路基宽度不小于7m选两个测点,不足的取一个测点。

⑤测定加宽部分的土基湿度和压实度。

⑥测定原有路面的整体强度。

基层加宽一般应采用两侧加宽,如原有路基宽度不足,则应先加宽路基后再铺筑加宽的基层,必要时可设护肩石(带)。加宽部分的基层应按新土基新建路面设计其厚度,采用的结构与材料宜与原路面的基层相同;基层加厚按旧路补强公式进行设计,基层结构的选择应根据路面等级、交通量、地带类型、现有路况及材料供应与施工条件等确定。必要时,应增设排水设施,并事先处理好涵洞接长、倒虹吸的防漏及沿溪路段的护岸挡土墙等工程。

在基层需要同时加宽加厚时,应先将加宽部分按新土基设计后,再作全幅补强设计,即将原路面分段实测的计算弯沉值作为加宽部分的设计弯沉值,并由实际调查检测的路基土质、干湿类型及其平均稠度确定土基回弹模量 E,然后根据不同材料的模量按新路设计方法设计加宽部分的基层厚度,使之与原有路面强度保持一致,最后根据原路面确定的计算弯沉值和补强要求的允许弯沉值,要按旧路补强厚度计算方法,进行全幅的基层补强设计。

在季节性冰冻区,基层的补强还应验算防冻层厚度的要求。

2. 施工要点

加宽基层时应做好新旧基层的衔接。对于半刚性基层,一般宜用平头搭接;对于粒料基层,一般宜用斜接法;当基层厚度超过25cm时,也可在原有基层半厚处挖成宽约30cm的台阶做成错台搭接。加宽沥青路面基层时,应将紧挨加宽部位的原有沥青面层切凿除去,清扫干净原基层上的松散粒料、浮土后再铺筑加宽基层。如原基层已损坏,则应将其材料重新翻修利用,根据试验掺配新的材料后与加宽混合料一并拌和、铺装、碾压。

基层加宽后需调正路拱,而涉及原有路面的部分,应将旧面层铲掉,按路拱要求一次调正铺装。为使调拱部分的新旧基层结合良好,可把原基层拉毛或使调拱铺装的最小厚度大于8cm,不足时可开挖原基层。

原基层有局部坑槽、搓板、松散的路段,在补强前应先进行修补找平,平整度超过规定的应加铺整平层。对于发生过翻浆、弹簧、变形等病害的路段,应根据其产生的原因,采取有效的处置措施,如更换路基土、降低地下水位、截断地下水、改善地面排水,或在原有基层上加铺水稳性好的各类半刚性结构,或翻松原基层掺配石灰、水泥、二灰碎石等材料予以加固等,严重者可采取综合处置后再加铺基层。

原有砂石路面，尤其是泥结碎石及级配砾石路面，因含泥量过多或土的塑性指数过大，一般不宜用作沥青路面的基层，应将其过量的土筛除或用其他方法改善，并铲除其上的磨耗层和稳定保护层后再进行补强层处理。

基层加宽或补强应符合施工压实度的规定要求。

二、基层的翻修与重铺

1. 应翻修的情况

当路面具有下列情况时，则基层需要进行翻修。

①原有路面整体强度不足，路基失稳，受水的影响使路面出现翻浆或"弹簧"。

②根据路面使用质量的评定已经达到翻修条件的路面。

③原有路面的材料已不能满足结构强度要求，造成全面损坏，需彻底更换路面结构的路面。

2. 应重铺的情况

当具有下列情况时，则需进行基层重铺。

①原有路面基层材料没有利用价值，翻修在经济上不合理的路面。

②当地盛产路面基层材料，原基层材料虽然可以利用，但因机械施工困难，技术上暂时难以解决的路面。

（3）原有路面因地带类型发生变化，需改善其水稳性的路面。

基层的翻修与重铺，应分别按《公路沥青路面设计规范》（JTG D50—2017）与《公路路面基层施工技术细则》（JTG/T F20—2015）的有关规定要求进行设计和施工。

翻修基层时，对原有基层的材料应尽可能充分利用。为此，应对原基层取样检测其材料性质，一般每500m检测一处，如路基干湿类型有变化应增加测点。检测项目包括干密度、级配组成及小于0.5mm细料的含量与塑性指数等，以确定其可利用的骨料含量和需要掺配的材料用量。对于无机结合料稳定基层，还应测定其水泥、石灰剂量及其剩余活性，以确定再生利用时需要掺添的水泥或石灰剂量。

基层翻修应结合原材料的利用价值与加铺方案进行技术经济比较后，以确定最后的采用方案。

对于中湿、潮湿地带的粒料基层，翻修时宜掺加适量的石灰，做成泥灰结碎石或级配碎（砾）石掺灰结构，以提高其水稳性，有条件时也可掺加水泥予以稳定。

第七章　公路沿线设施及其维护

公路的沿线设施包括交通安全设施、公路标志、路面标线、监控与通信设施、收费设施、服务设施、养护房屋及环保设施等。沿线设施是公路的重要组成部分，它对保障行车安全和交通畅通具有重要意义。因此，公路沿线设施应经常保持完整且处于良好状况。从维护管理方面来讲，沿线设施如有损坏，要及时修理或更换；设施不全或没有设施的，要根据公路的性质、技术等级和使用要求，有计划、有步骤地增设。本章主要介绍交通安全设施、公路交通标志及公路交通标线的维护。

第一节　交通标志

交通标志是用图形符号和文字传递特定信息，用以管理交通，保证公路交通安全，协助车辆顺利通行的设施。交通标志包括警告标志、禁令标志、指示标志、指路标志等主标志和表示时间、车辆种类、区域或距离、警告、禁令理由等起辅助说明作用的辅助标志及其他标志。公路标志的尺寸、形状、图案、文字、颜色和设置地点均按现行《道路交通标志和标线　第2部分：道路交通标志》（GB 5768.2—2009）的规定执行。公路标志主要由标志板和立柱构成。其中，标志板可用薄钢板、铝板、铝合金板或合成树脂类板材（如玻璃钢、硬质聚氯乙烯板）等材料制成；立柱可选用角钢、槽钢、钢管及钢筋混凝土等材料制作，临时性的也可用木柱。钢质立柱应进行防锈处理，钢管立柱顶端应加帽，以防雨水积聚而锈蚀。钢筋混凝土柱应有预埋连接件，夜间交通量大的公路应采用反光标志。属于国际性的和重要的旅游公路，宜同时标注汉英两种文字；对于高速公路和一级公路，宜设置因交通、道路、气候等状况变化可改变显示内容的可变信息标志，其板面和设置位置应根据公路交通状况、标志功能、控制方式等因素进行专门设计。

标志设置以后，应认真维护，并使其经常保持位置适当、准确、完整、醒目和美观。

一、交通标志的检查

交通标志的检查分日常巡视检查和定期检查。如遇暴风雨、洪水、地震等严重自然灾害或交通事故时，应进行临时检查，各种检查内容如下。

①交通标志是否被沿线的树木、广告牌等遮掩。
②牌面及支柱的变形、损坏、污秽及腐蚀情况。
③油漆的褪色、剥落及反光材料的反光性能。
④基础及底座的下沉或变位。
⑤连接螺栓是否松动或焊接缝是否开裂。

此外，还要根据道路条件的变化（如新增或取消路口、新建或改建桥梁、窄路拓宽、局部改线等）或交通条件变化（如增设或变更交通管制等），检查交通标志的设置地点，指示内容及标志相互位置关系等是否适当。

二、交通标志维护

在检查的基础上，根据发现的异常情况，应采取有效的维护措施，主要内容如下。

①标志如有污秽或贴有广告、启事等时，应清洗干净。
②油漆脱落或有擦痕，面积较小时可用油漆刷补，油漆脱落或褪色严重，指示内容辨别性能明显降低时，应重新油漆或更换新标志。
③标志牌变形、支柱弯曲倾斜或松动的应尽快修复。
④破损严重、反光标志性能下降或缺失的应更换或补充。
⑤如标志设置重复，有碍交通或设置地点和指示内容不适当时，经批准后可进行必要的变更。
⑥如有树木、广告牌等遮蔽时，应清除有碍标志显示部分或在规定的范围内变更标志的位置地点。

三、施工作业区标志

施工作业区标志是按照有关规定和标准专门制作的，置于控制作业区或作业车辆尾部明显可见处，提醒或警告过往车辆驾驶人员按规定速度、线路行驶。施工作业标志关系到作业区人员和设备的安全。

1. 前方施工标志

前方施工标志分别放置在作业封闭区前方 1 000m 处和 300m 处的路侧硬路肩上。版面提供了前方 1 000m 和 300m 施工的信息，版面的颜色为蓝底内字。施工作业图案为黄底、黑图案。框架尺寸和版面外形尺寸按相关标准规定制作。

2. 车辆慢行标志

车辆慢行标志的作用已不是预告，而是直接提出慢行的要求。框架与版面的尺寸形式要与前方施工标志相同，版面信息内容有两个变化：一是文字内容显示"车辆慢行"；二是去掉了施工作业图案，在相同的位置处标有"慢"字。在一组标志中，慢行标志有两块：第一块摆放的位置应在封闭区的起点处；第二块在作业区的前方100m左右。

3. 局部封闭标志

局部封闭标志是作业区重要标志之一。它的主要作用是提示车辆左（右）侧已封闭，应沿右（左）侧通行。版面除了明确的文字信息以外，左端还附有作业图案。这类标志有两处摆放位置：第一处在作业封闭区前方150m处，应摆在硬路肩上或中央分隔带附近；第二处在施工路段前方200m处，横向位置在封闭区内边缘处。当高等级公路因维修或事故处理需临时封闭一侧时，会使用中央活动开口，将车流引向另一侧，形成单幅双向行车，在双向行车的一侧，也要使用局部封闭标志。

4. 道路施工标志

道路施工标志是配合路栏使用的作业区标志，版面上有施工作业图案和"道路施工"两组内容，与路栏并排摆放在施工作业段的前方。如果施工作业路段较长，或者在同一个局部封闭段内有数个较小的作业区段时，每个区段的前部都应该摆放这类标志。

5. 作业区的交通管制

高等级公路的作业安全管理有两部分：一是对作业区以外有限范围实行交通管制，目的是避免作业人员、装备与行驶车辆发生冲突；二是对作业区内的作业进行必要的安全管理。

交通管制是指因道路维修作业占用行车断面，为使车辆通行有序，保证作业区内人员和设备的安全而对车辆行驶速度、路线、方向采取的强制性管理。这种管理是通过设置在作业区以外路面上的设施和标志来实现的。

①警告区。这个区的作用是通过设置的标志，对处于正常行驶的车辆发布前方有作业区的警告信息。在作业占用行车道时，这个区的范围应有1 000m长。在警告区起点及超车道距起点700m处，在硬路肩上，迎向行车方向设置"前方施工"标志。这种设置方式为通行车辆提供了足够的时间和空间，因此它不需要车辆在这个区域内采取非常措施，只需驾驶人员有思想准备，使车辆在这个区域内顺利调整车速。相同类型的车辆应自动避免强

行超车，并逐步调整位置，与前方车辆保持足够的安全距离。行车速度小于 70km/h 时，应保持车距不小于 70m。

②上游过渡区。这个区是通过设置道路施工标志和局部封闭标志，警示车辆进入管制的行车路段内。标志要按拦截式的方式摆放。这个区的范围为 100～150m，对车辆的要求是不仅要减速，还要按指示完成改变行车道的操作。

③缓冲区。警告区和上游过渡区都是为安全行车设置的，而缓冲区则是为安全行车和安全作业两个目的设置的。作业占用行车道时，这个区的距离应有 210m。作业不占用行车道时，这个区的距离可酌情缩短，但不应少于 100m。

④作业区。作业区是控制区中最重要的防范区段，它的长度应能覆盖整个作业的区段。

除了标志设施之外，作业区还要加有另外三套管理手段：一是要用安全锥把作业区邻近行车的界面隔离开来，锥间距适当加密，以车辆不能驶入为准；二是要加设施工警示灯；三是安排专门的看守人员，在封闭区前端守护和警示。这一区段有作业人员和装备，车辆通行断面缩窄，只要加强作业管理，设施完整，摆放正确，行车有序，安全就有保障。

⑤下游过渡区。下游过渡区是解除断面压缩，恢复正常行驶的过渡区域。这个区域有 30m，在过渡区终点，采用安全锥，与停车方向成 45°角摆放。过渡区以外是行车区域，作业人员不能擅入。

⑥终止区。终止区实际上是一个断面，而不是一个区域，是解除交通管制的分界，位置在下游过渡区的终点断面。

6. 作业警示工具

①警示灯具。警示灯具是专门为道路施工作业配置的车载式灯具。灯具发光的颜色为黄色或橙黄色，即使在雨雾天气，也有较强的穿透能力。

②警示车辆。维护施工调动特大型设备、构件或机械编队除雪作业时，应考虑配置警示车辆跟随作业车后，保持一定距离，并使用警示灯或话筒，提醒通行车辆适当避让，

注意安全。警示车辆应配置有明显可见的作业标识。

③作业服装。作业服装分为普通作业服和反光作业服。普通作业服视季节的不同采用不同的式样，其面色为橘红色；盔式安全帽的颜色采用橘红色，主要用于有高空或起重作业的现场工作人员佩戴。

第二节　交通标线

交通标线是管制和引导交通的安全设施。交通标线包括路面标线、箭头、文字、立面标记、凸起路标和路边线轮廓标等。交通标线可以和交通标志配合使用，也可单独使用。

高速公路、一级公路和二级公路均应设置路面标线。其他等级的公路可根据需要设置，或仅在《公路工程技术标准》（JTG B01—2014）规定的极限值处，如急弯、陡坡、视距不良等地段设置。

路面标线可用路标漆、塑胶标带和其他材料（如凸起路标用的黄铜、不锈钢、铝合金、合成树脂、陶瓷、白色混凝土预制块等）制作。

1. 各种标线材料应具有的特点

①耐久、防滑、耐磨耗、耐腐蚀，与路面黏结性好。
②在各种气候条件下具有较好的辨认性。
③便于施工且对人畜无害。

2. 交通标线的维护

路面标线导向箭头和文字标记的维护内容如下。
①路面标线污秽影响辨别性能时，应结合日常检查进行清扫或冲洗。
②路面标线磨损严重，影响辨别时，应重新喷刷或修复。
③重新喷刷油漆时，应注意避免与原标线错位。
④路面进行局部修理，使路面标线局部缺损或被覆盖，可采用人工方法进行修补或喷刷。

路面标线的各种维护均应符合规范规定要求。立面标记应保持颜色鲜明、醒目。维护和修理的主要内容是清除表面污秽，如已褪色或油漆剥落，应及时重新涂漆。

为辅助和加强标线，可设置固定于路面上的凸起路标。其主要维护内容是保持反射性能，经常清扫凸起部位周围的杂物，清除反光玻璃表面污秽；保持完好的反射角度，发现松动的应予固定；发现损坏或丢失的应及时修复或更换。

高速公路和实施 GBM（G 为公路，B 为标准化，M 为美化）工程的公路或路段，应设置路边轮廓标志，其他公路可视需要设置。轮廓标的维护和修理包括以下内容。

①反光矩形色块剥落，应及时补贴。
②清除标柱表面污秽和遮蔽轮廓标的杂草、树木和物体。

③油漆剥落的，应重新涂刷。
④标柱倾斜或松动的，应予扶正固定，如已变形、损坏，应尽快修复。
⑤丢失的应及时补充。

第三节　其他交通安全设施及其维护

交通安全设施包括供行人、自行车及其他车辆通行的跨线桥（立交桥）、地下通道、护栏、隔离栅、标柱、中央分隔带、遮光栅、隔音墙、震颤设施、安全岛、平曲线反光镜、照明设备、反光标志、反光标线等。

一、跨线桥

跨线桥为上跨式横跨公路的设施，通常设置在有行人、自行车和其他车辆横跨高速公路及一级公路的地点，特别是交通流冲突较严重的地方，如车站、大型商业中心或其他交叉口处。

1. 检查

跨线桥应每年定期检查 1～2 次，如遇暴风雨、地震、大雪等严重自然灾害或被车辆碰撞时，应进行临时检查。各类检查包括以下内容。
①结构检查，参照前述桥梁检查内容进行。
②外观检查，主要检查油漆涂料的剥落、磨损及褪色情况。
③照明设施检查，主要检查线路、灯具及配套设备的损坏情况。
④桥面检查，主要检查桥面系及踏步的损坏程度，还有踏步防滑设施的磨损状况。

2. 维护

跨线桥维护参照桥梁维护有关内容进行，并及时清理桥面杂物、积水、积雪，确保照明设施绝缘良好，工作正常。

二、地下通道

1. 检查

地下通道应每月定期检查，主要包括以下内容。
①结构物有无渗水、漏水等异常情况。
②排水道有无阻塞或损坏，采用机械排水的应检查排水泵工作是否正常。
③照明与通风设施有无损坏。
④消防、安全等防范设施有无损坏。

2. 维护

通过检查如发现异常部位应及时修复，日常维护包括以下内容。
①地下通道要经常清扫，保持整洁。
②墙体应定期整饰，一般每年一次。
③通道地面与踏步应保持完好状况。
④照明、排水、通风及消防设施应定期例行保养。

三、护栏

护栏是诱导驾驶员视线、增加驾驶员和乘客安全感、防止车辆驶出行车道或路肩，从而避免或减轻交通事故的设施。护栏的结构形式主要有梁式护栏，包括型钢或钢筋混凝土护栏、钢管或钢管—钢筋混凝土组合式护栏等；拉索式护栏，主要有钢丝护栏和链式护栏；柱式护栏，有石护栏、混凝土及钢筋混凝土护栏；墙式护栏，主要为钢筋混凝土护墙。

1. 检查

护栏检查包括日常检查和每季度定期检查，检查内容如下。
①各类护栏结构部分有无损坏或变形，立柱与水平构件的紧固状况。
②污秽程度及油漆状况。
③拉索的松弛程度。
④护栏及反光膜的缺损情况。

2. 维护

①经常清除护栏周围的杂草及其他堆积杂物。
②护栏表面部分油漆脱落时应及时涂刷。
③由于交通事故或自然灾害造成护栏缺损或变形要及时补充或更换。
④由于路面补强或调整路基纵断面，使护栏高程发生显著变化的，应对护栏的高度予以相应的调整。
⑤锈蚀严重的护栏应予以更换。

四、隔离栅

隔离栅是设置在高速公路及一级公路上的安全防护设施，其作用是防止行人横穿行车道。

有的城市道路为渠化交通流或避免人车混行，也设置了隔离栅。

1. 检查

隔离栅的检查与护栏相似，包括以下内容。

①结构部分有无损坏或变形。

②有无污秽或未经交通管理部门批准的广告、启事等。

③油漆老化剥落及金属构件锈蚀情况。

2. 隔离栅维护

①污秽严重或张贴有广告、启事有碍交通环境的隔离栅应定期清洗或清理。

②定期重刷油漆，一般2~4年一次。

③损坏部分按原样修复。

五、标柱

标柱是在积雪严重地段、收费岛、漫水桥或过水路面两侧设置用以标明公路边缘及线形的设施。标柱通常采用金属或钢筋混凝土制作，也可因地制宜采用木料或圬工材料制成。标柱每隔8~12m安设一根，涂以黑白（或红白）相间的反光膜或反光漆；收费岛上的标柱一般设置在收费亭前后两侧的四个角点外侧。

标柱的维护主要是经常检查有无缺损、歪斜，并保持位置正确，反光膜或反光漆有无剥落、破损或褪色。维护的主要内容有及时扶正标柱，修复或更换变形、损坏部分，缺少的应补充，保持标柱位置正确，颜色鲜明醒目。

六、中央分隔带

在高速公路和一级公路上，按规定应设置中央分隔带，城郊混合交通量大的路段可设置快慢车隔离带分隔双向行驶车辆的交通安全设施，同时也起着引导驾驶员视线的作用。

1. 检查

①分隔带和隔离带的排水通道是否阻塞。

②路缘石损坏情况。

③通信井或集水井有无损坏。

2. 维护

①及时疏通排水通道。

②清除分隔带或隔离带内的杂物和过高且有碍环境的杂草。

③修复或更换缺损的路缘石。

七、遮光栅

遮光栅是为了使驾驶员免受对向行车灯光的眩光干扰而设置在中央分隔带上的挡光设施。在日常巡视时，应经常注意遮光栅有无缺损、歪斜，钢质遮光栅有无油漆剥落、锈蚀，支柱有无变形等。遮光栅应定期重新油漆，如发现破损，应及时修复，歪斜的应加以扶正，锈蚀和变形严重的应更换。

八、声屏障

声屏障是为了减轻高速公路行车噪声对附近居民的影响而建造在公路旁边的墙式设施。在日常维护中，工作人员应经常检查其排水通道是否堵塞，墙体有无变形或损坏等情况；应经常清理声屏障周围的杂草、垃圾和泥土等，疏通排水设施；对变形或损坏的隔音墙应及时修复。

九、振颤设施

振颤设施是设在路面上并高出路面，用以警告驾驶员减速的安全设施。车辆通过振颤设施时受到冲击和震动，从而起到警告驾驶员和强制减速的作用。

日常维护中，应检查振颤设施与路面的固定有无松动，设施本身有无裂缝、损坏。由于振颤设施脱落可能会影响车辆通行，因此应定期仔细检查，并加强日常维护。其维护保养的内容如下。

①经常清扫设施上的杂物。
②振颤设施因损坏或磨损而影响其性能时，应予以更换或修复。
③发现设施有松动，应尽快加以紧固；紧固不了时，应予以更换。
④对于严重损坏的振颤设施，应予以拆除，重新设置。

参考文献

[1] 侯永生,焦永顺.公路养护技术问答[M].北京:中国铁道出版社,2014.

[2] 中交第二航务工程局有限公司.基本作业与临时设施[M].北京:人民交通出版社股份有限公司,2014.

[3] 曾胜.高速公路养护无损检测技术[M].北京:人民交通出版社股份有限公司,2014.

[4] 小型建设工程施工项目负责人,岗位培训教材编写委员会.农村公路工程[M].北京:中国建筑工业出版社,2014.

[5] 侯永生.水泥混凝土施工技术问答[M].北京:中国铁道出版社,2014.

[6] 交通运输部职业资格中心.公路工程造价的计价与控制[M].北京:人民交通出版社,2011.

[7] 中国公路学会高速公路运营管理分会.中国高速公路管理学术论文集2014卷[M].北京:人民交通出版社股份有限公司,2014.

[8] 钱源.公路工程造价编制[M].重庆:重庆大学出版社,2014.

[9] 吴雅洁.高速公路运营期成本管理与控制[M].北京:知识产权出版社,2014.

[10] 刘燕,涂忠仁.公路工程造价编制与管理[M].3版.北京:人民交通出版社股份有限公司,2014.

[11] 钟放平,高伏良,魏斌.长湘高速公路施工质量与安全管理控制[M].北京:人民交通出版社股份有限公司,2014.

[12] 虞卫国,谢忠安.公路测量工[M].北京:人民交通出版社股份有限公司,2014.

[13] 姚党照,张国明.桥涵施工与管理[M].郑州:黄河水利出版社,2014.

[14] 谢松平.公路工程检测技术[M].北京：机械工业出版社，2014.

[15] 四川省公路学会，四川省公路学会工程施工专业委员会.桥梁道路隧道水港2014年学术交流会论文集[M].成都：电子科技大学出版社，2014.

[16] 裴建中，李彦伟.环境友好型隧道沥青路面建设技术[M].北京：人民交通出版社股份有限公司，2014.

[17] 林文树，吴金卓.道路工程[M].哈尔滨：东北林业大学出版社，2014.

[18] 陈志敏，欧尔峰，马丽娜.隧道及地下工程[M].北京：清华大学出版社，2014.

[19] 黄晓明.路基路面工程[M].4版.北京：人民交通出版社股份有限公司，2014.

[20] 冯美军，洪波，左志武.公路边坡生态恢复及防护技术[M].青岛：中国海洋大学出版社，2014.

[21] 马立杰，王宇亮.路基路面工程[M].北京：清华大学出版社，2014.

[22] 中交公路规划设计院有限公司.辉煌历程——中交公路规划设计院建院60周年生产项目成果集[M].北京：人民交通出版社股份有限公司，2014.

[23] 彭立敏，王薇，张运良.隧道工程[M].武汉：武汉大学出版社，2014.

[24] 黄晓明，许崇法.道路与桥梁工程概论[M].2版.北京：人民交通出版社股份有限公司，2014.

[25] 周绪利.道路工程监督检测优秀论文集[M].北京：人民交通出版社股份有限公司，2014.